그들은 어떻게

뉴욕
양키스를
이겼을까

조나 케리 지음 │ 김익현 옮김

이상

2012년 3월 20일 초판 1쇄 인쇄
2012년 3월 30일 초판 1쇄 발행

지은이    조나 케리
옮긴이    김익현
펴낸이    이상규
편집인    김훈태
펴낸곳    이상미디어
등록번호   209-06-98501
등록일자   2008.09.30

주소     서울시 성북구 하월곡동 196
대표전화   (02) 913-8888
팩스     (02) 913-7711
E-mail   leesangbooks@gmail.com
ISBN    978-89-94478-21-0

2011년 시즌 개막을 앞두고 많은 사람들은 탬파베이의 몰락을 점쳤다. 구원 투수진 대부분과 주력 타자들이 이탈했기 때문이다. 게다가 주전 마무리였던 라파엘 소리아노는 양키스로, 칼 크로포드는 레드삭스로 이적했다. 핵심 선수가 같은 동부지구의 라이벌 팀으로 자리를 옮긴 것이다.

시즌 첫 출발은 예상과 크게 다르지 않았다. 개막하자마자 6연패에 빠졌다. 첫 10경기에서 챙긴 승수는 고작 1승이었다. 하지만 탬파베이는 더 이상 쉽게 무너지곤 하던 팀이 아니었다. 9월초 한때 지구 선두와 9경기나 뒤져 있던 탬파베이는 막판 스퍼트를 한 끝에 한 경기를 남기고 와일드카드 경쟁에서 레드삭스와 동률을 이루는 데 성공했다.

그리고 맞이한 시즌 마지막 경기. 뉴욕 양키스와 맞선 탬파베이 레이스는 경기 초반 7대 0으로 뒤지고 있었다. 하지만 경기 막판 맹추격을 한 레이스는 9회말 극적인 동점홈런을 날린 뒤 연장 12회말 간판스타 에반 롱고리아의 끝내기 홈런으로 8대 7로 승리했다. 같은 시간 동률이던 보스턴이 9회 끝내기 패배를 당하면서 탬파베이는 극적으로 플레이오프에 진출했다. 이 이야기를 그대로 영화로 만들었다면 '너무나 빤한 드라마틱한 승부'라고 비난을 들었을 것이다.

탬파베이는 2008년과 2010년 아메리칸리그 동부지구 우승을 차지한 데 이어 세 번째 포스트시즌에 진출했다. 신흥 명문 구단이라 불러도 손색이 없을 정도다. 하지만 탬파베이는 몇 년 전까지만 해도 메이저리그의 대표적인 문제덩어리 구단이었다. 뉴욕 양키스와 보스턴 레드삭스 틈에서 숨도 제대로 쉬지 못할 정도였다. 그러나 불과 몇 년 사이에 전혀 딴 팀으로 거듭난 셈이다.

조나 케리의 이 책은 한때 만년 꼴찌였던 탬파베이가 어떻게 최고팀으로 탈바꿈했는지를 다루고 있다. 이 책을 읽어보면, 탬파베이가 약팀으로 머무를 수밖에 없었던 이유를 한 눈에 볼 수 있다. 무엇보다 팀운영의 일관성이 없었다. 미래를 준비하면서 찬찬히 팀을 육성해야 하는 상황인데도 불구하고, 당장 1승에 목마른 팀처럼 단기적인 처방만내렸을 뿐이고 구단주와 단장은 우왕좌왕하기 일쑤였다. 몇 년 동안의팀 운영 상황을 보면 한 팀이라고 보기 힘들 정도로 일관된 전략을 찾아보기 힘들었다. 감독 역시 이런 외풍에 흔들리면서 중심을 잡지 못했다.

이 책은 이처럼 허점투성이 팀이 어떻게 변신할 수 있었는지 일목요연하게 보여준다. 그 변화는 월스트리트 출신인 스튜어트 스턴버그가 팀을 인수하면서부터 시작됐다. 스턴버그와 단장인 앤드류 프리드먼은 데이터와 통계를 기반으로 팀을 변화시키기 시작한다. 선수들을영입할 때도 스카우트들의 감에 의존하기보다는 각종 데이터를 기반으로 한 과학적인 투자 기법을 활용했다. 이런 부분은 마이클 루이스가《머니볼》을 통해 소개했던 오클랜드 팀의 변신과 일맥상통한다.

하지만 탬파베이의 힘은《머니볼》에서 볼 수 있는 지점에서 좀 더 멀리 나아간다. 특히 월가에서 잔뼈가 굵은 스턴버그와 프리드먼은 선수들을 영입할 때 미래 가치란 관점에서 접근한다. 에반 롱고리아나 제임스 쉴즈 같은 프랜차이즈 스타들과 계약하는 장면을 보면 철저하게 월스트리트적인 가치 개념이 개입되어 있다는 것을 알 수 있다. 스턴버그 구단주가 저자와 인터뷰에서 강조한 것처럼 변화와 성장에 필요한 '눈에 보이지 않는 나머지 2%'를 찾기 위한 이들의 노력은 눈물겨울 정도다. 메이저리그 야구에 조금이라도 관심 있는 독자들이라면 탬파베이의 변신 이야기에서 큰 감동을 받을 수 있을 것이다.

그렇다고 해서 이 책이 단순히 야구 이야기만 하는 것은 아니다. 전략수립과 문제해결을 위한 경영 서적으로 읽어도 손색이 없다. 뉴욕 양키스와 보스턴 레드삭스라는 거대 구단의 틈바구니에서 생존을 모색하고 있는 탬파베이의 모습은 대다수 기업들이 처한 상황과 크게 다르지 않다. 이를테면 조그만 기업이 삼성과 SK 같은 대기업들과 대등하게 경쟁을 펼쳐 나가는 이야기로 받아들일 수도 있다. 탬파베이는 거대 기업들과 달리 단 한 번의 전략적 실패만으로도 엄청난 타격을 받을 수 있다. 그렇기 때문에 탬파베이는 '눈에 보이지 않는 나머지 2%'를 더 많이 필요로 한다. 그런 긴박한 상황에서도 한 치의 오차 없는 전략을 보여주는 탬파베이의 모습에서 짜릿한 전율까지 느낄 수 있다.

나는 이 책을 번역하는 내내 흥미진진한 한 편의 소설을 읽는 듯한 착각에 빠졌다. 그만큼 탬파베이의 변신 이야기는 극적이면서도 흥미롭다. 마치 2011년 시즌 막바지의 극적인 승부를 보는 듯한 짜릿한 쾌감까지 느껴진다. 굳이 야구팬이 아니더라도 막장으로 치달았던 한 기업의 화려한 변신 이야기에서 많은 교훈을 얻을 수 있다. 그런 점에서 이 책은 몇 년 전 많은 야구팬들에게 큰 인기를 누렸던 《머니볼》보다 좀 더 많은 재미와 교훈을 선사해준다. 앞으로 더욱 주목할 점은 탬파베이의 혁신이 여전히 진행형이라는 사실이다.

모처럼 흥미로운 책을 소개할 기회를 가질 수 있었던 경험은 내 인생에 있어 큰 행운이다. 하지만 빈약한 영어 실력과 야구 지식 때문에 한계를 느끼기도 했다. 그 때마다 이름 모를 야구 전문가들의 글들에서 많은 도움을 받을 수 있었다. 이 땅의 야구 붐을 든든하게 지탱하고 있는 그들에게 감사의 말을 전한다.

이 책을 번역하면서 척박한 한국의 중소기업 환경에 대해서도 많은 생각을 했다. 쉽지는 않겠지만 탬파베이의 경영 혁신에서 또 다른 생존 방법에 대한 통찰력을 얻을 수 있을 것이다. 이 책이 그들에게 자그마한 도움이라도 된다면 더할 나위 없이 큰 보람을 느낄 것이다.

# 눈에 잘 보이지 않는 2%를 찾아라

내가 2000년에 댈러스 매버릭스를 인수했을 때 그들은 NBA 역사상 최악의 성적을 내는 팀 중 하나였다. 그 때까지 20년 동안 매버릭스는 겨우 40% 정도의 승률을 올렸을 뿐이다. 우리는 해야 할 일이 많았다.

우선 '상품'에 투자를 했다. 즉 대부분의 다른 팀들보다 더 많은 연봉을 선수들에게 줬다는 의미다. 선수들이 이용하는 시설에 들어가는 비용도 아끼지 않았다. 심지어 원정 팀의 라커룸까지 챙겼을 정도다. 또 선수들이 기술을 갈고 닦는 데 필요한 코치들을 리그에서 가장 많이 고용했다. 장신 선수들이 골포스트 주변 움직임에 대해 좀 더 훈련을 해야 하거나 포인트 가드가 볼 핸들링 훈련을 할 필요가 있을 경우에는 별도로 그 기술을 개발하고 익힐 수 있도록 특별 인스트럭터까지 고용했다.

나는 한 평생 기술력 중심의 회사를 만드는 데 힘을 쏟았던 경험을 토대로 매버릭스를 키우는 데 총력을 기울였다. 우리는 농구 분석에 가장 탁월한 능력을 갖고 있는 몇 명을 고용했다. 그러고 나서 선수와 게임 전략 등 모든 것을 분석할 수 있는 데이터베이스를 구축했다. 나의 모교인 인디애나대학의 웨인 윈스턴 교수는 각 선수들이 경기장에서 어떤 영향력을 미치는지 측정할 수 있는 독자적인 방식을 개발했다. 그의 방식을 통해 박스스코어에 나타난 기록 너머에 숨어 있는 것을 볼 수 있었다. 물론 그것들을 가장 잘 이용할 수 있는 방법에 대해서도 많이 배웠다. 대부분의 팀은 주로 선수 영입을 위한 수단으로 기록을 활용하지만 우리는 선수를 영입할 때 애널리스트와 코치들을 함께 데리고 간다. 우리 팀 최고의 애널리스트 중 한 명인 롤랜드 비치는 모든 경기에 동행하면서 선수 구성부터 세트 플레이까지 모든 작업을 코칭스태프들과 함께 긴밀하게 논의한다.

내가 매브릭스를 인수한 이후 10년 동안 우리는 정규 시즌 경기 중 69%를 승리했으며, 매 시즌 플레이오프에 진출했다. 덕 노비츠키 같은 선수들이 우리 팀의 눈부신 발전을 확실하게 보여주는 가장 핵심적인 증거이다. 우리가 자체적으로 육성한 선수들이 발전해나가고, 이들을 소중한 트레이드 칩으로 활용한 가운데 덕은 NBA 슈퍼스타로 성장했다. 하지만 그런 일은 재능만 가지고는 불가능하다. 우리는 약간이라도 경쟁 우위를 차지할 수 있는 부분, 즉 좋은 팀에서 뛰어난 팀으로, 뛰어난 팀에서 위대한 팀으로 변화시킬 수 있는 그 무엇을 찾는 데 주력했다.

메이저리그에서도 한 야구팀이 다른 어떤 팀들보다 이런 철학을 더 잘 실천했다. 바로 탬파베이 데블레이스(2007년에 팀명을 탬파베이 레이스 Tampa Bay Rays로 변경했음)다. 맷 실버맨과 앤드류 프리드먼에게 팀의 일상 업무를 맡긴 스튜어트 스턴버그는 야구 경험이 그다지 많지 않은 두 사람을 신뢰했다. 경험 부족 문제는 더 현명한 사고방식을 통해 극복할 수 있다고 믿었다. 실버맨과 프리드먼은 월스트리트에서 일하면서 잠재력을 보여줬고 그들은 야구에 대해 다른 방식으로 생각하는 능력이 있었다. 그들은 경쟁자들이 이전에 보지 못했던, 혹은 시도하지 못했던 아이디어를 쏟아냈다. 매브릭스처럼 데블레이스 역시 야구계에서 가장 날카로운 분석적 사고를 도입한 뒤 그것들을 펼쳐 보여주었다.

나는 탬파베이 레이스의 스턴버그(구단주), 실버맨(사장), 그리고 프리드먼(단장)에게서 나 자신의 모습을 발견했다. 그들은 굉장히 짧은 시간 동안 만년 패배자에서 가장 뛰어난 야구팀 중 하나로 탈바꿈시켰다. 그들은 그 과정에서 레이스를 모든 프로 스포츠의 모델이 될 만한 팀으로 성장시켰다. 하지만 앞으로 그들이 어떤 일을 하더라도, 좀 더 수지맞는 TV 중계 계약을 성사시키거나 새로운 구장을 짓더라도, 심지어는 월드시리즈 우승을 차지하더라도 매출, 시장 크기, 그리고 전국적인 명성 면에서 양키스와 레드삭스에는 미치지 못할 것이다. 이런 현실에도 불구하고 그들은 매일 그러한 도전을 받아들였다. 그리고 경기장 안팎에서 자신들의 능력을 남김없이 보여줬다. 나처럼 그들 역시 경쟁자를 물리칠 수 있는 새롭고 효과적인 방법을 계속 찾고 있다.

탬파베이 레이스는 모든 사람들에게 빛나는 표본이 됐다. 프로 스포츠 팀을 운영하든, 〈포춘〉 선정 500대 기업을 경영하든, 그도 아니면 동네 주유소 주인이든 상관없다. 그들은 매일 눈만 뜨면 같은 동부지구의 막강한 팀인 양키스와 레드삭스를 상대해야 한다. 그렇기 때문에 그들은 늘 새로운 아이디어를 찾아야 한다. 새 불펜투수를 찾는 것일 수도 있고, 자신들의 브랜드를 향상시키거나, 수익을 만들어내는 방법일 수도 있다. 어떤 아이디어도 단 한 가지만으로 엄청난 변화를 만들어내지는 못한다. 하지만 그런 아이디어들이 조금씩 쌓이면서 차이를 만들어낸다. 승리와 패배, 좀 더 승리하는 것과 좀 더 많이 승리하는 것의

차이를 만들어내는 것이다. 이런 아이디어들이 함께 작동하면서 레이스가 꾸준하게 모색했던 약간의 경쟁우위로 연결됐다. 이런 경쟁우위는 가장 뛰어난 운영자들이 지속적으로 추구하는 것이기도 하다.

어떤 비즈니스를 운영하려고 하든지 여러분들은 반드시 이 책을 읽어야만 한다. 그러면 여러분들도 변화와 성장을 위한 '눈에 보이지 않는 나머지 2%'가 어떤 것인지 이해할 수 있을 것이다.

_ 마크 큐반(NBA 댈러스 매버릭스 구단주)

# 차례

프롤로그 **최악의 팀에서 최고의 팀으로** 15

1장 데블레이스의 탄생 31

2장 짠돌이 괴짜 구단주 53

3장 잘못된 거래의 함정 75

4장 새로운 피 96

5장 데블레이스의 구세주들 126

6장 기상천외한 야구감독 147

7장 과거와 작별하기 172

8장 차익 거래 194

9장 대반전 226

10장 데이터베이스, 통계, 확률 251

11장 다윗과 골리앗의 대결 274

12장 마지막 구멍 293

에필로그 **게임은 아직 끝나지 않았다** 315

"나는 철저하게 시장 중심적인 사람입니다.
가치보다 싼 값에 구할 수 있는 선수들을 좋아하지요.
그것은 돈을 남기는 거래이며, 가치 불균형 게임입니다."

_ 앤드류 프리드먼(탬파베이 레이스 단장)

# 최악의 팀에서 최고의 팀으로

2008년 2월 스프링캠프 첫날, 탬파베이 레이스의 스캇 캐즈미어(Scot Kazmir)는 클럽하우스를 슬쩍 살펴본 뒤 기다리고 있던 한 무리의 기자들 쪽으로 고개를 돌렸다. 기자들은 젊은 에이스 투수인 캐즈미어가 이번 시즌 자신이 몸담은 탬파베이 팀이 어느 정도 성적을 낼 것으로 생각하는지 알고 싶어 했다. 캐즈미어는 기꺼이 기대에 부응했다.

"어떤 것이 가능하다고 생각하세요? 10월에 야구하는 것, 그것이 가능합니다. 우리는 이기는 데 필요한 모든 요소들을 갖췄습니다."

어떤 스포츠 팀이든 스프링캠프 첫날에는 낙관적인 분위기가 넘쳐흐르기 마련이다. 이때는 긴 오프 시즌 동안 푹 쉬면서 기분 전환을 한 젊은 선수들이 플로리다와 애리조나에 흩어져 있는 경기장에서 옛 친구들을 만나고, 새로운 친구를 사귄다. 말끔하게 베어낸 잔디 위로 뜨거운 태양빛이 작렬하고, 선수들은 깔끔하게 세탁된 유니폼을 입고 믿음직한 스파이크의 익숙한 압박감을 만끽한다. 운동장 출입문은 활짝 열려 있으며, 생기 넘치는 젊은 선수들이 운동장을 어슬렁거린다. 이

순간에는 뭐든 이룰 수 있을 것 같다. 스프링캠프 훈련 기간에는 모든 팀이 무적이다.

캐즈미어처럼 플레이오프 진출을 장담하며 큰 소리 치는 것은 스프링캠프의 달뜬 분위기에서는 쉽게 볼 수 있는 풍경이다. 왼손 파이어볼러(fireballer, 강속구 투수)인 캐즈미어는 리틀리그 경기장에 첫 발을 들여놓은 이후 엄청난 성공 가도를 달려왔다. 드래프트 1번으로 선발된 캐즈미어는 24살에 벌써 메이저리그의 엘리트 선수로 성장했다. 그는 메이저리그 올스타에도 선발된 대표적인 에이스 투수이며, 지난 10년간 메이저리그에서 가장 일방적인 거래로 꼽히는 트레이드의 전리품이다.[1] 젊고, 재능이 많고 잘 생겼으며 시장성 있는 그는 불과 몇 개월 전 평생을 좌우할 대형 계약에 막 사인을 했다. 시즌 시작 전 큰 소리 탕탕 칠 선수로 캐즈미어만큼 딱 들어맞는 선수도 없었다. 그러나 캐즈미어가 어떤 소속 팀 선수인지 떠올리면 상황은 달라진다.

지난 10년 동안 캐즈미어가 소속된 탬파베이 레이스는 매 시즌 평균 97번씩 패배하면서 바닥까지 떨어졌다. 그들은 10시즌 중 9시즌에서 꼴찌를 기록했다. 2004년에 70승 91패를 기록하면서 4위(동부지구 다섯 팀 중에서)로 시즌을 끝냈을 때 많은 사람들이 정신력의 승리라고 극찬했을 정도였다. 탬파베이가 70승에 도달한 것은 이때가 처음이자 마지막이었다.

데블레이스 팀은 세 시즌 동안 실패를 거듭하다가 떠난 감독을 잡

---

**1**_   2002년 1라운드에서 뉴욕 메츠에 지명된 캐즈미어는 고교 시절부터 조시 베켓과 비교될 정도로 뛰어난 실력을 자랑했던 유망주였다. 하지만 메츠는 2004년 빅터 삼브라노를 받는 대신 마이너리그 유망주였던 캐즈미어를 탬파베이 팀으로 넘겼다. 트레이드 이후 캐즈미어가 리그를 대표하는 좌완 에이스로 성장한 반면 삼브라노는 제대로 던져보지도 못한 채 방출되면서 양 팀의 희비가 극명하게 엇갈렸다.

기 위해 가장 뛰어난 선수 중 한 명을 트레이드했다. 그들은 실패한 왕년의 스타를 스카우트하기 위해 수천만 달러를 쏟아 부을 때나 사람들의 시선을 끌 수 있었다. 구단주는 팬, 지역 언론, 지역 기업가들과 사이가 좋지 못했다. 선수들도 데블레이스라면 치를 떨었다. 오죽하면 야구 역사상 가장 점잖은 선수 중 한 명으로 통하는 토리 헌터가 LA 에인절스와 거액의 계약을 체결한 뒤 기자들의 질문과 상관이 없는 다음과 같은 말을 했을까?

"얼마나 많은 돈을 받을 수 있는지는 개의치 않는다. 내가 좋아하지 않는 팀과는 사인하고 싶지 않을 뿐이다. 탬파베이 데블레이스였다면 사인하지 않았을 것이다."

하지만 이 발언은 그나마 헌터가 몇 년 전에 한 발언에 비해서는 나은 편이었다. 〈베스트 댐 스포츠 쇼Best Damn Sports Show〉[2]에 출연한 헌터는 강속구 투수 랜디 존슨의 패스트볼을 머리에 맞는 것과 탬파베이 팀에서 뛰는 것 중 어떤 것을 선택할 것이냐는 질문을 받았다. 그는 랜디 존슨의 빈볼 쪽을 택한 뒤 그 이유를 다음과 같이 설명했다. "랜디 존슨이 나를 맞히면, 그것 한 방으로 끝입니다. 하지만 일 년 내내 데블레이스 팀에서 뛰게 되면 옴짝달싹 할 수가 없잖아요."

로저 클레멘스는 2003년 〈데이비드 레터먼 쇼〉에 출연해 '야구가 내게 가르쳐준 10가지 것들'이란 리스트를 읽었다. 그 중 네 번째는 다음과 같다. "가장 잔인한 농담은 룸메이트에게 데블레이스로 트레이드됐다고 말하는 것이다."

플레이오프에 진출할 것이란 캐즈미어의 예상 뒤에는 이처럼 오랜

---

**2**＿ 폭스스포츠 채널의 간판 프로그램.

패배의 역사가 자리 잡고 있다. 캐즈미어의 발언에 기자들이 어떤 반응을 보였을지는 충분히 예측할 수 있다. 당시 〈탬파베이 트리뷴〉에서 전문기자(beat writer)[3]로 활동하던 마크 랭카스터(Marc Lancaster)는 다음과 같이 말했다. "데블레이스에 몸담고 있는 어떤 사람도 플레이오프 진출에 대해 말한 적이 없다. 왜냐하면 그것은 불가능하고 어처구니없는 일이기 때문이다."

단순히 어떤 야구팀이 매년 이긴 경기보다 진 경기가 더 많다고 해서 토크 쇼에 손님으로 나온 골든 글러브 중견수로부터 이런 조롱을 당하지는 않는다. 데블레이스는 캔자스시티 로열스나 피츠버그 파이어리츠처럼 매년 패전 경기가 더 많은 팀들보다 훨씬 더 큰 문제를 안고 있었다. 그들은 다른 스포츠의 꼴찌 팀들, 이를테면 미국 프로농구(NBA)의 LA 클리퍼스 같은 팀보다도 더 동업자 집단에서 심하게 조롱당했다.

데블레이스가 이렇게 형편없게 된 데는 구단주인 빈센트 나이몰리(Vincent J. Naimoli)에게 큰 책임이 있다. 뉴저지 태생인 나이몰리는 부실기업 회생전문가로 돈을 모았다. 어떤 기업이 돈을 필요로 하는 상황이 되면 잽싸게 덤벼든 뒤 비용을 최대한 삭감하고 나서 최악의 비즈니스 사이클 국면을 벗어나오도록 한다. 그리고 경기가 회복될 때 짠물 경영방식으로 이익을 챙기는 것이다. 나이몰리와 탬파베이 지역 팬들에게는 불행하게도, 이런 경영 방식은 메이저리그 야구팀에는 적합하지 않았다.

---

**3_** Beat writer는 미국에서 시즌 내내 한 팀만을 취재하는 기자를 지칭하는 말이다. 그들은 특정 팀의 홈경기와 원정경기를 따라다니면서 경기 내용을 소개하고 라커룸에서 벌어지는 뒷이야기들을 전해준다.

몸값에 비해 생산성이 떨어지는 베테랑 선수들을 팔아 치우는 대신 젊고 값싸면서 재능 있는 지역 선수들로 팀을 꾸리는 것은 국면을 전환하려는 팀에게는 비용절감 효과도 있고 나름 괜찮은 전략이다. 하지만 나이몰리는 그 수준에서 멈추지 않았다. 극단적일 정도로 세세한 부분까지 간섭하는 경영자였던 그는 돈을 조금이라도 절약하거나 벌 수 있다면 어떤 기회나 방법이라도 찾아 나섰다. 자신의 극단적인 짜내기 경영이 어떤 결과로 이어질지에 대해서는 신경 쓰지 않았다. 나이몰리가 지역에 있는 딜러드(Dillard's) 백화점이 허락 없이 데블레이스 로고를 사용했다면서 장광설을 늘어놓자, 백화점 측은 자신들의 매장에서 데블레이스 장비들을 빼버리는 것으로 맞받아쳤다.

세인트피터즈버그 고등학교 밴드가 탬파베이 홈구장에서 경기 전 미국 국가를 연주하기로 한 적이 있었다. 이에 나이몰리는 밴드도 경기장에 들어오기 위해서는 입장권을 구입하라고 학교 측에 통보했다. 그러자 밴드는 연주를 취소해버렸으며, 이 일로 나이몰리의 구두쇠 전략에 대한 지역 주민들의 분노가 폭발했다. 나이몰리의 성마른 성미와 언론에 대한 불신 역시 자신뿐 아니라 팀의 명성에까지 손상을 입혔다. 기자들은 나이몰리와 몇 개월만 접하게 되면 자신의 속이 뒤집어지는 경험을 하곤 했다. 그것도 대부분 사소한 문제나 '사실에 입각한' 기사 때문에 일어난 일들이었다.

이미 패배를 밥 먹듯 하는 홈팀에 이골이 난 팬들은 구두쇠에다 걸핏하면 싸움질을 일삼는 데블레이스 구단주에게 입장료를 지불하려 들지 않았다. 무엇보다 일부 사람들은 아예 작정하고 팀을 외면했다. 성적이 시원찮게 되면 팬들의 무관심으로 이어진다. 하지만 성적이 시원찮은 데다 변덕스러운 구단주가 운영하는 팀은 팬들이 외면할 수밖에 없다.

데블레이스 팀은 아마추어 선수들을 대상으로 한 드래프트에서 어느 정도 성과를 거두었다. 하긴 거의 매년 드래프트 순위 5위 이내 선수를 뽑는다면 이 정도 성공은 당연한 일이다.

2001년 아마추어 드래프트에서 탬파베이는 3번 선발권을 갖고 있었다. 당시 뽑을 수 있는 선수 중 최고는 조지아공대 출신의 거포 스위치 타자 마크 테세이라라는 것이 공통된 의견이었다. 그러나 야구계의 모든 사람들은 테세이라가 싼 가격에 계약하지 않으리라 생각했다. 실제로 슈퍼 에이전트인 스캇 보라스가 제시한 4년간 950만 달러는 그때까지 메이저리그 신인 야수 계약금으로는 사상 최대 규모였다(테세이라가 텍사스와 체결한 이 계약은 2010년 브라이언 하퍼가 워싱턴 내셔널스와 990만 달러로 계약할 때까지 10년 동안 신인 야수 연봉 신기록이었다). 하지만 데블레이스는 이미 비니 카스티요, 그렉 본, 프레드 맥그리프, 호세 칸세코 같은 노장 거포들에게 수천만 달러를 쏟아 부은 터였다. 이런 상황에서 그들은 기념비적인 선수가 될 수 있는 테세이라에게 추가로 200만 달러를 더 지불하길 거부했다. 테세이라를 결국 잡지 못한 탬파베이는 데윈 브레이즐톤이란 투수와 계약했다. 아마추어 드래프트와 외국의 뛰어난 선수들을 스카우트하고, 해외에 베이스볼 아카데미를 열며, 세계 곳곳에 있는 뛰어난 선수들과 계약하는 데 더 많은 돈을 썼다면 데블레이스 팀의 운명은 어떻게 됐을까?

나이몰리는 이해하기 힘든 몇몇 사람들을 고용함으로써 팀이 당면한 문제를 더 복잡하게 만들었다. 나이몰리는 데블레이스 팀의 첫 단장으로 척 라마(Chuck LaMar)를 뽑았다. 나이몰리가 라마를 채용할 무렵, 그는 스카우트와 마이너리그 운영, 선수 능력 개발 등에 탄탄한 경력을 갖고 있었다. 그는 피츠버그 파이어리츠 팀의 마이너리그 시스템을 지휘하면서 1990년대 초반 3년 연속으로 디비전 우승을 하는 데 밑거름이 되는 선수들을 공급했다. 그 뒤 애틀랜타에서 존 슈어홀츠(John Schuerholz)와 함께 일하면서 15년 동안 14번이나 디비전 우승을 한 브레이브스 왕조를 구축하는 데 핵심적인 역할을 했다. 이런 초기의 성공에도 불구하고 라마는 빅 리그 팀 운영에는 잘 맞지 않는 인물이었다. 데블레이스 팀이 필요로 한 것은 나이몰리의 변덕스런 기분을 제어하고, 그가 아무리 강하게 이의를 제기하더라도 계획대로 팀을 이끌어갈 수 있는 단장이었다. 라마는 그런 유형의 인물이 아니었다.

데블레이스가 팀 창단 이후 2년 동안 예상대로 루징 시즌(losing season)을 면치 못하자 나이몰리는 초조해져서 팀이 당장 이길 수 있도록 하는 데 수천만 달러를 쏟아 부으라고 지시했다. 라마는 보스의 이런 압박에서 벗어날 수 있는 어떤 일도 하지 못했다. 당연히 이기는 팀을 만들겠다는 나이몰리의 계획도 보기 좋게 실패했다.

하지만 나이몰리 휘하에 있던 데블레이스 팀의 가장 큰 문제는 구단주의 구두쇠 경영 방식도, 라마를 너무 오래도록 단장 자리에 머물게 한 고용 방식도, 심지어 황당무계한 그의 성격도 아니었다. 조직 내에 일관된 계획이 전혀 없었다는 것이 가장 큰 문제였다. 나중에 나이몰리 시대를 되돌아보면 같은 팀이란 사실이 믿기지 않을 정도였다. 나이몰리의 가장 큰 약점은 결국은 팀을 인수할 때는 강점으로 작용했다. 만능 내야수를 영입하는 일이나 경기장 펜스를 손질하는 것에 이르기까지 모든 결정은 데블레이스 팀을 승리자로 만들기 위한 마스터플랜의 일부였다.

하지만 그 목표는 수년이 걸릴 일이었다. 나이몰리와 라마가 지휘하고 있는 동안 데블레이스 팀은 인내심을 갖고 젊은 선수를 육성해야 한다는 것과 지금 바로 승리해야 한다는 초조함 사이를 오락가락 했다. 절약하면서 선수단을 육성하는 듯하다가 어느 순간 자유계약 선수를 잡기 위해 요란 법석을 떨었다.

나이몰리는 앵커 글래스(Anchor Glass), 도흘러-자비스(Doehler-Jarvis), 하버드 인더스트리스 같은 기업을 운영하던 방식, 혹은 자신이 기사회생시킨 다른 기업을 운영하던 방식으로 데블레이스 팀을 끌고 나갔다. 초긴축 예산을 바탕으로 재고와 각종 경비를 최대한 줄이는 방식으로 경영했다는 얘기다. 나이몰리는 야구팀이 유리 산업 같은 것과는 매우 다르다는 사실을 깨닫지 못했다. 데블레이스는 터무니없는 팀으로 메이저리그에 입성한데다가 홈구장인 트로피카나필드도 황량하고 지저분하며, 방치된 건물이었다. 팬들은 외면했고 미국의 언론들은 데블레이스 팀을 조롱했다.

나이몰리가 경영 파트너로 참여한 마지막 해였던 2005년까지 데블레이스를 둘러싼 질문은 오직 하나였다. 메이저리그가 왜 3년 전 그 팀을 해체하려던 계획을 따르지 않았느냐는 것이다. 그렇게 했더라면 세인트피터즈버그 지역의 선량한 주민들을 불행의 구렁텅이에서 구해낼 수 있었을 텐데 말이다.

이 책은 바로 그렇게 조롱당하던 프로 스포츠 팀이 어떻게 최고의 야구팀으로 떠올랐는지를 다루고 있다. 탬파베이 데블레이스는 한 시즌 만에 최악의 팀에서 최고의 팀으로 부상했다. 매년 패배자를 자처하던 팀이 2008년 아메리칸리그 페넌트레이스 우승팀으로 변신한 것이다. 그들은 2년 뒤인 2010년에 또 다시 아메리칸리그 동부지구 우승을 차지하면서 꾸준히 우승을 다툴 수 있는 팀으로 성장했다.

이것은 단순한 신데렐라 이야기가 아니다. 사실 데블레이스와 같은 지구에 있는 볼티모어, 토론토보다 더 힘든 상황에 직면한 팀은 없었다. 뉴욕 양키스, 보스턴 레드삭스를 격파할 때마다 탬파베이는 엄청난 일을 한 것이다. 전국적인 팬 기반에 끊이지 않는 수익원, 최고 수준의 연봉 총액, 현명하면서도 공격적인 결정을 할 수 있는 프런트 오피스(front office)를 갖고 있는 두 팀을 꺾은 것이기 때문이다. 그 과정에서 데블레이스는 미국 전역에서 자신들의 브랜드를 구축했다. 이와 함께 앞으로도 계속 승리할 수 있을 것 같은 젊고 재능 있는 팀의 기반을 만들었다.

어떻게 이런 일이 가능했을까? 2005년 시즌 이후 새 소유주가 데블레이스를 인수한 뒤 프런트를 대대적으로 개혁했다. 새로운 두뇌 집단이 고삐를 잡고 나자 야구팀은 큰 변화를 겪기 시작했다. 마이클 루이스의 《머니볼》이 베스트셀러 목록에 이름을 올리기 몇 년 전부터 야구계에서는 '통계 혁명'의 거품이 일고 있었다. 각 팀들은 예측할 수 있는 모델과 데이터를 저장, 관리, 조작할 수 있는 거대한 데이터베이스를 구축하기 시작했다. 단장(이자《머니볼》의 주인공)인 빌리 빈이 이끈 오클랜드 애슬레틱스 팀은 분석적 사고의 새 시대를 껴안았다. 그렇게 함으로써 오클랜드는 제한된 수익원을 극복하고 그라운드에서 성공을 거둔 야구팀의 훌륭한 사례가 되고 있었다.

처음에 빈은 통계분석 방법을 도입함으로써 야구계에서 이단아 취급을 받았다. 하지만 빈 자신도 야구 선수로 뛴 적이 있는 야구계의 내부자였다. 그는 고등학교 시절 여러 스포츠의 많은 팀들이 탐내는 슈퍼스타 운동선수였다. 빅 리그 선수 경력은 오래 지속되지는 않았지만 그는 계속 메이저리그에 머물러 있었다. 그 덕분에 1990년에 애슬레틱스의 단장이던 샌디 올더슨(Sandy Alderson)을 통해 스카우트 자리를 얻을 수 있었다. 빈은 스카우트 경력 덕분에 부단장으로 야구팀 프런트 일을 할 수 있게 됐고 4년 뒤 올더슨이 떠나자 그는 애슬레틱스를 운영하게 되었다.

메이저리그 야구팀의 다른 프런트 수뇌부와 달리 탬파베이 레이스의 성공을 이끌어낸 사람들은 야구계에 몸을 담은 경험이 없었다. 사실 레이스 팀의 경영 수뇌부는 야구 역사상 가장 이질적인 외부자 그룹으로 구성되었다.

데블레이스의 단장인 앤드류 프리드먼(Andrew Friedman)은 부상으로 운동을 그만두기 전에는 대학 야구팀에서 뛴 적이 있었다. 하지만 레이스 팀이 2004년 야구 부문 책임자를 염두에 두고 프리드먼을 영입할 당시까지 그의 야구 경력은 그것이 전부였다. 레이스의 사장인 맷 실버맨(Matt Silverman)도 상위 리그 선수나 스카우터, 코치, 감독 생활을 한 적이 없으며, 그 외 야구와 관련된 어떤 중요한 일을 해본 경험이 없었다. 그의 야구 경험이라고 해 봐야 옛 보스가 데블레이스 주식을 매입하는 것을 도와준 뒤 2005년에 지배지분(controlling interest)[4]을 행사한 것밖에 없었다. 레이스 구단주인 스튜어트 스턴버그(Stuart Sternberg) 역시 브루클린에서 굉장한 야구광으로 청소년기를 보냈지만 선수로서 재능은 게임에 대한 열정만큼 뛰어나지 않았다. 레이스 팀을 인수한 것 외에 스턴버그가 야구와 가장 가깝게 맺은 인연은 아들의 리틀리그 팀 코치를 맡은 것이 전부였다.

---

**4**    회사의 경영권을 행사하기에 충분한 지분.

사실 레이스의 새로운 트리오(구단주, 사장, 단장)는 월스트리트에서 일하다가 바로 야구팀에 발을 들여놓았다. 스턴버그는 대학에 다닐 때 파트타임 주식옵션(equity options)[5] 거래로 시작한 뒤 뉴욕 증권가의 골드만삭스로 옮겨갔다. 실버맨은 골드만삭스에서 스턴버그와 같이 일했다. 그는 스턴버그와 함께 데블레이스의 소액 지분을 인수하고, 훗날 과반수 지배력을 행사하기 전까지는 투자 전문 은행가로 성장했다. 프리드먼은 베어 스턴스에서 애널리스트로 시작해 사모투자 전문회사인 미드마크 캐피털(MidMark Capital)로 옮겼고 그곳에서 공동 경영자로 일했다. 배경이 조금씩 다르긴 하지만, 셋 모두 회사의 잠재 가치를 알아내고 성공적인 거래를 성사시키는 능력을 갖고 있었다.

스턴버그는 처음 탬파베이 주식을 샀을 때 실버맨과 프리드먼을 데리고 왔다. 그때는 독단적인 구두쇠 구단주 나이몰리가 지배하고 있었기 때문에 그들은 자신들이 원하는 획기적인 변화를 한꺼번에 꾀하지 못했다. 하지만 조직문화는 점진적으로 변하기 시작했다. 수년 동안 나이몰리는 돈을 챙기기 위해 비용절감 수단을 물색해왔다. 반면 스턴버그를 비롯한 월스트리트 출신 3인방은 자신들만의 영구적인 가치를 찾기 시작했다. 물론 그들은 어떤 결정을 할 때 팀을 향상시키는 것에 초점을 맞췄다. 그런 가치를 위해 선수나 새로운 컴퓨터 시스템, 혹은 새로운 시설에 많은 돈을 투입해야 한다면 당연히 그렇게 했다. 비용-수익 분석에 따라서 그렇게 했다는 말이다.

스턴버그는 마침내 2005년 구단주 자리에 올랐고 실버맨은 팀 사장에 임명됐다. 프리드먼이 단장 직책과 유사한 일을 맡게 되자 변화

---

**5_**    미래의 특정 시점에 정해진 가격으로 주식을 사거나 파는 권리를 말한다.

속도가 빨라졌다. 나이몰리는 아주 사소한 결정까지도 자신이 직접 간섭하곤 했지만 스턴버그, 실버맨 그리고 프리드먼은 비즈니스 부문과 야구단 운영 부문에 최고 인재들을 공격적으로 영입한 뒤 그에 맞는 과업을 맡겼다. 그 이전에는 각 부문 책임자부터 보좌역에 이르는 모든 사람들은 나이몰리가 닥치는 대로 쏘아붙이는 욕설을 두려워해서 살얼음판을 걷는 것만 같았다. 스턴버그와 동료들은 이런 문제를 해결하기 위해 계획적이면서도 실용적인 방법을 택했다. 좀 더 이성적으로 접근하는 경영방식은 현장에서 더욱 분명하게 나타났다. 새로운 단장 덕분이었다.

프리드먼에게 있어 모든 트레이드, 계약, 그리고 드래프트 선발권은 좀 더 거대한 과정의 일부였다. 프리드먼의 표현에 따르면 데블레이스는 '긍정적인 거래(positive arbitrage)' 상황을 만들어내는 방법을 모색했다. 금융시장에서 거래란 동시에 한 자산을 팔고 다른 자산을 사는 것을 의미한다. 물론 이때 매입하는 자산은 매각하는 자산보다 더 저렴하다. 예를 들자면 이익을 내기 위해 어떤 주식의 클래스A 지분을 매입하는 대신 같은 주식의 클래스B 지분을 매각하는 것이다. 이런 거래는 야구에서는 기술적으로 불가능할 것이다. 하지만 기본적인 아이디어는 똑같다. 데블레이스는 모든 곳에서 가치를 추구했다.

레이스와 다른 야구 구단들은 거래를 성사시키는 프리드먼의 재능이 얼마나 대단한지 곧바로 알아차렸다. 그는 사실상 레이스 팀의 단장 역할을 하던 첫 오프 시즌 동안 몇 건의 트레이드를 성사시켰다. 그 중에는 젊은 선발투수 에드윈 잭슨 영입 건도 포함돼 있었다. 몇 개월 뒤인 2006년 여름에는 한 달 새 다섯 건의 트레이드를 성사시켰다. 이 트레이드를 통해 프리드먼은 당시에 저평가되어 있던 다섯 명의 선수를 건졌다. 불펜투수인 J. P. 하웰, 그랜드 발포어와 댄 휠러, 포수인 다이오 너 나바로, 그리고 만능선수인 벤 조브리스트가 바로 그들이다.

사람들은 처음에 이 트레이드를 그다지 눈여겨보지 않았다. 왜냐 하면 그들은 심각한 결점을 갖고 있었기 때문이다. 한때 전도유망한 선 수였던 잭슨과 하웰은 장난감 인형 같은 투수로 전락했다. 싱싱했던 발 포어의 팔은 연이은 어깨 수술 후유증으로 생명이 다한 듯했다. 마무리 투수 체질인 휠러는 만년 꼴찌 팀에는 어울리지 않아 보였다. 나바로는 기대를 받기에 충분할 만큼 젊었지만 그때는 이미 두 팀이 그에 대한 기대를 접은 뒤였다. 조브리스트 역시 아무도 진지하게 생각하지 않는 선수였다.

하지만 여섯 명 모두 레이스 팀에게 소중한 존재라는 것이 증명됐 다. 하웰, 밸포어, 그리고 휠러는 뛰어난 불펜투수 역할을 해냈다. 이들 은 레이스의 불펜이 야구 역사상 1년 만에 가장 두드러지게 변화하는 데 기여했다. 버림 받은 신세였던 잭슨은 꾸준하게 선발로 출장했으며, 나중에는 젊은 유망주 외야수를 얻는 데 트레이드 카드로 활용되었다. 나바로는 2008년 아메리칸리그에서 가장 뛰어난 포수 중 한 명으로 성 장했다. 조브리스트는 레이스의 빈약한 벤치를 보강하기 위해 영입했 지만 그는 매일 출장하면서 기대보다 훨씬 더 뛰어난 활약을 보였다. 7번 타순에 자리 잡은 괴물로 상대팀에는 위험한 타자로 꼽혔던 조브 리스트는 '조릴라(Zorilla)'로 불리면서 리그를 깜짝 놀라게 했다. 그는 2009년 가장 뛰어난 선수 중 한 명으로 꼽혔다.

레이스가 아메리칸리그 정상에 오르는 과정에는 야구계를 깜짝 놀 라게 한 대형 트레이드를 비롯해 앞의 것들과는 다른, 좀 더 거대한 움 직임이 있었다. 하지만 레이스 팀의 새로운 접근 방법을 전형적으로 보여준 것은 겉으로 사소해 보이는 프리드먼의 작은 거래들이었다. 이전의 레이스 팀은 매년 이 방법 저 방법을 쓰면서 우왕좌왕했다. 하지만 프리드먼 체제에서는 야구와 관련된 모든 결정은 심사숙고 한 뒤에 내려졌다. 아무런 고려 없이 단행할 정도로 사소한 거래는 없었다. 주전급이 아닌 불펜투수가 시장에 나왔다고? 가격만 적당하면 그 선수를 잡을 것이다. 벤 조브리스트가 미래에 주전 선수가 될 확률이 50대 50이라고? 그리고 MVP 후보가 될 확률이 10,000분의 1이라고? 오케이. 그를 잡자.

다른 영역에서도 경영진들의 노력은 두드러졌다. 레이스는 재능 있는 새로운 선수 자원들을 찾기 위해 국제 시장에도 눈을 돌렸다. 야구단 운영 특별 보좌역인 안드레스 라이너(Andres Reiner) 주도로 메이저리그 팀 중 맨 처음으로 브라질에 야구 아카데미를 열었다. 그들은 야구 아카데미를 통해 2억 명에 육박하는 브라질 사람들 중에서 뽑아낸 유망주들에게 다가갔다. 그들은 또 16살짜리 애송이 투수와 계약하기 위해 체코까지 날아갔다.

경기장 바깥에서는 이미지를 쇄신하고, 새로운 세대의 팬들을 끌어들이기 위한 방법을 모색했다. 한때 관중들의 음식물 반입을 막는 것이 주요 임무였던 경기장 경비원들은 재교육을 받았다. 그 동안 금지하고 통제하는 역할을 했던 그들은 이제 트로피카나필드의 분위기를 좀 더 친근하게 바꾸기 위해 노력했다. 야구팬들이 외부 음식을 갖고 들어오는 것을 허용하는 한편 관중들에게 훨씬 더 친절하게 대했다.

레이스는 또 몇몇 팀들이 대수롭지 않게 여겼던 개념을 발전시켜 경기가 끝난 후 콘서트를 열었다. 특히 탬파베이가 마련한 경기 후 콘서트는 메이저리그 팀들이 그 동안 실시했던 것 중 가장 규모가 컸다.

탬파베이는 콘서트 수익과 마케팅 효과를 좀 더 높이고 부가적인 매출원을 발굴하기 위해 선버스트 엔터테인먼트(Sunburst Entertainment)란 자회사를 설립했다. 선버스트 엔터테인먼트는 콘서트를 관리하는 한편 미국 풋볼리그(UFL) 같은 다른 스포츠들과 함께 협력했다. 선버스트 엔터테인먼트는 또 수익을 낼만한 다른 모험들도 시도했다. 레이스는 심지어 나이몰리 시절에 등을 돌렸던 팬들을 다시 끌어들이고 신뢰를 되찾기 위해 2년 동안 트로피카나필드 주차장을 무료로 개방했다. 4명 이상 타고 온 차들은 지금도 공짜로 주차할 수 있다. 왜 무료 주차 정책을 도입했느냐는 질문에 대해 스턴버그는 모노폴리 보드에 있는 무료 주차 공간에서 아이디어를 얻었다고 대답했다. 관행에 반하는 정책이라고? 그렇다. 하지만 스턴버그가 누구인가? 2006년 홈 개막전 때 트로피카나필드 출입구에 서서 힘닿는 한 모든 사람들과 악수를 한 인물이 아닌가? 이런 관행은 옛날 데블레이스 시절과는 180도 달라진 모습이다.

새롭게 탈바꿈한 레이스 팀은 어떤 전략이나 기법이든 놓치는 법이 없었다. 어떤 대화건 낭비되지 않았고, 어떤 아이디어건 무시하는 법이 없었다. 어떤 조치를 택하거나 버릴 때는 반드시 비용과 수익, 반응과 결과를 검토했다. 이에 따라 팀의 문화도 점점 달라졌다. 그들은 그냥 새롭게 변화된 옛날의 데블레이스가 아니었다. 그들은 야구 역사상 어떤 팀과도 다른 방식으로 팀을 운영했다. 스턴버그는 티켓을 판매하는 방법이나 어떤 선수와 계약할지, 그들의 고객을 어떻게 다룰지 등과 같은 모든 결정을 내릴 때 좀 더 현명하고 창의적으로 생각하라고 요구했다. 이런 덕목들은 결국 경쟁우위를 얻는 것과 관련된다.

스턴버그는 이렇게 말했다. "우리들은 '눈에 보이지 않는 나머지

2%'를 찾기 위해 열심히 노력했습니다. 결과를 알 수 없는 50대 50 상황에서 52대 48로 만들어주는 것이 바로 2%의 힘입니다."

스캇 캐즈미어가 당돌한 예언을 한 지 8개월 뒤에 이와무라 아키노리는 기쁨에 겨워서 2루 베이스를 밟았다. 탬파베이 팀이 아메리칸리그 챔피언 결정전 7차전을 승리로 이끌면서 월드시리즈에 진출하는 순간이었다. 격앙된 선수들이 한 데 엉겨 붙어 승리의 기쁨을 만끽하고 있을 때, 트로피카나필드는 축하 분위기로 폭발할 것만 같았다. 10년에 걸친 패배와 조롱의 역사를 말끔히 씻어버리는 순간이었다.

이젠 데블레이스가 우승을 목표로 한다고 해서 조롱할 사람은 아무도 없다. 탬파베이가 '눈에 보이지 않는 나머지 2%'란 비밀을 열어젖힌 후에는 그 누구도 그들을 조롱하지 않는다.

# 데블레이스의 탄생

키 198센티미터에 몸무게가 105킬로그램에 이르는 거구인 짐 톰슨은 셔츠가 땀에 뒤범벅이 된 채 일리노이 주 의회 복도를 성큼성큼 걸어 갔다. 이마에서도 땀이 흘러내렸다. 일리노이 주 상원의회는 시카고 화이트삭스 구단의 새 구장 건립 자금 지원 법안을 근소한 차이로 통과 시켰다. 이제 그 법안은 하원 승인 절차를 기다리면 된다.

상원 투표를 앞두고 격렬한 논쟁이 벌어졌다. 반대하는 의원들은 그 법안을 맹렬하게 비난했다. 화이트 삭스의 백만장자 구단주인 제리 라인스도프(Jerry Reinsdorf)와 에디 아인혼(Eddie Einhorn)이 새 구장을 짓는 데 일리노이 주가 왜 수억 달러의 자금을 지원해야 하느냐고 따졌다. 게다가 주 내에 있는 학교들은 쥐꼬리만 한 예산 지원에 허덕이고 있었다. 하원 의원들조차 비슷한 반대 의사를 드러내기 시작했다. 속절없이 시간만 흘러가고 있었다. 톰슨 지사는 더 초조해졌다. 일리노이 주 의회는 중부 시간으로 이날 자정까지 경기장 관련 법안을 통과 시킬지 여부를 결정해야만 했다. 하원이 법안 통과에 필요한 찬성표를 얻어내지 못하면 1988년 7월 1일은 미국 야구 역사상 가장 오랜 역사를 자랑하는 구단 중 하나인 화이트삭스가 시카고 시에서 퇴출된 날로 기억될 터였다.

시카고에서 수백 킬로미터 떨어진 플로리다 주 세인트피터즈버그 시도 잠을 이루지 못하긴 마찬가지였다. 한때 석탄 기화 공장이 있던 도시 중심 지역에서 유독성 화학물질을 제거하는 데 수백만 달러를 지출했고 더 나아가 1억 3,800만 달러를 투입해 그 자리에 돔 형식의 다용도 구장을 건립할 예정이었다. 아직 아무 것도 결정되지 않은 상태에서 투기에 가까운 행보이긴 했지만 세인트피터즈버그 시는 메이저리그 팀을 유치하기 위해 구장 건립 작업을 시작했다.

기대감에 달뜬 세인트피터즈버그 공동체 지도자들과 야구팬들은 시계가 동부 시간으로 오전 1시를 향해 가는 것을 지켜보고 있었다. 수개월 동안 화이트삭스가 구장 건립 건을 따내지 못하고 플로리다로 도망 올 것이란 관측이 힘을 얻고 있었다. 세인트피터즈버그 지역 언론사들은 오래 전부터 일리노이 주 의회 의사당에 기자를 상주시켰고 일리노이 주 스프링필드로부터 뉴스가 생중계되었다. 세인트피터즈버그의 큼직한 새 구장은 절반 정도 완성된 상태에서 주인을 기다리고 있었다. 이제 몇 분 뒤면 세인트피터즈버그 시는 수많은 논란을 일으켰던 구장 건립 계획이 메이저리그 야구팀 유치로 이어질지 여부를 알게 될 터였다.

마감 시한이 가까워지면서 톰슨 주지사의 로비 노력이 강도를 더해 갔다. 톰슨 지사는 하원 의원들에게 깍듯하게 고개를 숙였다. 의원들의 어깨를 다독이고 악수를 했다. 어떤 의원에겐 위협을, 또 다른 의원에게는 회유의 말을 넌지시 건넸다. 그는 화이트삭스가 시카고의 생명이나 다름없다고 생각했다. 시카고 시민 어느 누구의 기억보다도 오래 거슬러 올라가는 역사를 가진 소중한 팀이었다. 톰슨 주지사는 차츰 자기 쪽으로 표를 끌어들이기 시작했다. 그는 고개를 들 때마다 야속한 시계를 쳐다보곤 했다. 모든 애원과 감언이설이 휴지 조각이 될 수도 있었기 때문이다. 시계가 자정을 알리려고 할 무렵에도 여전히 여섯 표가 모자랐다. 주지사가 쓸 수 있는 방법은 하나뿐이었다. 그는 시계를 멈췄다.

세인터피터스버그의 WTSP-TV 기자로 일리노이 의회 의사당에 파견됐던 마크 더글러스는 그 당시를 떠올리면서 이렇게 말했다.

"우리는 모두 생방송을 하고 있었습니다. 그리고 열 두 시가 지났습니다. 당시 우리 뉴스 앵커였던 존 윌슨이 이렇게 말했어요. '마크, 여기서 날 도와주게. 아무래도 자정이나 돼야 투표를 할 수 있을 것 같아.' 회의장 안에 있는 시계는 자정 몇 분 전에 멈췄습니다. 그들이 시계를 정지시켜버렸기 때문에 공식적으로는 데드라인에 도달하지 않은 겁니다."

타락하고 부패한 일리노이 정가란 점을 감안하더라도 있을 수 없는 사건이었다. 일리노이 주에서는 수많은 시카고 시의회 의원들이 공갈 협박과 금품 강요 혐의로 곤욕을 치렀으며, 판사들은 뇌물 수수 혐의로 징계를 받았다. 시장과 주 상원의원들 역시 다양한 혐의로 기소되거나 유죄 판결을 받았다. 20년 뒤엔 현직 주지사인 로드 블라고예비취(Rod Blagojevich)가 여러 위반 행위(버락 오바마가 대통령에 당선되면서 공석이 된 상원 의석을 가장 높은 가격을 써낸 사람에게 판매하려고 시도했던 매관매직 혐의를 포함해) 때문에 고발당한 뒤 주지사 자리에서 쫓겨났다. 그는 나중에 미국 연방수사국(FBI)에 위증 혐의로 유죄를 선고받았다. 하지만 일리노이 역사상 의원들이 원하는 것을 얻기 위해 시계를 멈춘 적은 없었다.

톰슨은 필요한 표를 확보한 뒤 법안을 투표에 부쳤다. 주지시가 제안한 법안은 60대 55라는 근소한 차이로 승인됐다. "죽은 사람이 정치적으로 부활한 사건이었습니다." 톰슨은 나중에 만면에 미소를 지으면서 말했다.

반면 세인트피터즈버그는 충격과 분노의 분위기로 바뀌었다. 세인트피터즈버그 시는 새 구장 이름을 짓기 위해 거의 2만 명가량의 추천을 받기도 했었다. 그러나 이제 '플로리다 화이트삭스' T셔츠 수 천 장이 쓰레기통에 들어갔다. 지역 언론들은 톰슨 지사와 일리노이 의회의 의원들을 잘근 잘근 씹어댔다.

법원의 명령에 따라 투표 바로 다음 날 플로리다 역사상 가장 오랜 기간 순회판사를 역임한 데이비드 세스(David Seth)가 시카고 구장 건립 법률을 통과시킨 일련의 사건들을 비난했다. 그는 인류 역사상 시간의 흐름이 멈춘 것은 단 두 차례뿐이었다고 주장했다. 그는 성경을 인용하면서 시간이 멈춘 첫 번째 사건은 적들에게 포위당한 여호수아가 밤에 제압당할까 두려워할 때 발생했다고 설명했다. 여호수아가 기도를 하자 하나님이 태양이 멈추는 기적으로 응답한 것이다. 물론 시간이 멈춘 두 번째 사건은 일리노이 주 의회에서 발생했다.

그 후 메이저리그 야구는 세인트피터즈버그를 들었다 났다 하기 시작했다. 완공되긴 했지만 텅 비어 있는 경기장으로는 그 어떤 도약도 할 수 없었다.

세인트피터즈버그의 야구 역사가 항상 암울했던 것은 아니다. 메이저리그 야구가 이 도시에 발을 딛기 전에도 행복했던 기억들이 많이 있었다.

1902년 세인트피터즈버그 세인츠(St. Petersburg Satints)가 세미 프로팀으로 출범했다. 세인츠는 마이너리그 팀으로 승격돼 1928년 해체될 때까지 활동했다. 그로부터 약 20년 뒤에 세인츠라는 또 다른 마이너리그 팀이 등장했다. 이 팀은 나중에 세인트피터즈버그 카디널스를 거쳐 세인트피터즈버그 데블레이스로 변신하면서 다섯 군데의 메이저리그 연고지를 떠돌았다. 하지만 무엇보다 세인트피터즈버그는 플로리다 주에서 스프링캠프의 발상지로 더 잘 알려져 있다. 이 도시는 1914년부터 94년 동안 8개 구단의 전지훈련 팀을 유치했다. 이곳에서 베이브 루스가 뛰었으며, 밥 깁슨이 피칭 연습을 했다. 케이시 스텡걸(Casey Stengel)[1]이 여기서 팀을 지휘했다. 하지만 세인트피터즈버그의 야구 역사는 완벽함과는 거리가 멀다. 이 도시는 마이너리그 참가 문제로 고생을 했다. 메이저리그 팀 이전이나 팀 확대 때 세인트피터즈버그가 유력한 후보지로 관심을 끌기까지도 꽤 오랜 시간이 걸렸다.

잭 레이크(Jack Lake)는 탬파베이 지역에 메이저리그 팀을 유치하기 위해 적극적으로 활동한 최초의 시민 지도자 중 한 명이었다. 오랜 기간 〈세인트피터즈버그 타임스〉 발행인이었던 잭 레이크는 메이저리그 팀을 유치하기 위해 지역 기업가, 정치인, 그리고 다른 유력 인사들에게 영향력을 행사했다. 이런 로비 활동이 마침내 탄력을 받았다. 플로리다 의회는 1977년 '피넬라스 스포츠 오써리티(Pinellas Sports Authority)'를 결성했다. 플로리다 주는 세인트피터즈버그를 가로지르는 피넬라스 카운티 이름을 딴 이 단체가 메이저리그 야구팀을 유치하

---

**1_** 뉴욕 양키스의 전설적인 감독. 좌완 투수에게는 우타자, 우완 투수에게는 좌타자를 우선 기용하는 플래툰 시스템 창시자로 유명하다.

는 데 중요한 역할을 할 것으로 기대했다. 3년 뒤 세인트피터즈버그 상공회의소는 헌신적인 야구 위원회를 결성했다. 1982년에는 세인트피터즈버그 시가 스포츠 오써리티에 야구 경기장 건립 장소를 연 1달러에 임대해줬다. 이 조치를 시작으로 지역 정부는 이후 메이저리그 야구팀 유치를 위해 여러 가지를 허가해줬다. 이듬 해 세인트피터즈버그 시의회는 구장 건립 계획을 승인했다.

그러나 그 후 2년 간 세인트피터즈버그 구장을 건립하려고 노력하는 사람들에게 크고 작은 시련들이 찾아왔다. 우선 1984년이 되자 카운티가 지원을 중단했다. 세인트피터즈버그 시와 피넬라스 스포츠 오써리티는 이듬 해 소송으로 맞받아쳤고 공공 청문회가 이어졌다. 양측 모두 나름대로 열정을 드러냈다. 구장 건립을 지지하는 사람들은 20년 동안 해왔던 로비와 노력이 헛수고가 되지 않기를 원했다. 비록 그 구장에서 실제로 경기할 야구팀을 확정하진 않았지만 말이다. 지역 주민들은 혈세가 새로운 야구장으로 흘러 들어가는 것을 원치 않았다. 곧 뒤따를 경기장 건설 붐 동안 납세자들이 부담한 수십억 달러의 돈이 야구 구단주의 주머니로 들어간 점을 감안하면 다른 도시에서도 같은 입장을 보였을 것이다. 하지만 반대하는 사람들의 항의에도 불구하고 시 위원회는 어쨌든 구장 프로젝트를 계속 진행하기로 결정했다. 1986년 11월 22일 세인트피터즈버그는 '세계에서 가장 거대한 공사'라고 부른 행사를 단행했다.

구장이 꼴을 갖춰가면서 몇몇 메이저리그 구단주들이 지원의 손길을 보내기 시작했다. 처음으로 세인트피터즈버그를 옹호한 사람은 필라델피아 필리스 구단주인 빌 자일스였다. 자일스는 내셔널리그 확장 위원회 위원으로 그 지역에 대해 많은 지식을 갖고 있었다. 자일스는 필리스 인력들과 팀 외야수인 본 헤이스를 세인트피터즈버그에 건립한 새 돔구장에 보내서 야구 경기가 진행될 때 지붕이 어떤 영향을 미칠지 살폈다. 필리스의 코치 한 명이 좌익수 방향으로 플라이 볼을 높이 띄워 보냈다. 헤이스는 하얀 섬유유리 지붕을 올려보고 나서 눈을 가늘게 뜬 뒤 머리를 감싼 채 재빨리 달아났다. 세인트피터즈버그 공무원들은 겁에 질린 표정이었다. 한 순간에 모든 거래가 날아갈 판이었다. 잠시 후 헤이스가 웃기 시작했다. 돔 구장의 지붕은 미네소타의 메트로돔 지붕과 같은 재질로 만들어졌다. 당연히 그가 야구공을 보는 데는 아무런 문제가 없었다.

자일스는 또 메츠 소유주인 프레드 윌폰과 함께 한 떼의 메이저리그 구단 경영진들을 이끌고 시장 조사를 하기 위해 날아왔다. 구단주들은 새로운 돔 구장을 둘러보고, 그때까지 재개발 중이던 주변 다운타운 지역을 조사했다. 그리고 혼잡한 하워드 프랭크랜드 다리를 비롯한 지역 교통 상황을 조사했다. 탬파베이 위에 있는 길이 약 5미터짜리 하워드 프랭크랜드 다리는 두 도시 사이의 라이벌 의식을 고조시켰다. 〈탬파 트리뷴〉은 탬파베이 한 가운데 다리 근처에 있는 섬이 메이저리그 확장으로 새롭게 참여할 야구팀이 경기하기에 이상적인 곳이라는 주장을 담은 사설을 실었다.

자일스는 세인트피터즈버그에 강한 인상을 받은 채 떠났다. 그리고 자신이 본 내용을 위원회의 다른 사람들에게 보고했다. 세인트피터즈버그 도심 지역에 야구팀을 배치할 경우 쌍둥이 도시인 탬파부터 남쪽의 브레이든톤, 심지어 두 시간 남짓 거리에 자리 잡고 있는 올랜도 같은 좀 더 큰 도시의 지원을 받을 수도 있었다.

세인트피터즈버그 시민들은 메이저리그의 관심에 대해 여전히 부정적인 반응을 보이고 있었다. 그들은 처음 만난 여자로부터 온갖 핑계를 들은 뒤 '당신은 꽤 괜찮은 사람이지만 데이트를 할 수는 없다'는 통보를 받는 신세가 되고 싶지 않았다. 실제로 화이트삭스 팀이 남쪽으로 옮기는 문제를 검토하기 시작했을 때 세인트피터즈버그에는 분에 넘치는 칭찬들이 쏟아졌다.

화이트삭스의 마케팅 담당 부사장인 마이크 맥클루어는 이렇게 말했다. "플로리다는 미국에 마지막으로 남아 있는 프랜차이즈 지역입니다. 월터 오말리가 다저스 구단을 서쪽 로스앤젤레스로 옮긴 이후 야구 역사상 가장 좋은 기회입니다."

맥클루어, 제리 라인스도프를 비롯한 화이트삭스 경영진들이 진지한 마음으로 세인트피터즈버그에 대해 과한 칭찬을 쏟아냈을까? 아니면 공공 예산으로 자신들에게 새로운 경기장을 짓는 것을 꺼리는 정치인들을 협박하기 위해 팀 이전이란 무기를 휘둘렀던 것일까? 두 가지 측면 모두 고려한 전략이었다.

"화이트삭스의 구단주인 라인스도프는 처음에는 플로리다에 오길 원하지 않았습니다." 오랜 기간 세인트피터즈버그에서 공직자 생활을 하며 야구 경기장을 건설해 메이저리그 팀을 유치하려는 시의 움직임을 주도했던 릭 더지의 말이다. "그는 프로농구팀인 시카고 불스를 소유하고 있었습니다. 진정한 시카고 사람인 셈이지요. 하지만 일리노이 의회가 새 경기장 건립 법안을 통과시킨 뒤에 진척 사항은 전혀 없었지만 아무 일도 일어나지 않았습니다. 결국 그는 우연히 세인트피터즈버그에 관심을 가졌다가 다시 잠재적인 시장성이 더 큰 시카고로 눈을 돌린 셈입니다."

더지는 또 이렇게 회상했다. "오해는 전혀 없었어요. 우린 늘 화이트삭스의 계약이 성사되지 않을 경우의 대안에 불과했으니까요. 어떤 사람을 로맨틱하게 짝사랑하는 일이었을 따름입니다. 어느 순간 사랑에 빠지게 됐는데, 상대방은 그런 사실조차 제대로 알아차리지 못한 셈이지요."

화이트삭스 유치 건이 무산됐음에도 불구하고 세인트피터즈버그는 경기장 건립 계획을 계속 밀어붙였다. 마침내 1990년 봄 플로리다 선코스트 돔이 문을 열었다. 건설 계획에 따르면 야구팀을 유치할 때까지는 경기장에서 다양한 스포츠 경기를 비롯해 콘서트와 쇼를 열도록 돼 있었다. 야구팀을 유치할 경우 경기하는 데 필요한 기능과 구단주의 요구를 수렴한 뒤 경기장을 수정하도록 했다. 돔 경기장에서는 여러 가수들의 공연을 비롯해 데이비스컵 테니스대회, 실내 미식축구 경기, 그리고 NBA 시범 경기가 열렸다. 1993년 북미하키리그(NHL)의 탬파베이 라이트닝 팀이 그 경기장의 첫 번째 주요 입주업체로 자리 잡았을 때는 한층 많은 용도로 사용됐다. 하지만 플로리다 선코스트 돔을 건립한 세인트피터즈버그 시의 최우선 과제는 여전히 야구팀 유치였다. 메이저리그의 1991년 확장 계획 때는 세인트피터즈버그가 최우선 후보 중 한 곳으로 떠올랐다.

아마도 릭 더지는 만화 주인공 찰리 브라운 같은 심정이 아니었을까? 루시가 축구공을 들고 있는 걸 보고, 가서 그 공을 차도 될지 곰곰이 생각하는 것과 같은 모습 말이다. 야구 구단주와 다른 내부 관계자들은 더지와 다른 시 공무원들에게 조만간 야구팀 유치 건이 잘 해결될 것이라고 거듭 밝혔다. 하지만 그때마다 구단주들은 자기 지역에서 그 동안 갈구해왔던 막대한 공공 보조금을 받게 되거나, 그도 아니면 단순히 겁을 집어 먹고 돌아가곤 했다.

미네소타 트윈스, 텍사스 레인저스, 시애틀 매리너스, 그리고 오클랜드 애슬레틱스 등이 모두 세인트피터즈버그 서곡을 불러댔다. 심지어 디트로이트 타이거즈는 극비리에 플로리다 지역에 대표단을 파견하기도 했다. 그후 텍사스와 시애틀 팀은 처음 세인트피터즈버그에 추파를 던진 이후 수지맞는 새 경기장 건설 계약을 보장 받았다.

트윈스 구단주와의 협상은 좀 더 깊이 진행됐다. 하지만 결국 트윈스는 미네소타에 계속 둥지를 틀기로 하고 발을 뺐다. 비록 트윈스가 세인트피터즈버그로 이전을 고려한 지 오랜 뒤의 일이긴 하지만 미네소타 주 의원들은 트윈스 팀을 위해 새 구장을 건립해줬다. 오늘날까지 구장 건립 문제가 아직 확정되지 않은 팀은 애슬레틱스 뿐이다. 애슬레틱스는 새너제이로 이전하기 위해 애를 쓰고 있으며, 베이 지역을 함께 쓰는 샌프란시스코 자이언츠는 애슬레틱스의 이전을 막기 위해 어마어마한 지역 연고 권한을 행사하고 있다. 애슬레틱스가 세인트피터즈버그로 이전을 검토한 지 20여 년이 지난 뒤의 일이다.

세인트피터즈버그는 들러리 신세가 됐다. 애슬레틱스와 트윈스는 세인트피터즈버그로 옮기겠다는 협박을 통해 곧바로 새로운 구장 건설 계약을 따내진 못했지만 많은 다른 구단들은 플로리다로 옮길 수도 있다는 협박을 통해 자신들에게 유리한 경기장 건립 계약을 성사시키는 데 영향을 미쳤다. 그 과정에서 구단주들이 직접 나서서 협박할 필요도 없었다. 소동에서 멀찍이 떨어져 있는 동안 메이저리그 사무국이 구단주를 대신해 협박을 하곤 했다. 구단주들은 정직하게 돈을 벌려는 학대받는 비즈니스맨으로 남아 있으면 됐다. 메이저리그 야구와 구단주들에게 세인트피터즈버그의 쓰임새는 명확했다. 탬파베이는 어떤 메이저리그 팀의 홈으로 이용될 때보다 미지의 시장으로 남아 있을 때 훨씬 더 큰 가치를 갖고 있었다.

《음모의 구장Field of Schemes》의 저자인 닐 드마우스(Neil deMause)는 이렇게 말했다. "버드 셀릭은 그런 협박 카드를 이용하는 데 특히 탁월했다." 닐 드마우스는 자신의 책에서 새 구장 건립을 위해 메이저리그 구단주들에게 건네진 거액의 보조금에 대해 조사했다. 그는 또 메이저리그 구단들이 대중과 주 정부, 그리고 자기 자신까지 속이기 위해 경제적인 혜택을 운운하면서 내놓은 정교한 계획에 대해서도 면밀히 검토하며 이렇게 덧붙였다. "셀릭은 특히 몇 년 동안 매리너스와 애슬레틱스를 위해 그 같은 일을 했다. 아마도 그의 책상 서랍 속 어딘가에는 '새로운 구장 없이 이 도시가 계속 메이저리그 팀을 보유하기란 어려울 것이다'는 내용의 연설문을 갖고 있는 게 틀림없다고 생각한다."

야구 경기장 강탈 게임은 어떤 면에서 모든 팀에 걸쳐 있다. 메이저리그의 몇몇 구단이 탬파베이로 옮기겠다고 협박했으며, 탬파베이는 그때마다 적극적으로 구애했다. 다른 팀들은 지방 정부에 거액의 수표를 끊어달라고 협박하면서 워싱턴 D. C.나 포틀랜드, 오리건 혹은 샬럿, 노스캐롤라이나 혹은 샌안토니오를 들먹였다. 심지어 조지 스타인브레너도 한 동안 양키스를 뉴저지로 옮기겠다고 떠들어댔다. 뉴저지는 뉴욕과 같은 대도시 상권이긴 했지만 오랜 기간 브롱크스 폭격기(뉴욕 양키스의 애칭) 팬 생활을 했던 많은 사람들과는 분리된 세계였음에도 말이다. 오랜 기간 경기장에서 보여준 멋진 모습과 역사에도 불구하고 경기장 바깥에서 이루어지는 야구 비즈니스에서는 떳떳치 못한 뒷거래와 무차별적 금전 약탈, 그리고 거친 위협이 난무했다. 팀이 어디에 뿌리를 박고 있는지는 문제가 되지 않았다.

기존 팀을 가로채는 데 실패한 세인트피터즈버그는 1970년대 이래 메이저리그의 첫 확장 계획에 눈을 돌렸다. 메이저리그가 확장 계획을 밝힐 때마다 구단을 소유하고자 했던 후보 세 곳에 줄을 댔다. 그렇긴 하더라도 그들이 가장 선호했던 후보자는 명확했다. 바로 자동차 매매상인 프랭크 모사니가 이끌던 그룹이었다. 모사니의 대표단은 세인트피터즈버그에 기존 메이저리그 구단을 영입해오려고 시도하던 초기부터 그런 움직임을 대표했다. 그 과정에서 지역 사회의 많은 호의를 이끌어내는 일을 맡았다. 하지만 그 문제에 관한 최종 결정은 시가 아니라 메이저리그에서 떨어졌다.

릭 더지와 그 무리들이 다시 알게 됐듯이, 군주의 자비에 모든 운명을 내맡기고 있는 것은 그다지 좋은 선택이 아니었다. 세인트피터즈버그 사람들에겐 실망스럽게도 메이저리그는 포터 그룹을 선택했다. 포터 그룹은 워싱턴의 변호사인 스티븐 포터가 이끄는 그룹으로 콜스 백화점 체인 설립자로 위스콘신에 터를 잡고 있는 콜 가족의 재정 지원을 받고 있었다. 메이저리그가 이런 선택을 한 데는 몇 가지 이유가 있었다. 메이저리그는 위스콘신 상원의원인 허브 콜의 후원을 받고 있다는 점을 비롯해 포터 그룹이 갖고 있는 재력과 영향력을 좋아했다. 게다가 모사니는 마피아와 어느 정도 연결돼 있다는 뒷이야기도 있었다. 증거 없는 소문이긴 했지만 메이저리그의 선택에는 영향을 미쳤다.

"그래서 우리는 포터 그룹과 함께 뉴욕으로 가서 메이저리그 관계자들을 만났습니다." 세인트피터즈버그에서 오랜 기간 수석 개발 운영자로 일해 오면서 더지와 함께 이 지역에 야구팀을 유치하는 작업을 했던 릭 무셋(Rick Musset)이 말했다. "그들은 9,500만 달러에 달하는 확장비용에 난색을 표했습니다. 당시 우리 시장이었던 밥 울리히는 유명한 말을 남겼습니다. 주머니 사정은 좋은 데 쓸 곳은 많지 않다고 말했던 것입니다."

포터 그룹이 왜 응찰하지 않았는지에 대해 다양한 의견들이 제기됐다. 일부 사람들은 콜 일가가 현금으로 결제하는 것을 내켜하지 않았다고 주장했다. 그러는 사이에 또 다른 응찰자가 등장해서 플로리다에 야구팀을 유치하려고 애썼다. 블록버스터 엔터테인먼트 CEO인 웨인 후이젠가(Wayne Huizenga)가 바로 그 주인공이다. 후이젠가는 미식 축구팀인 마이애미 돌핀스와 함께 사우스 플로리다의 조 로비 스타디움을 함께 쓰길 원했다. 하지만 그는 모사니 그룹이 오랜 기간 보여줬던 메이저리그에 대한 열정이 부족했다. 그럼에도 불구하고 메이저리그는 그에게 강한 인상을 받았다.

세인트피터즈버그의 음모론자들은 후이젠가가 뒤늦게 뛰어들었음에도 불구하고 메이저리그가 그에게 팀을 주기 위해 손쉬운 변명거리를 원했을 것이라고 주장했다. 결국 후이젠가가 소유한 플로리다 말린스와 신생 구단인 콜로라도 로키스가 메이저리그의 두 번째 확장팀 자리를 거머쥐었다. 메이저리그 야구는 또 다시 마지막 순간에 세인트피터즈버그를 내쳤다.

모사니는 마지막으로 지푸라기라도 잡는 심정으로 약속 위반과 팀 확장 과정에서 소외된 점에 분개하여 메이저리그를 제소했다. 몇 년 전 모사니가 트윈스 팀을 거의 낚았을 때, 메이저리그는 그에게 차례를 기다리면 첫 번째 확장팀으로 보상해주겠다고 약속했기 때문이다. 그러나 메이저리그는 팀을 확장하면서 세인트피터즈버그를 그냥 지나쳤을 뿐 아니라, 모사니 그룹에겐 아예 응찰할 기회조차 주지 않았다. 대신 포터 그룹이 그 도시의 이익을 대변하도록 선택했다. 이미 모사니를 철저히 감시하고 있던 채권자들은 손실을 보상하기 위한 노력의 일환으로 이 문제를 법정으로 끌고 가라고 밀어붙였다. 자동차 중개업 매출이 줄어들면서 모사니의 개인 자산도 크게 감소했다. 세인트피터즈버그에 야구 구단을 유치하려던 여러 번의 시도가 무위로 돌아가면서 그가 갖고 있던 나머지 현금도 고갈됐다. 결국 그는 파산신청으로 내몰렸고 법정 밖 화해로 메이저리그와의 공방을 마무리했다.

세인트피터즈버그의 야구팀 유치 노력이 번번이 무산됐음에도 불구하고 일단 좋은 기회가 생길 경우 야구 붐을 불러일으키려는 지역 유지들은 또 다시 도전장을 던지곤 했다. 일말의 희망을 품은 채 미친 듯 돌진하는 꼴이었다. 1992년 사연 많은 메이저리그 구단이 또 다시 러브콜을 해왔다. 이번에는 샌프란시스코 자이언츠였다. 세인트피터즈버그의 후원자들은 '안 될 이유가 뭐 있나?'란 반응이었다. 약간의 금전적인 부담과 자기 학대만 감수하면 될 테니까 말이다. 게다가 세인트피터즈버그 시는 이미 3년 전에 자이언츠 구단주인 밥 루리(Bob Lurie)와 접촉한 적 있었다. 그것도 화장실에서. 릭 더지는 루리를 어떻게든 만나보려고 애썼다.

더지는 그때 상황을 어떻게 기억하고 있을까? "나는 '악수는 하지 않겠습니다. 하지만 절 소개하죠'라고 말했습니다. 루리는 경기장 계약을 체결하는 데 문제가 있다고 말했어요. 그래서 내가 말했죠. '한번 얘기해봅시다. 누가 아나요, 언젠가 우리가 계약을 성사시킬지도 모르죠. 그리고 이 첫 번째 만남을 떠올리면서 함께 웃을지도 모르지요.'"

루리는 1976년 호레이스 스톤햄(Horace Stoneham)으로부터 800만 달러에 자이언츠를 매입하기 전에 부동산 사업으로 큰돈을 벌었다. 자이언츠는 1970년대 대부분과 1980년대 내내 성적 부진으로 고통을 겪었다. 1989년 내셔널리그 페넌트레이스에서 우승한 뒤 '베이 브릿지 월드시리즈'를 가졌던 것이 내세울 만한 유일한 성적이었다.[2] 이런 짧은 성공에도 불구하고 자이언츠의 홈구장은 걱정거리로 남아 있었다. 홈구장인 캔들스틱 파크는 지저분한 데다 어두웠다. 바람 많고 살을 에는 듯이 추운 샌프란시스코의 캔들스틱 포인트에 자리 잡고 있어서 야구 선수들이 경기하기를 두려워하는 구장으로 악명 높았다.

세인트피터즈버그는 더 없이 좋은 기회를 잡은 것처럼 보였다. 자이언츠는 세인트피터즈버그가 홈구장 이전을 받아들임직한 팀의 기준으로 내세운 네 가지 조건을 충족시켰다. 분리된 시장, 불만족스러운 홈구장, 지역 정부와 시민들의 지원 부족, 그리고 줄어드는 매출이 바로 그 조건이었다.

1992년 8월까지 협상은 급속도로 진행됐다. 주요 인사들은 전부 샌프란시스코에 있는 밥 루리의 사무실로 모였다. 모사니가 빠져 나가면서 탬파의 거물인 빈스 나이몰리가 세인트피터즈버그의 소유주 그룹을 새롭게 이끌고 있었다. 팀을 확보하려고 여러 차례 시도했지만 그때마다 번번이 실패했던 세인트피터즈버그가 수십 년 동안 갈망하던 순간이 마침내 온 듯했다. 문제는 아무도 얘기를 꺼내지 않는다는 점이었다. 양쪽 대리인들은 8학년 댄스파티에서 파트너가 없는 여자들처럼 누가 먼저 움직여야 할지 확신하지 못한 채 서로 상대방만 응시할 따름이었다.

---

**2** 샌프란시스코 자이언츠는 1989년 샌프란시스코 베이 건너편에 있던 오클랜드 애슬레틱스와 월드시리즈 패권을 다퉜다. 마침 샌프란시스코를 강타한 지진 때문에 우여곡절을 겪었던 그해 월드시리즈에서 샌프란시스코는 토니 라루사가 이끌던 오클랜드에 시리즈 전적 4대 0으로 지는 바람에 우승에 실패했다.

릭 더지가 얼음 같은 침묵을 깨며 불쑥 말했다. "거래를 합시다."

밥 루리는 방을 둘러보면서 더지와 나이몰리를 번갈아 보며 마침내 거래에 응했다.

양측은 단 몇 분만에 원칙적인 합의에 도달했다. 나이몰리가 이끄는 그룹이 자이언츠 구단을 1억1,100만 달러에 매입한 뒤 1993년 시즌부터 세인트피터즈버그로 이전하기로 했다. 양측 관계자들이 밖으로 나왔다. 더지는 바깥으로 나가 화장실에 갔다. 몇 초 뒤 루리가 바로 옆 소변기에 나란히 섰다. 두 사람은 서로 속마음을 알고 있는 듯 야릇한 미소를 교환했다.

두 시간 뒤에 더지, 나이몰리를 비롯한 일행은 샌프란시스코 국제공항에 도착했다. 공항에서 기다리고 있는 기자들이 없다는 사실을 확인한 그들은 안도의 한숨을 내쉬었다. 극도의 보안 조치를 취했음에도 불구하고 지난 5년 동안 더지가 여러 번에 걸쳐 세인트피터즈버그에 야구팀을 유치하려는 시도를 하면서 지역 언론들이 촉각을 곤두세웠던 것이다. 그러나 전세 비행기가 세인트피터즈버그 소유주 그룹을 태우고 샌프란시스코로부터 돌아오고 있으며, 뭔가 뉴스거리가 있다는 말이 돌기 시작했다. 오전 4시 비행기가 탬파 인터내셔널 공항에 착륙할 때쯤에는 20명가량의 기자들이 기다리고 있었다. 더지는 몰려든 기자들 사이로 걸어나가면서 아무런 언급도 하지 않았다. 하지만 한 시간쯤 뒤 그는 몇몇 주요 매체 기자들에게 전화를 건 뒤 오후에 기자회견이 있을 예정이라고 말했다.

〈세인트피터즈버그 타임스〉의 야구 담당기자인 마크 톱킨(Marc Topkin)은 그때를 이렇게 회상했다. "오전 5~6시 무렵에 전화를 받았습니다. 그 당시 우리는 새 집으로 이사갔고, 가족들은 외출 중이었어요. 그래서 난 에어 매트리스에서 자고 있었어요. 그때 전화 벨소리가 울렸는데 릭 더지였습니다. 잠결에 받았던 터라 정확하진 않지만 그는 이렇게 말했어요. '우리가 이제 막 빌어먹을 자이언츠 구단을 매입했습니다'."

거래가 성사됐다는 말이 나오자마자 메이저리그는 분노와 체념이 엇갈린 반응을 보였다. 페이 빈센트(Fay Vincent) 커미셔너와 대부분의 내셔널리그 구단주들은 임박한 이전을 싫어했지만, 거래를 진행할 준비는 돼 있는 듯했다. 샌프란시스코 지역 사람들은 그렇게 기꺼이 받아들일 태세가 아니었다. 윌리 브라운(Willie Brown) 샌프란시스코 시장은 메이저리그가 구단 이전을 막도록 해달라고 요구하면서 의회에 로비를 했다. 메이저리그는 반독점 면책권이 있기 때문에 구단주들은 반독점 관련 소송을 당할 걱정 없이(연고지 이전 방해를 포함해) 어떤 결정이든 원하는 대로 내릴 수 있었다.

1992년 시즌 막바지에 팀 이전이 임박해지자 샌프란시스코 베이 지역의 팬들은 들끓기 시작했다. 탬파 지역의 WTSP-TV 선임기자였던 마이크 디슨(Mike Deeson)는 그때를 이렇게 회상했다. "시즌 마지막 날이 가장 인상적이었죠. 캔들스틱 구장에서 여성 아카펠라 그룹이 국가를 불렀어요. 그곳에는 격렬한 자이언츠 팬들이 많이 있었죠. 그들은 그냥 무너져내렸어요. 관중들의 얼굴에서 눈물이 주르륵 흘러내렸답니다."

샌프란시스코의 슬픔도, 세인트피터즈버그의 환희도 오래 지속되진 않았다. 루리는 새로운 샌프란시스코 구장 건립을 위한 투표가 부결되자 구단 매각에 더욱 열성을 다했다. 그리고 나이몰리가 이끄는 그룹은 그 팀을 매입한 뒤 플로리다로 옮기려 했다. 그러나 메이저리그 사무국은 연고지 이전 투표를 하기 전에 그 지역에서 강구할 수 있는 모든 가능성을 타진해보는 쪽을 더 선호했다. 내셔널리그의 빌 화이트 총재는 샌프란시스코 자이언츠의 구단 이전을 반대하고 나섰다. 자이언츠가 샌프란시스코 지역 내에서 가능한 모든 시나리오를 시도해볼 때까지 구단주들의 투표를 연기하자고 촉구했다.

1992년 11월 10일, 내셔널리그 구단주들은 자이언츠 팀을 나이몰리와 파트너들에게 매각하는 안을 9대 4로 부결시켰다. 대신 그들은 세이프웨이 식료품점을 운영하는 피터 매고완(Peter Magowan)이 이끄는 새로운 샌프란시스코 소유주 그룹을 결성했다. 가격은 1억 달러로 나이몰리 그룹이 제안했던 것보다 1,100만 달러가 적은 액수였다.

나이몰리와 세인트피터즈버그 시 고문변호사는 불법적 방해 혐의로 샌프란시스코 시와 카운티 및 메이저리그를 상대로 소송을 제기했다. 플로리다 주 검찰 총장 역시 메이저리그를 제소했다. 야구에 대해 성급하게 반독점 면책권을 준 부분을 문제 삼았다. 메이저리그가 그 상태를 유지하는 한, 어떤 도시가 다른 시장에 있는 팀을 유치하려고 시도할 경우 언제든지 막을 수 있었다.

더지가 보기에는 메이저리그가 완강하게 고수하는 원칙은 위선의 극치처럼 보였다. 더지는 이렇게 말했다. "팀의 연고지를 옮기는 것이 허용되지 않는다고 주장하는 커미셔너가 있다는 게 얼마나 얄궂은 일입니까? 물론 버드 셀릭은 시애틀에 있는 팀을 훔쳐와 밀워키에 줘버렸습니다. 그런 경우가 나쁜 선례를 만들었던 것이죠."

자이언츠 팀 이전 건은 결국 의회까지 갔다. 의회에선 메이저리그의 반독점 상태를 조사하기 위한 특별위원회가 소집됐다. 그곳에서 더지는 또 다른 잔혹한 아이러니를 경험했다. 메이저리그 야구만이 할 수 있는 일이었다. 위원회에 앉아 있는 사람은 다른 사람이 아니라 위스콘신 상원의원인 허브 콜이었다. 탬파베이 확장 팀에 응찰하기 위해 메이저리그가 선발한 소유주 그룹의 일원이었던 콜 상원의원과 같은 사람이었다. 그룹이 가격도 물어보지 못하게 방해했던 바로 그 콜 상원의원. 이것을 극복할 방법은 없었다. 위원회는 이 분쟁에서 메이저리그 편을 들었다. 플로리다 사람들 가운데 어느 누구도 이 결정에 놀라지 않았다.

세인트피터즈버그는 여전히 법적인 공세를 가하겠다고 압박했다. 거듭된 좌절에도 불구하고 세인트피터즈버그는 지지자들에게 용기를 잃지 말라고 설득했다. 슬로건은 계속 바뀌었지만 지지는 여전했다. 1986년 세인트피터즈버그가 돔 구장 건설에 착수했을 때는 '경기장 주위로 결집하라(Rally Round the Stadium)'라는 전투 구호를 사용하기도 했다. 그 이전에 세인트피터즈버그가 첫 번째 확장 노력을 할 때는 이렇게 외쳤다. "팀에 합류하라." 자이언츠와의 거래가 무산됐을 때는 메이저리그 야구팀이 도착할 때를 대비해 시즌 티켓 예치금을 맡긴 팬 22,000명에게 접근했다. 22,000명 대부분은 예약을 그대로 유지했다. 7,000명은 후원 수준을 한 단계 더 높였다. 그들은 세인트피터즈버그가 메이저리그와 반독점 면책조항에 대해 반격을 가할 경우 소송비용 35만 달러를 부담하겠다고 약속했다.

1995년 들어 그 싸움이 결실을 맺는 듯했다. 메이저리그가 또 다시 팀을 확장할 계획이라고 발표했기 때문이다. 세인트피터즈버그 그룹은 자신들이 행사한 압력 때문에 메이저리그가 손을 썼다는 사실을 알았다. 과거에도 몇몇 사례를 통해 메이저리그의 반독점 면책권에 대해 도전장을 던진 적이 있다. 그때마다 메이저리그는 그 권한을 그대로 남겨

두는 데 성공했지만 소송이 깊숙하게 진행될 경우 그들의 권한이 침해받을 것이라는 두려움도 도사리고 있었다.

메이저리그 팀들, 특히 매출 규모가 작은 팀들은 오랫동안 수익을 내는 것이 쉽지 않은 싸움이라고 주장해왔다. 이런 주장은 새로운 구장 건설 계약을 위한 여론을 형성하는 데 도움이 됐다. 야구 구단이 적자를 면치 못하고 있기 때문에 공적 자금을 투입해 새 구장을 건설하지 않으면 이전하는 것 외엔 다른 선택이 없다고 메이저리그 측은 늘 주장해왔다. 〈포브스〉가 자체적으로 조사한 결과 이런 주장은 과장됐다는 사실이 드러났다. 〈포브스〉 조사팀들은 메이저리그의 주장과 상반되는 결과를 담은 연간 팀 재정 추정치와 연고권 가치에 관한 자료를 만들었다. 반독점 소송 건이 법정으로 갈 경우 메이저리그는 회계장부를 공개해야만 했다. 이는 메이저리그가 결사적으로 피하고 싶은 일이었다. 여러 원고들이 그 수치를 세상에 드러내려고 했기 때문에 그들이 소송을 거둬들이기만 한다면 세인트피터즈버그에 리그 확장 팀을 부여하는 일이 훨씬 더 수월한 해결책처럼 보였다.

여전히 세인트피터즈버그는 기회를 갖지 못하고 있었다. '그것을 홈으로 가져오자'는 새로운 캠페인을 시작하면서 세인트피터즈버그는 시즌 티켓 예약 물량을 31,000장까지 늘렸으며, 돔 구장 내에 있는 48개 호화 객실 계약도 모두 성사시켰다. 이제 모든 사람들이 느긋하게 앉아서 기다리기만 하면 됐다.

연고권 부여 결과 발표 행사는 플로리다 주 팜비치에 있는 호화 리조트에서 열릴 예정이었다. 더지와 나이몰리를 비롯해 세인트피터즈버그에서 그 결과를 주시하면서 기다리고 있던 사람들은 조심스럽게 최종적인 승리자가 되길 희망했다. 구단주 자리를 기대하고 있는 사람들은 수개월 동안 관중 동원과 상품 판매 계획을 잡는 한편 향후 발생할 비용 산정 작업을 하느라 분주했다. 이 모든 작업을 하면서 메이저리그가 발표한 확장비용 1억1,000만 달러 확보를 위한 예산 계획도 세웠다. 하지만 메이저리그는 마지막 순간에 다시 한 번 깜짝 놀라게 했다. 확장비용은 이제 1억3,000만 달러로 늘어났다!

나이몰리는 그 소식을 듣고 노발대발했다. 두 확장 구단은 1억3,000만 달러의 비용 외에도 첫 5년 동안은 리그 중앙기금에서 매년 500만 달러씩 지급받을 수 있는 권리도 포기해야 했다. 따라서 실제 확장비용은 1억5,500만 달러에 이르게 됐다. 메이저리그는 또 이미 제한돼 있는 확장 드래프트 조건도 변경했다. 이에 따라 리그 확장으로 새롭게 참여하게 된 두 팀은 등록 선수들을 모두 채우려면 기량이 쇠퇴해가는 베테랑과 별볼일 없는 풋내기들 중에서 선택해야 했다. 잠깐 사이에 메이저리그에 참여하는 것이 그다지 좋은 거래 조건이 아닌 상태가 돼버렸다.

나이몰리는 세인트피터즈버그 대표들과 논의를 했다. 양측은 침을 꿀꺽 삼키고, 메이저리그의 조건을 받아들였다. 하지만 메이저리그의 좀 더 강화된 요구 조건에 원칙적으로 합의한 뒤에도 이후에 어떤 일이 일어날지에 대해선 아무도 확신하지 못했다.

더지가 말했다. "그곳에서 모든 구단주 및 총재와 함께 앉아 있던 순간을 기억합니다. 그들은 우리에게 방으로 들어오라고 했어요. 그런 다음에도 여전히 아무도 입을 떼지 않더군요. 방 반대쪽에서 어떤 사람이 내게 소리 지르는 것을 들었습니다."

소리를 지른 사람은 화이트삭스 구단주인 제리 라인스도프였다. 7년 전 거구의 짐 톰슨 시장과 일리노이 의회가 시계를 멈추는 전략을 쓰지 않았더라면 세인트피터즈버그로 팀을 이전했을지도 모를 사람이었다.

20년 이상 계속됐던 협상, 로비, 소송, 그리고 비운의 순간들이 마침내 끝났다. 세인트피터즈버그 팀인 탬파베이 데블레이스는 애리조나 다이아몬드백스와 함께 메이저리그의 두 신생 구단으로 가세했다. 3년 뒤에 있을 데블레이스 홈 개막 행사를 위해 역사적인 첫 번째 투구에 사용될 공이 옛 알 랑 필드(Al Lang Field, 수천 개의 마이너리그 구단과 스프링 캠프 훈련 팀들을 유치했던 곳)에서부터 사람들을 거쳐 새로운 돔 구장에 도착했다. 그곳엔 나이몰리가 기다리고 있었다. 야구공이 경기장에 도착했을 때 경기장을 꽉 매운 관중들이 환호했다.

그러나 환호의 순간은 그것이 마지막이었다. 그 이후 데블레이스 팬들은 오랫동안 환호할 이유를 찾지 못했다.

# 짠돌이 괴짜 구단주

2001년 6월. 타이코 인터내셔널의 최고경영자(CEO) 데니스 코즈로우스키(Denis Kozlowski)는 두 번째 아내인 카렌의 40번째 생일 파티를 위해 돈을 아낌없이 쓰고 있었다. 회사 자금 사용을 정당화하기 위해 주주 모임으로 위장한 200만 달러짜리 호화쇼는 타이코의 로마식 파티로 언론에 알려졌다. 이날의 화려한 영광은 캠코더에 고스란히 담겼다. 이런 질펀한 파티는 주식 시장이 호황이던 2000년대 초반 무렵 많은 CEO들이 즐기던 생활 방식을 그대로 보여줬다. 엄청난 연봉과 무제한 부여되는 배당옵션도 코즈로우스키의 탐욕을 만족시키기에는 충분치 않았다. 코즈로우스키는 1,800만 달러짜리 뉴욕 한가운데의 아파트, 6,000달러짜리 샤워 커튼, 그리고 질펀한 파티 계산서, 이외에도 수많은 것들을 충당하기 위해 합법적으로 회사 자금을 강탈했다. '보드카를 내뿜는 성기가 세상을 둘러보는' 파티를 연 지 4년 뒤에 배심원은 코즈로우스키와 그의 타이코 동료 경영자인 마크 슈워츠를 회사 자금 6억 달러를 빼돌린 혐의로 기소했다.

빈스 나이몰리는 데니스 코즈로우스키와는 정반대의 사람이었다. 나이몰리는 호화 생활로 회사 자금을 날려먹기는커녕 탬파베이 데블레이스의 짠돌이 구단주로 통했다. 그는 대중들의 인식에 대해 무관심하기보다 오히려 지나치게 일희일비하는 쪽이었다. 높은 자리에 있을 때는 아랫사람에게 위임하지 않고 아주 사소한 결정까지 직접 개입했다. 코즈로우스키가 CEO로 재임할 당시 타이코처럼 아주 공개적으로 추락하는 상황은 피했지만, 나이몰리 역시 자기 조직을 망가뜨리고 있었다. 코즈로우스키의 몰락이 수백 만 MBA 출신 경영자들의 먹이가 된 것처럼 나이몰리가 경영 파트너로 데블레이스를 이끌었던 것 역시 여러 기업들에게 반면교사가 됐다. 그런 방식으로 회사를 운영하면 안 된다는 완벽한 표본이었던 셈이다. 두 사람은 매우 다른 방식으로 '잘못된 CEO'의 고전적인 표본이 됐다.

나이몰리가 떠난 뒤 데블레이스에 어떤 일이 발생했는지를 감안하면 그의 실패는 굉장히 놀라운 것이다. 나중에 월스트리트에서 영입한 새로운 경영팀은 실권을 잡은 뒤 데블레이스의 모든 운영 방식에 엄청난 변화를 몰고 왔다. 한결 친근한 마케팅 및 공동체 접근 방식을 통해 데블레이스는 천덕꾸러기에서 지역에서 사랑받는 존재로 탈바꿈했다. 체계적인 비즈니스 계획을 통해 한동안 흐느적거리던 매출 흐름에 새롭게 활기를 불어넣었다. 그보다 더 눈에 띄는 것은 리그에서 동네북 신세였던 팀이 다른 사람들의 예상보다 훨씬 빨리 두 차례나 아메리칸 리그 동부지구 챔피언이 됐다는 점이다. 나이몰리 시대를 유감스러운 시대로 분류해야만 그가 떠난 뒤 곧바로 이어진 가파른 경쟁력 상승을 제대로 감상할 수 있다.

나이몰리의 비즈니스 경력은 데블레이스에서 끝낸 방식보다는 훨씬 더 운 좋게 시작했다. MBA와 하버드 비즈니스 스쿨의 고급 경영 프로그램 학위를 취득하기 전에 기계 엔지니어링 분야에서 훈련을 받은 그는 제조업에서 돈을 벌었다. 그의 트레이드마크는 기업을 수렁에서 건져내는 비책이었다. 부실기업을 효과적으로 회생시키기 위해서는 어느 정도 절약할 필요가 있는 법이다. 그러다 보면 때로는 잔혹한 결정을 내리기도 한다. 재고는 최대한 감축해야 하며 연봉도 마찬가지다.

나이몰리는 1983년 휘청거리던 앵커 호킹스의 유리 사업 부문을 7,800만 달러에 인수하려고 했다. 계약을 성사시키기 위해선 투자자들이 필요했다. 나이몰리는 웨스레이 캐피털(Wesray Capital)에 접근했다. 웨스레이 캐피털은 차입 매수를 전문으로 하는 기업으로 유명했다. 차입 매수를 하는 쪽에선 타깃으로 삼은 기업의 지배지분을 확보하기 위해 돈을 굉장히 많이 빌린다. 마무리하기까지 3주가 꼬박 걸린 그 거래는 처음에는 실패 사례처럼 보였다. 앵커 글라스 컨스테이너 코퍼레이션으로 이름을 바꾼 회사가 1년에 100만 달러 적자를 기록했기 때문이다. 영업부문을 통합하고 한 무리의 사람들을 해고하고 난 뒤 그 회사와 남아 있는 직원 120명을 오하이오 주 랭카스터에서 탬파로 옮겼다. 그는 회사를 이전한 뒤 연봉을 삭감했다. 플로리다 주는 세금이 적기 때문에 불만을 잠재울 수 있으리란 기대 때문이었다.

이런 쥐어짜기 덕분에 앵커는 경기가 불황 국면을 벗어나면서 빚을 지지 않고 운영할 수 있었다. 경기가 훨씬 좋아지자 이익을 냈다. 나이몰리의 비용절감 정책은 엄청난 결실을 맺었다. 1989년 적대적 인수를 통해 앵커를 낚아채 갔을 때, 나이몰리는 2,000만 달러 규모의 황금낙하산(golden parachute)[1]과 앵커 시설에 대한 매각 차용 거래로 1,400만 달러를 더 챙긴 것을 비롯해 엄청난 수익을 올렸다.

나이몰리는 그 뒤 몇 년 동안 여러 건의 성공적인 부실기업 회생 스토리를 만들어냈다. 그는 파산 직전으로 내몰린 자동차 부품 회사 도흘러-자비스(Doehler-Jarvis)를 인수했다. 도흘러-자비스는 최대 고객인 포드 사를 설득해 트랜스미션 케이스를 좀 더 비싼 값에 구입하도록 했다. 그 덕에 도흘러-자비스의 마진이 높아지면서 다시 수익을 올릴 수 있게 됐다. 나이몰리는 또 다른 자동차 부품 회사인 하버드 인더스트리스를 파산한 지 한 달 뒤에 매입했다. 그러고 나서 사업 부문과 인력들을 난도질한 뒤 다시 짧은 기간 내에 수익을 올리는 데 성공했다.

　　나이몰리는 비용을 극단적으로 줄였다. 사무실 비품을 비롯한 모든 비용을 집행할 때는 반드시 자신을 거치도록 했다. "그 메모장을 다 썼다고? 좋아. 그럼 다음 메모를 할 때는 그 종이의 뒷면을 이용하는 거야." 만약 여러분이 지사로 출장 가는 나이몰리의 직원이라면 우편물로 가득 들어찬 가방을 들고 다녀야 한다. 우표도 공짜는 아니었다. 빈스 나이몰리는 지독한 구두쇠였다. 게다가 그는 자신이 구두쇠라는 사실을 자랑스러워했다.

　　나이몰리는 2009년 출간한 자화자찬용 홍보 책자인 《비즈니스, 야구, 그리고 그 너머Business, Baseball, and Beyond》란 책에서 이렇게 썼다. "사람들은 내게 어떻게 회사들을 되살릴 수 있었느냐고 묻곤 했다.……모든 기업은 한 가지 공통점을 갖고 있다. 지나치게 비대하다는 점이다. 닭고기 스프와 마찬가지로, 지방을 걷어내면 한층 건강한 제품

---

**1**　　경영진이 적대적 M&A로 인해 사임하게 될 경우를 대비해 미리 경영진의 해임 후 고용계약을 정해놓는 것을 말한다. 황금낙하산은 1980년대 미국 월스트리트에서 유래한 말로, 경영자의 신분을 보호하고 M&A 비용을 높여 적대적인 M&A를 방어하는 전략으로 널리 활용됐다.

을 갖게 될 것이다."

공격적으로 비용을 줄이는 CEO는 '절약하는' '공격적인' '약삭빠른' 같은 온갖 종류의 현란한 수식어가 따라붙게 된다. 하지만 야구 세계에서는 한 푼이라도 아끼는 데 혈안이 돼 있는 구단주를 묘사하는 다른 말이 있다. 바로 '싸구려'다.

앞 뒤 안 가리는 나이몰리의 접근 방식이 세인트피터즈버그에 메이저리그 야구팀을 유치하는 데 굉장히 소중한 역할을 한 것은 분명하다. 시 공무원들은 중고차 매매상인 프랭크 모사니가 떨어져 나가고 난 뒤 야구팀을 무사히 안착시키는 노력을 이끌 사람으로 나이몰리를 스카우트해왔다. 세인트피터즈버그 시가 왜 나이몰리를 선택했는지는 미스터리로 남아 있다. 탬파 지역 주민들과 뉴욕 양키스 구단주인 조지 스타인브레너의 추천 덕분이라고 주장하는 사람들도 있다. 조지 스타인브레너와 나이몰리는 친구 사이다. 어쨌든 간에 나이몰리는 탬파베이에 야구팀을 유치해오는 임무를 굉장히 열정적으로 수행했다. 그는 세인트피터즈버그가 리그 확장 때 신생 팀을 유치하려다가 실패한 것뿐 아니라 트윈스, 화이트삭스를 비롯한 여러 팀들이 이 지역으로 이전하기 위해 교섭하던 모든 모습을 지켜봤다. 나이몰리는 샌프란시스코 연고인 자이언츠 팀을 유치하려던 노력이 실패한 이후에는 더욱 독이 올라 완전히 잡아먹을 기세로 달려들었다.

나이몰리는 세인트피터즈버그 시 검찰과 공동으로 샌프란시스코 시와 메이저리그를 상대로 소송을 제기했다. 이 소송이 메이저리그에 가한 위협은 단순히 재정적인 피해 수준을 넘어선 것이었다. 야구의 황제들이 겁을 집어 먹은 것은 크게 두 가지 사실, 즉 재정 장부 공개와 메이저리그의 반독점 특권 무효화 때문이었다. 현재 상태가 그대로 유지되는 한 구단주들은 돈타령을 하면서, 공공 자금으로 새 구장을 건립해 달라고 지방자치단체를 압박할 수 있었다. 세인트피터즈버그와 함께 플로리다 주 검찰 총장이 소송을 제기하자 야구의 황제들은 이번 위협이 조용하게 넘어가진 않으리라고 예상했다. 나이몰리는 특유의 방식으로 훨씬 큰 위협을 가했다.

"그는 메이저리그 팀을 세인트피터즈버그에 갖다 놓는 일에 최적임자였습니다. 그건 의심할 여지가 없었죠. 세인트피터즈버그는 너무도 많이 이용당했습니다. 소송으로 협박을 하기도 하고, 소리지르기도 했으며, 때론 발끈하기도 했습니다. 이 모든 수단들을 동원해 마침내 야구팀을 갖게 됐습니다." 〈세인트피터즈버그 타임스〉의 칼럼니스트인 마크 톱킨이 말했다.

여러 해 동안 기다린 끝에, 그리고 8년 동안 주인 없는 경기장에 앉아서 구경한 끝에 얻어낸 쾌거였다. 세인트피터즈버그 주민들은 데블레이스 구단 뿐 아니라 메이저리그 연고 구단을 끌어오는 데 도움을 준 구단주를 아낌없이 응원할 채비가 돼 있었다. 팬들은 토요일 아침부터 판매를 시작할 첫 시즌 티켓을 구입하기 위해 목요일 저녁부터 트로피카나필드(탬파베이 데블레이스의 홈구장) 바깥에 시끌벅적하게 줄지어 섰다. 티켓 판매 창구가 열렸을 때는 네 블록 너머까지 줄이 늘어져 있었다. 홈 개막전 티켓은 불과 몇 분 만에 매진되었다. 나이몰리는 그날 이후 20게임 이상의 티켓이 매진될 것으로 예상했다.

그러나 개막일이 나이몰리 시대의 하이라이트였다. 문제가 있다는 첫 조짐은 트로피카나필드에서 첫 번째 공을 던지기 훨씬 전부터 드러나기 시작했다.

지역 언론이 나이몰리에 대해 회의적으로 다룬 것은 세인트피터즈버그 시가 자이언츠 팀을 유치하기 위해 애쓰던 때로 거슬러 올라간다. 그때 기자들은 릭 더지가 잘 알려지지 않은 한 무리의 사람들을 이끌고 샌프란시스코로 날아가 밥 루리를 만난 뒤, 자이언츠 팀을 세인트피터즈버그로 이전하기로 했다는 사실을 알았다. 하지만 스포츠 계의 어느 누구도 나이몰리에 대해선 들어본 적이 없었다. 그다지 주목할 만한 경력이 없었기 때문이다. 이것 자체로 큰 문제가 되진 않았다. 많은 스포츠 구단주들이 세상의 주목을 받지 않으면서도 팀을 성공적으로 운영하고 있기 때문이다. 하지만 나이몰리는 새로운 차원의 비밀주의를 택했다. 그 운명의 날에 샌프란시스코 대표단을 플로리다로 싣고 온 비행기는 밤늦게 댈러스에 잠시 머물렀다. 나이몰리는 그 곳에서 일행들과 헤어져 떠나버렸다. 다음 날 있을 다른 용무 때문이었다. 새벽에 비행기가 탬파에 착륙했을 때 더지는 쏟아지는 모호한 질문에 답하기 위해 남아 있었다. 나이몰리는 일주일 이상 언론 매체들과 어떤 접촉도 하지 않았다. 그날 일은 나이몰리가 명확한 태도를 취해야 하는 높은 자리에 익숙하지 않은 사람이란 사실을 보여주는 첫 번째 신호였다.

첫 시즌인 1998년에 이르기까지 수개월 동안 이런 문제들이 연이어 쏟아져 나왔다. 나이몰리는 그동안 자신이 우위에 서는 다양한 상황을 거쳐 왔다. 그럴 때마다 이런 상황을 자신에게 유리하게 작용하도록 이용했다. 그러나 이런 접근 방식은 데블레이스에서는 실패했다. 그는 어떤 것이든 여러 사업자들을 경쟁시키는 방식으로 진행했다. 트로피카나필드에 카펫이 필요할 때는 14개 카펫 공급자들에게서 가격 제안을 받았다. 이때 사업자들은 단순히 입찰에 참여하기 위해서 데블레이스 시즌 티켓을 구입해야만 했다. 입찰을 하면 단 한 곳의 사업자만 계약을 따낼 수 있는데, 나머지 13개 사업자는 그 시즌이 끝나자마자 티켓을 취소해버렸다. 그리고 자신들의 커뮤니티에서 나이몰리와 데블레이스를 난도질했다.

데블레이스가 첫 번째 시즌을 맞이하기 전 여름 세인트피터즈버그/클리어워터 지역 관광 컨벤션 뷰로(영리를 목적으로 운영되고 회의유치나 도시에 대한 서비스 제공과 마케팅을 담당하는 사무소)는 데블레이스의 로고를 보여주고 이 지역 연고 팀이 될 데블레이스를 선전하는 관광 안내 책자를 인쇄했다. 이런 책자는 데블레이스에 도움이 된다. 하지만 나이몰리는 안내 책자 표지에 데블레이스 로고를 사용한 대가로 750,000달러를 요구했다. 그리고 1998년엔 악명 높은 '딜러드의 대혼란'이 있었다. 나이몰리는 딜러드 백화점에 데블레이스 장비를 파는 대가를 지불하라고 요구했다. 딜러드는 데블레이스가 자신들을 훨씬 더 필요로 할 것으로 판단하고 매장에서 데블레이스 관련 상품을 전부 치워버렸다.

나이몰리의 강경한 접근 방식은 바로 지역 정부, 업계, 그리고 야구팬들이 데블레이스 팀의 존재 자체에 감사해야 한다는 생각에서 비롯되었다. 나이몰리가 야구팀을 유치하기 위해 고된 작업을 마다하지 않고 온갖 열정을 쏟았다는 데는 의심의 여지가 없다. 나이몰리는 한때 자동차 부품회사를 인수할 때 도움이 됐던 설득 전략을 데블레이스 운영에 필요한 자금을 지원해줄 파트너를 모집하는 데도 적용했다.

그는 첫 시즌 개막일까지 사소한 부분에도 모두 개입했다. 하지만 주변 사람들은 그가 왜 다른 사람들과 함께 노력하지 않는지 의아해했다. 데블레이스의 첫 번째 시즌 개막을 몇 주 앞두고 개막전 시구를 누가 할지를 두고 다양한 예측이 쏟아져 나왔다. 데블레이스는 영광의 주인공을 선정하기 위해 명예의 전당 가입자 몇 명을 모집했고 언론에서는 잭 레이크나 릭 더지 같은 시민 지도자를 점치기도 했다. 이들은 세인트피터즈버그에 야구팀을 유치하기 위해 몇 년 동안 애쓴 인물이었다. 그러나 나이몰리는 이에 코웃음을 쳤다. "팀 소유주는 다른 사람이 아닌 바로 나야."

데블레이스 팀이 연이어 약속을 어긴 점 역시 중요한 문젯거리로 대두됐다. 광고주들은 트로피카나필드에 광고 간판을 세우거나 개막 시즌 동안 데블레이스와 자신들을 연관시키는 대가로 굉장히 많은 돈을 지불했다. 나이몰리도 지역 내에 이런 말을 퍼뜨렸다. "데블레이스는 첫 시즌에 400만 명의 팬을 유치할 계획이니 비즈니스 파트너들이 조금이라도 혜택을 보려면 프리미엄을 얹어줘야 할 것이다."

처음에는 이런 전략이 주효했다. 탬파베이는 1998년 메이저리그에서 스폰서십 관련 매출 선두권을 유지하기도 했다. 하지만 나이몰리가 예상했던 것보다 150만 명이 적은 250만 명(아메리칸 리그에서 관중동원 7위)을 유치하는 데 머물자 스폰서들이 화를 내기 시작했다.

"첫 90일 간 '로프 어 도프'2 플레이를 하면서 시간을 보냈죠." 야구 마케팅 전문가인 마이크 빅(Mike Veeck)의 말이다. 첫 번째 시즌 끝 무렵에 데블레이스에 합류한 빅은 깨진 약속 때문에 분노한 사람들을 달래느라 시간을 허비했다. "모든 광고주들에게 전화를 하면 온갖 험악한 얘기를 다 들었죠. 회의 때마다 그런 적개심의 대상이 되곤 했습니다. 그냥 그들에게 가서 '내가 여기 있으니 때려라' 하고는 그들이 진짜로 나를 때리다가 지쳐 나가 떨어지도록 하는 수밖에 없었어요."

마이크 빅은 아버지인 빌 빅(Bill Veeck)3으로부터 연출력을 물려받

---

**2_** 무하마드 알리가 조지 포먼과 대결할 때 썼던 유명한 전략. 알리는 로프에 기대 상대방의 펀치를 피하며, 맞더라도 몸을 최대한 뒤로 기대서 충격을 줄이면서 상대방의 진을 빼는 전략으로 조지 포먼에 역전 KO승을 거뒀다.

앉을 뿐 아니라 그보다 훨씬 더 인내심이 많고 관대했다. 오랫동안 메이저리그 구단주로 활동한 빌 빅일지라도 나이몰리와 함께 일하다 보면 큰 문제가 야기됐을 것이다.

데블레이스의 첫 구단주인 나이몰리는 유머라곤 찾아볼 수도 없는 독재자였다. 나이몰리는 새로운 아이디어를 실험하는 것을 혐오했을 뿐 아니라 일터에서 재미있게 일하도록 장려하는 것조차 못마땅해 했다. 엄격하게 비교하자면, 빌 빅은 나이몰리 대신 등장한 새로운 구단주들이 나중에 보여준 모습을 좋아했을 것이다. 나이몰리 후임 구단주는 '야구 나이트클럽'과 '노인들을 위한 시니어 댄스파티' 같은 테마 파티, 그리고 경기 후 콘서트 같은 행사로 스케줄을 채워 넣는 등의 방법을 활용했다.

마이크 빅은 최소한 눈 질끈 감고 나이몰리 입장에서 생각해보려고 노력했지만 공감할 수는 없었다. 관중수가 엄청나게 줄어든 데다 광고주들은 분노를 감추지 않고 있었다. 게다가 첫 시즌에 99패나 당하고 보니 나이몰리는 당시 팀 주변에서 볼 수 있는 그 누구보다 더 격노한 상태였다.

나이몰리는 1999년 2월에 댄카 비즈니스 시스템즈를 상대로 소송을 제기했다. 댄카가 스폰서십 비용과 물건 대금을 지불하지 않았다는 것이 소송 이유였다. 나이몰리는 팀의 두 번째 시즌이 시작된 지 몇 주

---

**3**_ 1940년대와 1950년대 클리블랜드 인디언스와 세인트루이스 브라운(현 볼티모어 오리올스의 전신팀) 등의 구단주로 활동했던 인물. 기괴한 아이디어를 많이 실험해 '괴짜 구단주'로 통했다. 하지만 빌 빅은 1948년 니그로리그의 영웅으로 당시 42세였던 샤첼 페이지를 메이저리그에 데뷔시키는 등 다양한 실험을 하기도 했다. 빅은 또 1951년 8월19일 디트로이트 타이거즈와의 더블헤더 경기에선 키가 109센티미터에 불과한 에디 가이델을 대타로 기용해 관중들을 깜짝 놀라게 했다. 야구 자서전인 《빅-난파선에서(Veeck-As in Wreck)》를 집필하기도 했다.

뒤에 세인트피터즈버그 시장을 비롯해 여러 시 간부들과 회동했다. 빅도 나이몰리와 함께 이 회의에 참석했다. 트로피카나필드 개보수 비용 6,500만 달러를 조달할 방법을 모색하기 위한 회의였다. 탬파베이는 완전 신생팀인데, 구장은 지은 지 10년가량 지났기 때문이었다. 회의가 시작된 지 얼마 지나지 않아 나이몰리가 폭탄을 투하했다. 이른 시일 내에 관중 수가 더 많아지지 않을 경우에는 탬파를 떠나겠다고 선언한 것이다. 빅의 회상에 따르면, 나이몰리는 "당신은 방금 사망 증명서에 사인한 겁니다"라고 협박했다고 한다.

세인트피터즈버그는 뉴욕이나 보스턴이 아니었다. 그때까지 지역 언론들은 나이몰리를 괴롭히지 않았다. 나이몰리의 명성이 조금씩 흔들리기 시작했지만, 일반 대중 사이에선 여전히 긍정적인 평가를 받고 있는 편이었다. 하지만 홈에서 100경기를 하기도 전에 시장실로 쳐 들어가 연고지를 옮길 수도 있다고 협박한다면? 이것은 팬의 입장에서 참을 수 없는 일이었다. 바로 〈세인트피터즈버그 타임스〉는 일요일자 신문에 2쪽에 걸쳐 독자들의 편지를 실었다. 모두 나이몰리에게 불편했던 심기를 털어놓는 내용이었다.

나이몰리의 방식은 갈수록 심해졌다. 전력이 약간 향상된 데블레이스 팀이 두 번째 시즌을 93패로 끝낸 직후인 1999년 12월 그는 소송하기 좋아하는 성향을 또 다시 드러냈다. 38,571달러의 세금 고지서를 이유로 피넬라스 카운티 감정 평가사를 제소한 것이다.

데블레이스는 몇 개월 뒤에는 의료 극빈자를 위한 모금운동에 대한 지원을 중단했다. 관련 행사를 트로피카나필드 대신 세인트피터즈버그 콜로세움에서 개최했다는 것이 지원 중단 이유였다.

나이몰리는 호의로 자신을 초대한 상공회의소의 초청 연설에서 지역 기업인들이 데블레이스 팀을 지원하지 않는다고 비난했다. 그리고 시즌 티켓 취소를 이유로 행사 주최 측인 하얏트 리젠시 웨스트쇼어를 혹평했다. 참석한 사람들은 묵묵부답으로 반응했다.

나이몰리가 저지른 최악의 실수 중 하나로는 세인트피터즈버그 고등학교 밴드 사건을 꼽을 수 있다. 데블레이스 팀은 세인트피터즈버그 고교 밴드에 국가 연주를 부탁했다. 하지만 밴드 구성원이라도 경기장에 들어오려면 티켓을 구입해야만 한다는 말을 들은 고등학교 측이 연주 계획을 취소해버렸다.

WTSP-TV의 마이크 디슨(Mike Deeson) 기자는 이렇게 말했다. "그는 셰익스피어 희곡에 나오는 비극적인 인물이 되어버렸습니다. 자신만의 방식에서 빠져나오지 못하는 영웅이었지요."

나이몰리가 저지른 최악의 선택은 대부분 지나치게 돈에 집착하다가 발생했다. 이건 메이저리그 구단주들의 일반적인 걱정거리인 수천만 달러에 달하는 선수 연봉과는 거리가 멀었다. 나이몰리의 '싸구려 짓'에 관한 몇몇 얘기들은 기존 통념에 완전히 반하는 내용들이다.

나이몰리가 최신기술을 얼마나 경멸했는지에 관한 이야기도 자주 회자된다. 나이몰리는 이메일이 일시적인 유행에 불과하다고 생각했다. 아무리 사소한 문서일지라도 직접 읽고 서명해야만 한다고 우겼다. 사무실에 인터넷을 구축하지 않았을 뿐 아니라 데블레이스 직원들에게 이메일 계정도 만들어주지 않았다. 1999년 2월부터 2000년 12월까지 기업 영업 책임자였던 톰 훼일리(Tom Whaley)는 데블레이스를 위해 그가 고객들에게 확신을 심어주고 신뢰를 얻기까지 거쳐야 했던 과정들을 떠올렸다.

훼일리는 자신의 이메일 주소를 야후에(WhaleRay@yahoo.com) 만들었다고 말하면서 키득거렸다. "3주 정도 지나고 나면 야후 계정을 버리고 데블레이스 계정을 만들 것으로 생각했죠. 하지만 그런 일은 일어나지 않았어요. 특히 미국 전역을 커버하는 한 식료품 회사와 했던 대화가 생각납니다. 그쪽 회사 사람은 개인 이메일 계정으로 정보를 보내는 걸 이상하게 생각하더군요. '회사 이메일은 없나요?'라고 내게 물었어요."

나이몰리는 그 후로 몇 년 더 계속 인터넷을 거부했다. 2003년 말경에 데블레이스 직원들은 단체 티켓을 판매하거나, 스폰서 관련 협상을 하려고 할 경우에 개인적으로 인터넷 접속 서비스에 가입한 뒤 계정을 이용해 이메일을 보내야만 했다. 노스웨스턴 대학의 미디어 매니지먼트 센터가 수집한 데이터에 따르면, 2003년에 미국 내 가구의 62.4%가 인터넷을 이용하고 있었고 몇 명 안 되는 직원을 보유하고 있는 기업들도 대부분 인터넷 서비스에 가입해 있었다. 데블레이스를 제외한 모든 야구팀은 인터넷을 이용했다.

나이몰리는 추가적인 수입을 짜낼 수 있는 모든 수단을 강구했다. 그는 처음에 트로피카나필드의 홈 플레이트 뒤에 있는 고급 관람석을 클리어워터 매트리스 클럽(Clearwater Mattress Club)이라고 불렀다. 참모들이 그 이름을 사용하지 말자고 나이몰리에게 이야기했다. 구장의 최고 관람석 타이틀 스폰서로 지역 매트리스 체인은 적합하지 않다고 설득한 것이다. 또 데블레이스는 케인스 퍼니처(Kane's Furniture)의 스폰서십을 확보하면서 수익을 조금 더 늘일 수 있었다. 물론 그 관람석도 케인스 클럽이라고 부르게 됐다. 티켓 보유자들이 엘리베이터를 타고 자기 좌석으로 내려가 앉은 것은 긴 소파였다! 그리고 그 대가로 가구 외판원들로부터 강매에 가까운 선전을 들어야만 했다. 그 외판원들은 고객들이 소파에 관심이 있을 것이라고 생각했나 보다.

나이몰리의 이런 방식이 가끔 통할 때도 있었다. 구장 개선이나 다른 모험적 사업을 위한 자금이 필요할 때면 그는 가장 좋은 거래를 성사시키기 위해 여러 은행가들을 만난 뒤 서로 경쟁하도록 만들었다.

나이몰리의 문제는 멈출 줄 모른다는 데 있었다. 야욕, 자존심, 투쟁심, 그리고 가장 수지맞는 거래를 이끌어내야 한다는 강박관념이 뒤엉키다보니 자신은 영예스럽다고 믿었지만, 남들에겐 터무니없어 보이는 요구로 이어지곤 했다. 한번은 탬파 시에 편지를 보내 왜 공항에 무료 지정 주차 공간을 자신에게 주지 않는지 물었다. 반면 자신은 데블레이스 직원들이 평일에 트로피카나필드의 비어 있는 메인 주차장에 주차하려고 할 때면 특별히 디자인된 주차권을 구입하도록 했다. 그렇지 않을 경우에는 훨씬 먼 곳에 주차한 뒤 사무실까지 400미터가량 걸어와야만 했다. 후임자인 스튜어트 스턴버그는 나이몰리와는 완전히 상반된 모습이었다. 스턴버그는 호의의 표시로 트로피카나필드에 있는 모든 사람들에게 2년간 공짜로 주차할 수 있도록 했다.

가장 압권은 나이몰리가 힐스버로우 카운티(Hillsborough County)에 보낸 '개인적이고 내밀한' 편지였다. 이 편지에서 그는 '성가신 미국 너구리'가 자신의 저택에서 아내와 딸들을 위협한다고 불평했다. "나는 힐스버로우 카운티에서 가장 많은 재산세를 내는 사람 중 한 명이며, 우리 지역 자선 단체의 가장 거대한 후원자(대부분은 익명) 중 한 명인데도, 왜 미국 너구리 광견병 보호에서는 그에 합당한 대접을 받지 못하냐는 겁니다."

레이스의 첫 번째 홈 개막전 전날 저녁에 지역 텔레비전 방송국이 생방송으로 뉴스 보도를 할 계획이었다. 지금은 탬파 지역 WFLA-TV

채널8의 기자로 활동하고 있는 마크 더글러스는 동료들이 경기장에서 생중계 준비를 하던 장면을 떠올리며 이렇게 말했다.

"모든 것을 생중계로 했습니다. 스포츠 역사상 엄청난 순간이었지요. 하지만 우리는 경기장의 준비가 덜 끝났다고 보도했습니다. 난간 몇 개는 아직 올라가지 않은 상태였고요. 지붕에도 조그만 틈이 있었습니다. 거대한 계획을 마무리하는 과정에서 볼 수 있는 자그마한 문제였지요. 하지만 나이몰리는 그것을 달가워하지 않았습니다. 그는 우리 모두를 쫓아내버렸어요."

몇 년 전 메이저리그가 탬파베이를 새로운 구단으로 합류시키려할 때 WTSP 기자인 마이트 디슨은 탬파베이 그룹이 팀 이름을 데블레이스로 할 계획이란 이야기를 들었다. 그때까지 보도되지 않았던 내용이었다. 디슨은 그 팀의 수석 부사장 겸 고문 변호사인 존 히긴스(John Higgins)에게 전화를 걸었다. 디슨은 '데블레이스'란 이름을 언급하며 슬쩍 떠보았다. 히긴스는 10초가량 침묵한 뒤 데블레이스란 이름을 아직 보도하지 말아 달라고 부탁하면서 그렇지 않을 경우에 자신이 곤란해질 수도 있다고 말했다. 디슨은 오랫동안 주저하는 히긴스의 모습을 보고 데블레이스라는 팀명이 확실하다고 생각했고 그는 그 기사를 썼다. 이 사실을 알고 나이몰리는 노발대발했다. 새로운 프랜차이즈 발표를 위해 지역 및 전국 매체들이 팜비치에 있는 브레이커스에 모였을 때 나이몰리는 디슨에게 마구 달려들었다. 그것도 모든 동료들이 지켜보는 앞에서 말이다.

"그는 가끔 더듬거리며 말하는 버릇이 있는데 그때는 평소보다 훨씬 심했어요. 그가 날 보더니 소리치더군요. '다-당신, 그렇게 할 자격이 없어. 다-다-당신이 이걸 마-망쳐버렸어!' 뉴욕의 모든 베테랑 스포츠 기자들이 그 자리에 있었어요. 그들은 계속 나이몰리를 비웃기만 했지요."

다른 지역에서 온 기자들도 나이몰리의 분노를 느꼈다. 2004년 볼티모어에서 온 한 기자가 트로피카나필드 구내매점에서 작은 피자 한 조각을 샀다. 그리고 기자석에 있는 자기 자리로 들어가 그 피자를 먹으려 했다. 이것은 야구 기자들의 일반적인 관행이었다. 이 광경을 목격한 나이몰리는 그 기자를 맹렬히 비난했다. "기자석으로 음식물을 가져가는 것은 보건부서 규정 위반입니다!" 이번에도 몰려 있던 한 무리의 기자들 앞에서 그랬다. 데블레이스 구단주인 나이몰리는 그 기자의 출입증을 취소해버리겠다고 협박했다. 데블레이스 출범 이후 내내 홍보 책임자로 일해온 릭 본(Rick Vaughn)이 막판에 개입하고 나서야 그 기자는 자기에게 할당된 일(그리고 피자)을 마무리할 수 있었다.

나이몰리가 지역 기업가, 정부, 그리고 언론 미디어에 대해 계속 욕설을 퍼부어댔음에도 불구하고 대부분의 데블레이스 팬들은 별 다른 영향을 받지 않았다. 적어도 데블레이스가 트로피카나필드에서 엄격한 규정을 적용하기 전까지는 그랬다. 관중들이 줄어들기 시작하면서 일부 모험심 강한 팬들이 좀 더 좋은 좌석으로 살금살금 이동해 갈 방법을 찾기 시작했다. 경영진은 경기장 전역에 경비요원을 더 배치했다. 그리고 그들에게 더 좋은 좌석으로 옮기려는 것을 막고 좌석 이동의 조짐을 조금이라도 보이는 팬들에겐 큰 소리로 호통치도록 명령했다. 경비요원들이 몰래 좋은 자리로 이동하는 사람들을 그냥 방치할 경우에는(설령 관중 5,000명이 들어와 있는 경기의 9회에 그런 일이 발생했다 하더라도) 일자리를 잃을 위험을 감수해야만 했다. 경기장 곳곳에는 위협적인 경고 문구가 걸렸다. '경기장 안에서 돌아다니지 마시오. 이를 어기면 형

사 처벌을 받을 수도 있습니다.'

　데블레이스는 또 외부 음식 반입도 금지했다. 다른 팀들도 같은 정책을 갖고 있었지만 그 규정을 적용하는 방식과 누가 그런 정책을 시행하는지 살펴보면 데블레이스는 아주 독특했다. 놀랄 것 없이 경비요원들이 맨 앞 선에서 땅콩버터나 젤리 샌드위치를 몰래 들여오는 것을 검사한다. 만약 그들이 몰래 들여오는 것을 탐지해내지 못할 경우에는 2차 방어선이 또 있었다. 바로 나이몰리 탐정이다. 나이몰리는 팬들에게 좀 더 가까이 다가가기 위해 대부분의 경기를 스탠드에 앉아서 본다. 어떤 팬이 외부에서 반입한 음식을 먹고 있는 모습을 포착하면 그쪽으로 걸어간 뒤 어느 출입구로 들어왔는지 물어본다. 그리고 전화를 걸어서 누가 그 출입구에 배치돼 있는지 알아낸 뒤 그 자리에서 바로 해고해버린다.

　나이몰리의 협박 때문에 데블레이스 경기장에 근무하는 사람들은 스낵 음식 반입을 막는 데 있어서는 막중한 임무를 띤 특수 경찰처럼 행동했다. 그 기간 동안 한 무리의 노인들이 버스를 타고 경기를 보러 왔다. 그 중 한 노부부가 경기장 출입구 쪽으로 다가왔는데, 부인은 휠체어에 타고 있었다. 부인이 캐슈(cashew,견과류의 일종) 한 봉지를 들고 있는 것을 본 경비요원은 그 봉지를 빼앗았다. 그 노부인은 당뇨병을 앓고 있기 때문에 다이어트를 위해 견과류가 필요하다고 설명했다. 한참을 옥신각신한 뒤에 그 부부는 결국 발길을 돌렸다. 남편은 휠체어에 탄 부인을 버스로 데려갔다. 노부부는 경기가 끝나고 일행들이 돌아올 때까지 세 시간 반 동안 그 자리에 앉아서 기다렸다. 지역 언론들이 이 이야기를 알게 됐고 몇 군데 지면에 작게 실렸다.

　결국 그날 있었던 일이 세상에 알려졌다. 나이몰리는 사과하지 않겠다고 버텼다. 데블레이스의 네 번째 시즌이 되자 팬들은 나이몰리에게서 완전히 등을 돌렸다. 2001년 데블레이스가 트로피카나필드에서 칼 립켄의 은퇴식을 거행할 때 팬들은 입을 맞춰 야유를 보냈다.

마이크 디슨 기자는 이렇게 말했다. "데블레이스에 있는 어떤 사람이 하루는 내게 말하더군요. '나이몰리라는 한 사람이 관중석에서 5,000명의 팬들을 한꺼번에 사라지게 할 수 있습니다.'"

나이몰리는 도움이 되지도 않는 헛된 노력을 멈추지 않았다. 그는 아주 작은 일까지 모두 간섭하는 극단적인 미세 경영자였다. 직원들은 거의 모든 부분에서 나이몰리의 존재를 느꼈다. 나이몰리는 영업전략 회의나 인력채용 회의에도 앉아 있었다. 기자석에도 자주 들렀다. 피자를 들여와 먹는지 살펴보려는 것이었을까? 때로는 팀의 비행기나 버스에 올라타기도 했다. 이런 행동은 데블레이스가 뉴욕에 있을 때 특히 심했다. 경기가 끝난 뒤 택시비를 지불하지 않고도 경기장에서 뉴욕 시에 있는 자신의 아파트까지 공짜로 타고 가기도 했다. 이런 행동은 다른 사람들과는 완전히 상반된 모습이었다.

나이몰리 편에 서서 보자면, 세세한 부분까지 주의를 기울인 덕분에 자신이 관심 있는 것들을 뜻대로 이끌 수 있었다. 하지만 그는 정작 중요한 수많은 문제들에는 눈길조차 주지 않았다. 예를 들어 트로피카나필드는 나이몰리가 재임하던 시절에 급속하게 노후화됐는데, 이에 대해 아무런 대책을 강구하지 않았다. 탬파베이 팀에 관한 책인《임대 구장Stadium for Rent》의 저자인 밥 앤델먼(Bob Andelman)은 트로피카나필드의 화장실을 이렇게 묘사했다. "워낙 서툴게 관리됐기 때문에 1998년부터 계속 물이 흐르고 있는 세면대가 있다." 2005년 나이몰리로부터 전권을 넘겨받은 스타인버그는 페인트칠과 같은 기본적인 조치를 취하고 심미적으로 좀 더 나아 보이게 하는 작업에만 수천만 달러를 쏟아 부었다.

소유주인 나이몰리의 독특한 성향 때문에 데블레이스 사무실은 일하기에 끔찍한 장소가 됐다. 나이몰리와 별 탈 없이 지내거나 거의 접촉을 하지 않는 사람들조차 그의 존재가 갖는 효과를 느꼈다. 다혈질에다 성마른 편인 나이몰리의 성향 때문에 밑에 있는 모든 사람들이 초조해 했다.

매년 몇몇 팀들은 좋지 못한 성적을 내고, 그다지 인상적이지 못한 야구 경기를 하며, 팬들을 끌어들이는 데 실패한다. 하지만 데블레이스는 이보다 훨씬 더 심각한 상태였다. 지역 공동체로부터 미움을 받았으며 야구계의 조롱거리로 전락했다. 뉴욕 메츠의 스카우트가 나이몰리 자신의 개인 화장실에서 나오는 것을 발견하고는 경기장 바깥으로 내보낸 뒤 평생 출입 금지를 시켜버리는 모습을 보고 무슨 얘기를 할 수 있겠는가? 그는 같은 이유로 일본에서 온 기자를 트로피카나필드에서 내쫓아버렸다. 드래프트 첫 번째 라운드 선발권으로 데원 브레이즐톤(Dewon Brazelton)을 뽑은 뒤 실망스럽다면서 주변에 있는 팬들에게 자기 선수에게 야유를 보내는 구단주를 이해할 수 있는가?

나이몰리 시대의 본질을 잘 대변하는 상황이 하나 있다. 2004년 7월 1일 세인트피터즈버그 경찰관인 스캇 뉴웰(Scott Newell)은 빨간 신호에 주행한 혐의로 나이몰리의 아내 렌다의 차를 세웠다. 나이몰리는 차에서 뛰어내린 뒤 뉴웰에게 호통을 치면서 그를 겁주려고 했다. 나이몰리는 그 곤경에서 에이스 카드를 꺼냈다. "당신, 나 몰라? 난 빈센트 나이몰리야. 데블레이스 구단주!"

나이몰리에겐 다른 무엇보다 이런 모든 최악의 경향을 제어할 수 있는 사람이 필요했다. 그렇게 해야 팀에 대한 헌신, 빈틈없는 협상 능력, 최소한의 투자로 최대 효과를 끌어내는 능력 같은 것들이 빛날 수 있기 때문이다. 처음에는 주변에 나이몰리의 성격을 참고 견딜 수 있는 사람들이 몇 명 있었다. 데블레이스 소유주 그룹에는 경험 많은 지역 사업가 몇 명이 포함돼 있었다. 하지만 갈수록 돈 문제가 커진 데다 야구 구단을 소유하는 데 뒤따르는 특유의 어려움, 게다가 모든 것을 독단적으로 이끌던 사람에서 다양한 의견을 가진 사람들과 파트너로 일하는 사람으로 변신해야 하는 어려움이 점점 드러나면서 그룹이 산산조각이 났다.

2001년 4월 나이몰리는 기자회견장에 모습을 나타냈다. 데블레이스는 당시 자금이 급속도로 고갈되고 있는 데다 파트너들이 다투고 있어 통제 불능 상태라는 소문이 돌았다. 모든 사람들의 시선을 방심하게 만드는 하와이 스타일의 셔츠를 입고 나타난 나이몰리는 억지로 웃음을 띤 표정으로 여행과 휴식을 위해 무한책임경영인 역할을 그만두기로 했다고 발표했다. 그는 또 조만간 새로운 최고운영책임자(COO)가 지명될 것이라고 밝혔다. 얼마 뒤 오랜 기간 야구계에서 활동해 온 존 맥헤일(John McHale)이 COO로 임명됐다. 하지만 나이몰리도 다시 돌아와 CEO 자리에 앉았다. 데블레이스 내에서 나이몰리에게 자신의 마음을 이야기할 수 있는 위엄과 경험을 갖고 있는 몇 안 되는 사람 중 하나였던 맥헤일은 9개월 만에 그만뒀다.

나이몰리의 동생인 레이먼드가 데블레이스에 질서를 가져올 가장 좋은 희망이었을 것이다. 레이먼드는 한 가지 특정한 임무를 맡지 않고 모든 분야의 일을 조금씩 담당했다. 그가 했던 가장 중요한 일은 형인 빈센트 나이몰리와 직원들 간의 중간 다리 역할이었다. 어떤 사람이 좋은 아이디어를 갖고 있는데, 빈센트 나이몰리가 그것을 싫어한다고 치자. 이럴 경우에 레이먼드가 그 아이디어는 한번 추진해볼 가치가 있다면서 형인 빈센트를 설득하곤 했다. 하지만 데블레이스가 첫 시즌을 끝낸 직후인 1998년 겨울에 레이먼드가 사망했다. 레이먼드의 죽음은 단순히 조직 내에서 필요한 완충제가 사라진 수준에 그치지 않았다.

빅은 이렇게 말했다. "정말 슬펐죠. 레이먼드의 죽음은 빈센트에게서 굉장히 많은 것들을 가져가버렸어요. 레이먼드는 빈센트에게 진짜로 아니라고 말할 수 있는 사람이었습니다. 나도 반대 의견을 말하곤 했어요. 하지만 나이몰리는 내 얘기는 잘 듣지 않았습니다. 하지만 레이먼드가 아니라고 얘기하면 빈센트는 귀담아 들었어요. 나는 빈센트를 좋아했습니다. 하지만 그는 자기 머리에 처음으로 떠오른 것을 주구장창 얘기하는 다혈질이었어요."

레이먼드, 맥헤일을 비롯해 충고할 수 있는 사람들이 사라지면서 데블레이스에는 새롭게 일을 맡은 사람들만 남게 됐다. 그들은 적응하려고 노력했으며, 보스에게 대드는 따위의 일은 하려 들지 않았다. 래리 로스차일드(Larry Rothschild)는 데블레이스에서 처음으로 메이저리그 감독을 맡았다. 척 라마 역시 데블레이스의 첫 시즌이던 1998년에 자신의 첫 번째이자 유일한 정규직인 단장 역할을 시작했다. 이후에 나이몰리 시대를 분석한 자료들에서는 라마를 비롯해 데블레이스에 있던 대부분의 사람들을 예스맨으로 묘사했다. 로스차일드, 라마, 그리고 데블레이스가 당시 채용한 다른 사람들은 자신의 뜻대로 일할 수 없었다. 로스차일드는 존경받는 투수 코치였지만 감독으로는 어울리지 않는 인물이었다. 스카우트와 선수 육성 담당으로 오랜 기간 활동한 경력이 있는 라마는 나이몰리의 의지를 꺾을 수 있는 능력이나 단장으로 성공하기 위한 핵심 자질을 갖추지 못했다.

하지만 다른 누구보다도 자신이 맡고 있는 역할에 걸맞지 않은 인물은 바로 나이몰리였다.

릭 더지는 이렇게 말했다. "나이몰리는 패튼 장군 같은 사람이에요. 전쟁 땐 패튼 장군보다 더 훌륭한 분은 없죠. 전쟁에서 승리하고, 세인트피터즈버그에 팀을 유치해오는 데는 그의 빌어먹을 강한 자아가 큰 역할을 했어요. 하지만 전쟁이 끝나고 나면 사람들은 평화로운 시대에 적합한 장군을 원합니다. 그가 뭘 하든 간에 빈센트 나이몰리는 평화로운 시대에 어울리지 않았어요."

# 잘못된 거래의 함정

타고난 거간꾼이 있다. 당신이 드와이트 구든(1984년 뉴욕 메츠에 입단하여 신인상을 타고 이듬해 내셔널리그 사이영상을 수상한 투수)을 좋아한다는 것을 알고서 구든의 야구 카드를 톡톡 튀기는 어린아이처럼. 물론 당신은 그 아이가 오른 손에 들고 있는 카드를 가질 수 있다. 자신의 트레이드마크인 불같은 강속구를 던지고 있는 구든이 찍힌 멋진 카드를 얻기 위해 리키 핸더슨 카드를 줘버릴까? 혹시 아버지의 벽장 안에는 진짜 오래된 카드가 있지 않을까? 놀란 라이언에게 직접 받은 사인이 선명하게 새겨진 그런 카드 말이다. 타고난 거간꾼들은 좀 더 큰 뒤에는 아버지에게 코르벳 자동차를 빌려달라고 아양을 떨거나, 조기 입학을 허락해달라고 대학 입학관리처를 구워삶을 것이다.

거래를 성사시키는 사람들은 자신이 가진 기술에 대해 보상을 해주는 경력을 좇는다. 월스트리트를 만든 이들이 그런 부류의 사람들이다. 즉 그들은 채권 거래자와 원자재 거래자, 시장조성자[1]와 인수합병 전문가들이다. 이런 거간꾼 중 몇몇은 아주 옛날 어린 시절로 거슬러 올라가면, 좋아하는 메이저리그 선수들의 카드 교환부터 시작했을 것이다. 그후 그들은 페넌트레이스에서 이기거나 질 수 있는 수백만 달러짜리 팀을 만들거나, 혹은 수천만 달러를 잃을 수 있는 종류의 진짜 거래를 했을 것이다.

척 라마는 결코 타고난 거간꾼은 아니었다. 라마는 웃으면서 이렇게 말했다. "야구인으로, 스카우트로 자라났습니다. 스카우트와 선수 육성 측면에서 난 다른 누구 못지않게 준비돼 있다고 느꼈어요. 하지만 제가 모르는 다른 영역이 있더군요……." 그는 잠깐 뜸을 들였다가 다시 싱긋 웃으며 말했다. "돌이켜보면, 내가 좀더 준비해야 했었던 영역이 있다는 말입니다."

부도나기 직전의 제조업체를 되살려놓는 기술을 터득했지만, 그때 사용했던 고압적인 자세와 절약이 야구팀을 운영하는 데는 오히려 비생산적이란 사실을 알게 된 데블레이스 구단주 빈스 나이몰리. 젊은 선수들의 잠재력을 최대한 끌어낼 줄 아는 매우 존경받는 투수코치였지만 사람들을 관리하고, 반대하는 필드 관리자들을 이겨내기 위해 끙끙대던 감독 래리 로스차일드. 나이몰리와 로스차일드처럼 라마 역시 명성을 얻었지만, 자기가 잘하지 못하는 일을 억지로 떠맡았다. 이 세 명이 첫 3년 여 동안 탬파베이 데블레이스를 관리하다 보니 끔찍한 결과로 이어졌다.

휴스턴에서 자란 라마는 고등학교와 대학 팀 코치를 지낸 후 1985년 신시네티 레즈에 채용됐다. 처음에는 풀타임 스카우트로 들어가 나

---

1_ 시장에서 매도, 매수 호가를 항상 유지하고 호가 차익을 추구하는 주체. 주로 단기적 가격변동이나 수급상황의 변동을 이용해 이익을 얻을 목적으로 자기 계좌거래를 활발히 하는 거래인 또는 거래회사를 지칭한다.

중에 스카우트 책임자 자리까지 올랐다. 라마는 큰 역할을 하진 못했지만 그 시기에 레즈는 1990년 월드시리즈를 제패한 젊은 군단의 토대를 마련했다. 라마는 1989년 레즈를 나와서 피츠버그 파이어리츠에 마이너리그 운영 책임자로 자리를 옮겼다. 그 무렵엔 배리 본즈, 바비 보닐라, 그리고 덕 드라벡이 벌써 벅스(Bucs)[2]의 젊은 스타로 성장해 있었다. 하지만 라마는 여전히 파이어리츠가 1990년부터 1992년까지 3년 연속 지구 우승을 할 때 뛰었던 몇몇 후보선수들의 기량을 향상시키는 일을 총괄하고 있었다. 오른손 타자로 1루수와 3루수를 주로 맡았던 팀 웨이크필드를 마이너리그에서 너클볼 전문 에이스 투수로 변신시킨 것도 라마가 팀을 이끌던 시절에 있었던 일이다.

　라마의 명성은 애틀랜타 브레이브스에 있을 때 최고조였다. 존 슈어홀츠(John Schuerholz)는 1991년에 라마를 팀의 스카우트 책임자로 고용했다. 라마는 이후 3년 동안 스카우트 책임자로 활약한 뒤 선수 육성 책임자로 자리를 옮겨서 2년 더 일했다. 브레이브스는 14년 연속 지구 우승 행진을 막 시작하려던 참이었다. 이때 가장 큰 기여를 한 것은 자체적으로 육성한 선수들이었다. 톰 글래빈, 스티브 에이버리, 론 갠트, 데이비드 저스티스, 마크 렘키, 제프 블라우저, 치퍼 존스, 하비 로페즈, 라이언 클레스코, 마크 홀러스 등이 그 주인공들이다. 라마가 합류했을 때는 이 선수들은 벌써 팀 내에 있었다. 하지만 그가 사라진 뒤 활짝 꽃을 피운 여러 유망주들을 드래프트하고, 계약을 체결하고, 키워낸 공로는 인정받을 만하다. 이들 중 대표적인 선수는 앤드루 존스, 케빈 밀우드, 제이슨 슈미트, 오달리스 페레즈, 그리고 저메인 다이 등이다.

---

**2_**　피츠버그 파이어리츠의 또 다른 별칭. 해적이란 뜻의 buccaneers를 줄여서 부르는 말이다.

업적도 있었지만 과오도 못지않게 있었다. 밀우드는 11라운드, 다이는 17라운드에서 선발했다. 이 정도 하위 라운드 선발권은 대개 지역 담당 스카우트와 크로스 체커(cross checker)[3]들이 관장한다. 스카우트 책임자는 기껏해야 첫 10라운드 정도까지만 잘 살펴보는 것이 일반적인 관행이다. 8라운드에서 슈미트를 뽑은 것은 횡재였다. 하지만 라마가 스카우트 책임자로 있던 3년 동안 브레이브스의 최고 순위 선수 선발권은 완전히 헛발질이나 다름없었다.

브레이브스는 1991년에 전체 2번으로 마이크 켈리를 뽑았다. 애리조나 주립대 출신 외야수인 마이크 켈리는 빅 리그에 풀타임 선수로 정착하지 못한 채 선수 생활을 끝냈다. 그는 메이저리그에서 통산 684 타석에 들어와 2할4푼1리의 타율을 기록했다. 브레이브스는 다음 시즌에는 좀 더 재능 있는 선수에 집중해 1, 2번으로 고졸 투수들인 제이미 아놀드와 제이미 하워드를 뽑았다. 아놀드는 메이저리그에서 통산 108.1 이닝을 던져 5.73의 평균자책점을 기록했다. 하워드는 메이저리그에 올라가지도 못했다. 브레이브스가 1993년 첫 번째 픽(선발권)으로 선발한 고졸 외야수 안드레 킹 역시 메이저리그에 올라가지 못했다. 그나마 그해 브레이브스의 첫 번째 픽은 전체 66번째였다는 것이 좋은 평계거리였다. 브레이브스가 1991년과 1992년 드래프트에서 그냥 지나친 선수들로는 숀 그린, 클리프 플로이드, 제이슨 켄달, 자니 데이먼 그리고 매니 라미레즈 등이 있다.

〈베이스볼 아메리카〉의 존 매뉴엘은 이렇게 말했다. "드래프트에서 절대 하지 말아야 할 일은 상위 선발권을 낭비하는 일입니다. 브레

---

**3**_  메이저리그에서 각 지역 스카우트들의 보고서를 분석하는 사람.

이브스는 정확하게 바로 그 일을 했습니다.”

엇갈린 기록에도 불구하고 라마는 브레이브스 후광효과를 누렸다. 다른 야구 간부들 몇몇도 1991년부터 2005년까지 브레이브스와 맺었던 관계를 이용해 다른 팀의 고위직으로 진출했다. 워싱턴 내셔널스는 브레이브스 사장으로 재임했던 스탠 캐스틴(Stan Kasten)을 사장으로 영입한 것에 대해 대대적으로 홍보했다. 그들은 캐스틴이 프로농구 팀인 애틀랜타 호크스에 있을 당시 오점을 남긴 데 대해서는 언급하지 않았다. 캐스틴은 1990년대 애틀랜타 호크스에서 도미니크 윌킨스[4]등과 함께 화려한 시절을 보냈다. 하지만 도미니크 윌킨스와 달리 한때 최고로 꼽혔던 존 콘칵(Jon Koncak)[5]을 억만장자로 만들어주는 의문투성이 결정을 하기도 했다. 캔자스시티 로열스는 데이튼 무어(Dayton Moore)를 새로운 단장으로 고용했을 때 스카우트 귀재를 얻었다고 생각했다. 무어도 오랜 기간 애틀랜타에서 자기에게 주어진 역할을 수행하면서 여러 건의 계약을 성사시켰다. 하지만 무어가 단장으로 취임한 이후 로열스는 끝없는 나락으로 떨어졌다. 급기야 야구 블로거들 사이에서는 무어가 로열스로 옮긴 사건을 그저 하나의 ‘과정(the Process)’일 뿐이라며 퉁명스럽게 조롱했다.

라마는 모든 비즈니스맨이 주의해야 할 가르침 하나를 남겼다. 이력서 너머에 있는 진실을 보라는 교훈이다. 위대한 차기 CEO를 물색하

**4**＿ NBA 애틀랜타 호크스에서 주로 활약했던 전설적인 농구 선수. 아홉 차례나 올스타에 선발될 정도로 뛰어난 실력을 과시했으며, 특히 덩크슛의 대가로 올스타전 슬램덩크 경연대회에서 두 차례나 우승했다. 1994년 올림픽 때는 드림팀2 멤버로도 활약했다.

**5**＿ 대학시절인 1984년 LA올림픽 당시 미국 대표팀 멤버로 뛰면서 정상급 백인 빅맨으로 기대를 모았던 선수. 애틀랜타 호크스는 1985년 드래프트에서 전체 5번으로 존 콘칵을 지명했다. 특히 애틀랜타는 1989년 콘칵과 6년간 1,300만 달러라는 엄청난 규모의 계약을 체결했다. 하지만 콘칵은 NBA에서 백업 센터로 전전하면서 ‘역대 최악의 먹튀’로 통했다.

고 있는 기업은 이전에 애플이나 구글에 있었던 경험만 보고 어떤 사람을 고용하지는 않는다. 그들은 애플과 구글을 눈에 띄게 성장시킨 후보자를 찾는다. 라마가 선수 스카우트와 육성 면에서 기여한 부분이 있다는 점은 분명하다. 그는 애틀랜타에서 전설적인 스카우트인 폴 스나이더(Paul Snyder), 존 슈어홀츠 단장, 그리고 보비 콕스 감독으로부터 내부 육성이 얼마나 중요한지를 배웠다. 라마가 유명해진 것은 내셔널 리그의 젤리그(Zelig)[6]가 됐기 때문이다.

처음부터 탬파베이 구단주가 세운 목표는 라마가 설정했던 일정과 거리가 멀었다. 나이몰리와 파트너들은 5년 내에 플레이오프에 진출한다는 계획을 밀어붙였다. 그들은 빨리 수익을 내도록 하는 데 익숙한 장사꾼이었다. 나이몰리는 파산 직전에 내몰린 기업이 재빨리 수익을 올리도록 만드는 일을 하면서 경력을 쌓아 왔다. 하지만 리그 확장을 통해 메이저리그에 참여한 데블레이스 같은 팀이 5년 만에 플레이오프에 오른다는 것은 비현실적인 계획이다. 데블레이스는 처음부터 자신들만의 제국을 이미 건설한 양키스, 2년 연속 플레이오프에 안착한 오리올스, 전통적으로 부유하며 주머니 사정이 좋은 레드삭스, 그리고 2년 연속 월드시리즈를 제패한 지 얼마 지나지 않은 빅 마켓의 블루제이스 등과 맞닥뜨렸다. 데블레이스는 거의 절반 이상의 경기를 동부지구의 맹수 같은 팀들과 치러야 하는 '불공평한' 일정을 소화해야 했다.

메이저리그 역사를 살펴봐도 리그 확장으로 참여한 팀이 포스트시즌에 진출하기까지 5년 이상 걸린 사례들은 숱하게 널려 있다. 토론토 블루제이스는 창단 후 9번째 시즌까지 포스트시즌에 진출하지 못했다.

---

**6**_ 우디 앨런이 감독한 영화 〈젤리그〉의 주인공. 젤리그는 뚱뚱한 사람을 만나면 뚱뚱해지고, 중국인을 만나면 중국말을 하는 인간 카멜레온이었다.

몬트리올 엑스포스는 5할 승률을 넘어서는 데 11년이 걸렸으며, 10월에 야구하기까지는 무려 13년이 필요했다. 샌디에이고 파드레스는 지구 4위 자리를 넘어서는 데만 16년이 걸렸다. 시애틀 매리너스는 지구 우승을 하기까지 19년을 기다렸다.

데블레이스 구단주들은 굉장히 빨리 성공한 최근 사례를 지목할 수도 있을 것이다. 콜로라도 로키스는 단순히 관중들만 많이 끌어 모은 것이 아니었다. 그들은 세 번째 시즌만에 플레이오프에 진출했다. 플로리다 말린스도 기대 수준을 좀 더 높여줬다. 그들은 다섯 번째 시즌만에 월드시리즈 우승을 이뤄냈다. 데블레이스가 경기장에 처음 모습을 드러내기 불과 몇 개월 전에 일어난 일이었다. 로키스와 말린스, 그리고 나중엔 탬파베이와 함께 리그 확장팀으로 참가했던 애리조나의 성공을 지켜보고 나서 데블레이스는 수년 동안 팀을 후퇴시키는 재앙에 가까운 결정을 연이어 밀어붙였다.

보스인 나이몰리처럼 의욕적이지는 않았지만 라마는 여전히 낙관적이었다. "7년 내에 우리 시스템은 핵심적인 선수층을 보유하고 우승할 전력이 될 것이라고 생각했습니다. 아메리칸리그 동부지구에서 우리 연봉 총액으로 할 수 있는 방법은 스카우트와 선수 육성 밖에 없었습니다."

1997년 실시된 확장 팀 드래프트에서 탬파베이와 애리조나는 28개 다른 메이저리그 팀의 40인 로스터와 마이너리그 시스템에서 35명을 뽑았다. 하지만 그해 드래프트에서는 기존 팀들에게 많은 혜택이 부여됐다. 우선 각 팀은 보호 선수를 15명씩 지정할 수 있었다. 또 드래프트 각 라운드가 끝날 때마다 보호선수를 3명씩 더 추가할 수 있도록 했다. 게다가 데블레이스와 다이아몬드백스는 1996년과 1997년 아마추어 드래프트에서 뽑힌 선수나 1995년 선발된 18세 이하 선수는 뽑을 수 없도록 되어 있었다. 이런 조건 때문에 팀을 구성할 수 있는 특급 선수들은 얼마 남아 있지 않았다.

아마추어 드래프트에 대한 제한은 훨씬 더 지저분했다. 탬파베이와 애리조나는 1996년에 첫 번째 아마추어 드래프트 선발권을 가질 수 있었다. 즉 두 팀 모두 최소한 2년 정도 빅 리그에서 뛰고 난 뒤에야 드래프트를 통해 메이저리그에서 뛸 만한 재능 있는 선수들을 길러낼 수 있다는 의미다. 게다가 두 팀 모두 첫 3년 동안의 드래프트에서는 1라운드 맨 마지막에 선수를 선발할 수 있도록 되어 있었다(드래프트 순서는 통상적으로 전해 시즌 성적의 역순으로 주어진다). 따라서 몇몇 엘리트 선수들을 놓칠 수밖에 없었다. 1996년부터 1998년까지 데블레이스와 다이아몬드백스 드래프트 순서에 앞서 뽑힌 선수들로는 팻 버렐, 마크 멀더, J. D. 드류(2회), 브래드 릿지, 트로이 글로스, 마이클 커다이어, 랜스 버크먼, 제이슨 워스, 그리고 CC 사바시아 등이 있다.

가장 긍정적인 시나리오로 보더라도, 이런 핸디캡에다 먼저 확장을 통해 메이저리그에 들어온 팀들의 성적을 감안해보면 데블레이스가 리그의 나머지 팀들을 따라잡는 데는 꽤 시간이 걸릴 수밖에 없었다. 팀 창단 후 전력이 허약한 초기에는 팀의 토대를 닦기 위해서는 먼저 자신들의 재능을 제대로 평가할 필요가 있다. 하지만 데블레이스가 경기장을 밟기도 전에 라마는 자신의 30여 년 경력 중에서 가장 큰 실수를 하고 만다.

1997년 확장 드래프트 세 번째 선발(전체 6번) 때 데블레이스는 23세인 베네수엘라 출신 외야수 바비 어브레이유를 선택했다. 어브레이유는 마이너리그에서 다양하고 조숙한 재능을 갖춘 선수로 위치를 굳

히고 있었다. 어브레이유는 겨우 20살 때 텍사스리그 잭슨 팀에서 뛰면서 타율 3할3리/출루율 3할6푼8리/장타율 5할3리의 인상적인 성적을 기록했다. 게다가 겨우 400 타석에서 50개의 장타를 때려냈다. 어브레이유는 21살인 다음 해 트리플A 투산팀에서도 타율 3할4리/출루율 3할9푼5리/장타율 5할1푼6리의 성적을 올렸다. 대단한 성적에도 불구하고 이듬해에도 트리플A에 남은 어브레이유는 주루나 외야 수비 때 빠른 스피드를 과시하면서 타율 2할5푼/출루율 3할8푼9리/장타율 4할5푼9리의 안정된 성적을 기록했다.

다음 해 트리플A에서 시작한 어브레이유는 애스트로스에서 59게임을 뛰면서 타율 2할5푼/출루율 3할2푼9리/장타율 3할7푼1리를 기록했다. 어린 시절 마이너리그에서 보여준 인상적인 성적에도 불구하고, 빅 리그 초기에서 보여준 자신만의 스타일에도 불구하고, 그리고 장타를 때려내는 능력과 스피드, 타석에서의 인내심, 강한 어깨, 그리고 뛰어난 수비력이 결합된 재능에도 불구하고 휴스턴은 확장 드래프트 때 어브레이유를 보호 선수로 묶어두지 않았다. 이제 데블레이스에겐 재능 있는 젊은 선수를 매입한 뒤 팀을 구축해서 훗날 승자가 되겠다는 약속을 지킬 수 있는 기회가 온 것이다.

그러나 라마는 다른 계획을 갖고 있었다. 그는 어브레이유를 필라델피아 필리스의 유격수 케빈 스토커와 교환하기로 했다. 데블레이스는 투수진이 수비의 도움을 좀 더 받을 수 있기를 원했는데, 데블레이스의 스카우트들은 케빈 스토커의 수비력을 높이 평가했다. 게다가 그는 메이저리그에 데뷔한 후 5년 동안 네 번이나 3할3푼5리를 웃도는 꽤 괜찮은 출루율을 기록했고 플레이오프 경험도 있었다. 하지만 경계해야 할 부분도 있었다. 스토커는 부상에 시달렸으며, 데뷔 이후 네 시즌 동안 타율이 2할5푼2리에 머물렀다. 따라서 신인 시절 타율 3할2푼 4리는 행운의 결과처럼 보였다. 다섯 시즌 동안 홈런 수는 14개에 불과했다. 그는 또 바비 어브레이유보다 네 살이 더 많았으며, 자유계약(FA)까지도 4년 더 가까웠다. 라마는 스토커를 단지 2년 정도 구멍을 메우는 선수로 생각했다. 젊은 선수를 타깃으로 한다는 데블레이스의 원칙과는 완전히 상반된 조치였다.

그렇다면 그들은 왜 그 거래를 했을까?

라마는 이렇게 말했다. "우리가 바비 어브레이유를 제대로 평가하지 못했던 거죠. 개인적으로 그를 본 적이 없었습니다. 경기하는 것을 본 적도 없고, 타석에 서 있는 모습도 본 적이 없었죠. 하지만 스카우팅 세계가 얼마나 비과학적인지 얘기하자면, 야구계에서 가장 뛰어난 사람 중 한 명으로 꼽히는 게리 헌시커(Gerry Hunsicker, 당시엔 애스토르스 단장이었고, 지금은 탬파베이의 야구단 운영 부사장)가 있습니다. 그들 역시 어브레이유를 제대로 평가하지 못했다는 겁니다!"

라마는 확장 드래프트를 통해 데블레이스의 불펜을 구축할 수 있을 것으로 생각했다. 하지만 선발투수를 찾는 일은 힘들었다. 그래서 수비진의 도움을 받을 수 있다면 즉시 구할 의향이 있었다. 이것은 첫 시즌에 100패를 당하지 않으려는 팀 전체에 퍼진 목표의 한 부분이었다. 라마는 그 목표 자체가 근시안적이었다는 것을 인정했다. 데블레이스는 어브레이유가 팀에 강한 긍정적 영향을 끼칠 수 있다는 가능성을 알아채지 못했다. 그리고 수년 동안 많은 팀들이 훌륭한 선수들을 수없이 그냥 지나쳤다. 하지만 데블레이스는 데뷔 첫 해에 100번을 지는 대신 99번 지는 데 특별히 중요한 의미를 부여하고, 이를 위해 젊은 선수 대신 베테랑 선수를 선발함으로써 장기 계획을 흩으려놓은 셈이 됐다.

필리스와 레이스가 몇 년 뒤 2008년 월드시리즈에서 만났을 때 스토커는 필리스가 했던 끔찍한 트레이드에 대해 약간은 농담조로 이렇게 말했다. "생각보다 그렇게 끔찍하진 않았죠." 스토커는 3년 뒤 야구계를 떠났다. 어브레이유는 2010년까지 메이저리그에서 2,000게임 이상을 뛰었고, 통산 2,000안타를 넘어섰다. 중간에 그는 탬파베이를 한 번 더 저주했다. 2008년 시즌이 끝난 뒤 어브레이유는 자유계약 선수가 되자 레이스가 가장 높은 가격을 제시했다. 수비 기량은 상실했지만 여전히 쓸 만한 타자인 어브레이유에게 매력적인 2년 계약을 제시한 것이다. 하지만 어브레이유는 레이스를 퇴짜 놓고 에인절스와 좀 더 적은 액수에 1년 계약을 체결했다. 결국 탬파베이는 팻 버렐과 2년간 1,600만 달러에 계약했다. 이 계약은 라마의 후계자가 체결한 FA 중 단연 최악으로 꼽힌다.

어브레이유/스토커 트레이드가 최악의 실패로 끝나긴 했지만, 당시엔 어브레이유가 스타덤에 오를 것으로 예측한 사람은 거의 없었다. 반면 데블레이스가 34살의 구원 투수인 로베르토 에르난데즈(Roberto Hernandez)와 계약한 것은? 이해하기 힘든 일이었다.

야구에서 성적 나쁜 팀이 고액의 베테랑 마무리투수를 쓰는 것보다 더 초점이 없는 일은 없다. 팬들은 그 마무리투수가 좀 더 저렴한 선수보다 두 게임 더 세이브에 성공해서 63번 이길 것을 65번 이기게 만들었다고 해서 크게 좋아하지는 않는다. 그렇게 바닥을 헤매는 팀에서는 게임을 이긴다고 해서 추가로 생기는 매출은 거의 없다.

데블레이스가 에르난데즈와 계약한 것은 단순히 초점 잃은 행동에 머무르지 않았다. 자금이 달리는 데블레이스는 에르난데즈에게 1,700만 달러 가까이 지급했고 에르난데스는 3년 동안 101세이브를 챙기면서 뛰어난 성적을 거뒀다. 하지만 에르난데즈가 뛰어난 세이브 기록을 거둘 때 재빨리 트레이드를 해서 현금으로 바꿨다면 데블레이스는 수백만 달러를 절약하면서 좀 더 일찍 유망주를 보강할 수 있었을 것이다. 대신 그들은 3년을 기다린 뒤 에르난데즈와 코리 리들(나중에 오클랜드에서 2년 동안 뛰어난 성적을 올리게 되는 선발투수)을 내주고 젊은 거포 외야수 벤 그리브를 받았다.

데블레이스는 에르난데즈와 계약함으로써 엄청난 현금만 날려버린 것이 아니었다. 그들은 1라운드 드래프트 선발권까지 희생해야만 했다. 이해하기 힘든 야구계의 보상 규칙 아래에서 FA는 상식과 직관에 반대되는 기준을 바탕으로 여러 가지 다른 계급으로 나누어진다. 1997-1998년 오프 시즌에 에르난데스는 A유형 FA 선수로 분류됐다.[7] 그 말은 어떤 팀이든 에르난데즈와 FA 계약을 체결할 경우에 아마추어 드래프트에서 첫 번째 라운드 선발권(첫 번째 라운드 선발권을 이미 잃었을 경우에는 두 번째 라운드 선발권)을 희생해야만 했다. 에르난데즈와 계약을 체결함으로써 탬파베이는 1998년 드래프트에서 전체 29번째 선발권을 포기했다.

데블레이스가 베테랑 선수에게 고액의 계약금을 안겨주면서 높은 순위의 드래프트 선발권을 내던져버린 것은 그때가 마지막이 아니었다. 2000년 드래프트에서는 보상으로 두 번째, 세 번째, 네 번째 선발권을 내던져야 했다. 이런 문제를 겪으면서 탬파베이는 다음과 같은 선수

---

**7**_　엘리어스 스포츠 뷰로(Elias Sports Bureau)는 매 시즌 말 메이저리그 선수들의 성적을 점수로 계산해 포지션별 랭킹을 매긴다. 이 랭킹에서 포지션별로 상위 20%에 이름을 올린 선수들을 A유형(Type A)이라고 한다. B 유형은 21-40%. A 유형 선수가 다른 팀과 FA 계약을 할 경우 원 소속팀은 새로 계약한 팀으로부터 다음 드래프트의 1라운드 지명권을 보상으로 받을 수 있다. 이와 함께 1라운드와 2라운드 사이에 진행되는 추가 라운드 지명권도 한 장 얻게 된다.

들을 선발했다.

- 후안 구즈맨(Juan Guzman) : 33세 선발투수로 탬파베이에서 1.2이닝을 던진 뒤 팔이 망가졌다.

- 스티브 트랙슬(Steve Trachsel) : 트랙슬은 그 세대 투수들 중 가장 느릿느릿 던지는 투수로 유명했다. 그래서 데블레이스 팬들은 그의 지저분하고 굼뜬 투구 동작 때문에 미칠 것만 같았다. 그는 탬파베이에서 23번 선발 출장해서 6승10패 평균자책점 4.58을 기록한 뒤 트레이드됐다.

- 제럴드 '아이스' 윌리엄스 : 외야수인 그는 아마도 페드로 마르티네스의 공에 맞은 뒤 그에게 달려들어 무지막지하게 때리려고 했지만 헛스윙을 한 것으로 가장 잘 알려져 있다.[8] 윌리엄스는 탬파베이에서 1년 반을 머물렀다. 2001년 윌리엄스는 탬파베이가 풀어주기 전까지 타율 2할7리에 출루율 2할6푼1리를 기록했다. 윌리엄스는 2000년에 21개의 홈런을 날렸지만 거의 500개의 아웃을 기록하기도 했다. 그 해 15게임을 결장하고도 이 괴상한 기록 부문에서 리그 선두에 근접했다.

---

**8_** 2000년 8월30일 보스턴과의 경기에서 발생한 사건. 당시 선발 투수는 전성기를 구가하던 페드로 마르티네스였다. 1번 타자였던 제럴드 윌리엄스는 페드로 마르티네스의 공에 맞자 바로 그에게 달려들어 주먹을 날리곤 퇴장당했다. 이후 페드로 마르티네스는 8회까지 주자를 한 명도 내보내지 않는 퍼펙트 피칭을 했다. 하지만 9회 선두 타자에게 안타를 맞으면서 노히트노런 기록이 깨졌다. 이 경기는 페드로 마르티네스의 전성기 피칭을 이야기할 때마다 빠지지 않고 회자되곤 한다.

데블레이스는 모두 합쳐서 3개의 드래프트 선발권과 2,000만 달러를 지불한 뒤 우타자 유망주인 브렌트 아버나시(트랙슬을 트레이드하고 얻은 선수)와 교체 멤버 수준의 퇴물 베테랑 선수 3명을 얻었다. 다른 팀들도 드래프트 선발권의 가치를 잘못 평가하는 유사한 실수를 범해왔다. 그리고 최근에 들어서야 각 팀은 A유형 FA 선수를 퇴짜 놓는 것을 진지하게 고려하기 시작했다. 하지만 리그 우승을 다툴 수준이 아닌 팀이 상위권 유망주 선발 기회를 던져버리는 것을 정당화해줄 만한 좋은 변명거리는 없다.

데블레이스는 출범 직후 몇 시즌 동안 대형 계약을 연이어 터뜨렸다. 이때 계약한 선수 대부분은 미래에 보여준 보잘 것 없는 성적은 차치하더라도 과거 성적 역시 그렇게 아낌없이 돈을 쏟아 부을 만한 유형은 아니었다. 윌슨 알바레즈는 5년간 3,500만 달러에 계약을 체결했다. 롤란도 아로요는 2,000만 달러 이상을 받았다. 데블레이스는 이후에도 오프 시즌 동안 전성기를 지난 퇴물 선수들과 계약하면서 팀을 퇴보시키기도 했다. 그들은 여러 가지 방법으로 팀에 해를 끼쳤다.

나이몰리는 첫 번째 시즌에서 100패를 당하지 않고, 두 번째 시즌에는 95패 이상을 기록하지 않으며, 다섯 번째 시즌에 지구 우승을 다툰다는 목표를 잡았다. 데블레이스는 1998년에 63승 99패, 1999년에는 69승 93패를 기록하면서 두 시즌 동안 목표를 달성했다. 하지만 이런 목표는 걸핏하면 참견하는 나이몰리의 태도 때문에 점진적으로 팀을 강화해가는 노력을 방해했다.

"빈스는 워낙 이것저것 간섭하는 경향이 있습니다. 그 때문에 척은 계약하길 원했지만 빈스가 막았던 경우가 꽤 있습니다." 〈세인트피터즈버그 타임스〉 야구 칼럼니스트인 마크 톱킨의 말이다. "선발 출장 기회가 드문 선수였지만 초기부터 팬들의 사랑을 받았던 퀸턴 맥크레큰도 그런 선수 중 한 명입니다. 그는 한 해 동안 괜찮은 성적을 거두었지만 그의 가치가 더 향상되지는 않으리란 점을 알고 있었지요. 척 주변에서도 몇몇 사람이 그를 트레이드하라고 말했을 겁니다. 하지만 맥크레큰은 팬들이 좋아하는 선수라는 이유로 척이 트레이드하려는 것을 빈스가 막았습니다."

나이몰리가 보지 못했고, 라마가 이해하지 못했던 것은 큰돈을 쏟아 부으면서 체결한 계약이 몰고 온 기회비용이었다. 그들이 하려다 말았던 베테랑 선수를 유망주와 바꾸는 계약도 마찬가지였다. 탬파베이는 수백만 달러만 투자하면 여러 나라에서 야구 아카데미를 열 수 있었다. 2만 달러에 계약한 16세짜리 유망주 한 명만 빅 리그에서 살아남을 수 있는 선수로 탈바꿈시켜도 투자한 돈을 뽑을 수 있다.

야구 역사를 살펴보면 리그에 참여한 처음 몇 시즌 동안은 경기장에 있는 상품이 아무리 시원찮아도 팬들이 몰려온다는 것을 알 수 있다. 리그에 들어갈 때(혹은 새로운 경기장을 건설할 때) 팀과 팬사이의 허니문 기간 덕분이다. 에르난데스, 알바레즈, 아로요를 비롯한 여러 선수들과 계약을 체결한다고 해서 탬파베이가 어떻게 하든 질 수밖에 없는 경기를 막지는 못했다. 만약 선수를 드래프트하고 육성하는 데 더 많은 돈을 쓰고 수지맞지 않는 베테랑 선수에게 쓰는 돈을 줄였다면 데블레이스는 몇 년 더 일찍 지구 우승을 다투는 전력 수준으로 올라갔을 것이다.

"지금 돌이켜보면 그때 우리는 그냥 계속 싸우면서 선수 스카우트와 육성에 좀 더 많은 돈을 쏟아 부어야 했어요. 그러다 보면 홈런을 잘 치는 선수를 건질 기회가 있었을 테니까요." 라마는 당시를 회상하며 안타까워했다. "그때 우리는 스카우트와 선수 육성을 통해 팀을 만들려고 노력했습니다. 그러면서도 일정 정도 메이저리그 게임도 승리하려고 했지요. 돌이켜보면 63승을 하든 65승을 하든, 그도 아니면 67승을 하든 누가 신경이나 씁니까? 호되게 얻어맞는 대신 핵심 선수들로 채워 넣었다면 좋았을 것이라는 생각이 듭니다.”

주변 상황에 맞추려는 성향을 가진 데다 처음으로 단장을 맡은 라마는 거만하기 이를 데 없는 나이몰리 같은 보스를 다루는 데는 잘 맞지 않은 인물이었다. 그러다 보니 그는 많은 단장들이(좀 더 확장하면 많은 기업의 중간 관리자들이) 매년 맹세하는 똑 같은 대본을 그대로 따라갔다. 보스에게 연간 예산을 타온 뒤 가능한 한 1달러 한 장까지 모두 써버린 것이다. 좀 더 쉽고 빠른 길이 있는 데 왜 자본을 투자할 창조적인 방법을 찾지 않았을까? 그는 권위에는 절대 도전하지 않았고 대부분의 사람들이 가는 길을 따라갔다. 그렇게 하면 나중에 비판받는 일이 없을 테니까.

다이아몬드백스의 초기 성공 때문에 데블레이스는 라마가 선호하는 경로에서 멀리 벗어나버렸다. 애리조나는 두 번째 시즌에 100승을 기록하면서 내셔널리그 서부지구 우승을 따내는 믿기 힘든 기적을 일궈냈다. 다이아몬드백스는 데블레이스보다 훨씬 돈이 많았고, 그 점을 최대한 활용했다. 애리조나가 손에 넣은 선수들의 면면을 살펴보면, 그들은 중간 정도 재능을 가진 선수를 비싼 값에 거머쥐는 대신 좀 더 큰 고기를 낚았다. 그들은 랜디 존슨과 계약했다. 당시 존슨과 맺은 계약은 FA 역사상 가장 저렴한 거래 중 하나로 꼽힌다. 비록 매트 윌리엄스가 약간 나이가 많긴 했지만, 애리조나는 매일 경기에 출장할 수 있는 3루수가 로베르토 에르난데즈 같은 마무리투수보다는 훨씬 많은 이점이 있다는 사실을 알아챘다. 다이아몬드백스는 또 좀 더 강한 핵심 선수들과 함께 시작했다. 하지만 다이아몬드백스는 나이몰리와 데블레이스가 감히 조달할 수 없을 만큼의 많은 돈을 썼다. 그들의 장부는 지급이 연기된 계약들로 가득 찼고, 그러다 보니 몇 년 동안 장기 부채를 떠안아야 했다. 다이아몬드백스는 또한 굉장히 운이 좋았다. 베테랑 선수인 루이스 곤잘레스는 30대에 엄청난 잠재력을 발산했다. 제이 벨과 스티브 핀리 같은 노장 선수들도 애리조나에서 뒤늦은 전성기를 시작했다. 이들은 통상적으로 선수들의 기량이 쇠퇴하는 나이보다 훨씬 많은 나이에 재능을 꽃피웠다.

다이아몬드백스의 성공 때문에 대담해진 데블레이스 구단주 나이몰리는 2000년에 6,000만 달러 예산을 승인했다. 그 전해보다 거의 2,500만 달러나 늘어난 액수였다. 단장인 라마는 진군 명령을 내렸다. '경기를 이길 수 있으면서 관중석도 채울 수 있는 유명 선수들과 계약하라.' 하지만 이 계획은 안타깝게도 타이밍이 끔찍할 정도로 잘 맞지 않았다. 그 해 오프 시즌 FA 시장은 여느해보다 굉장히 빈약했다. FA 시장에서 건질 만한 선수는 존 올러루드, 그렉 본, 그리고 제럴드 윌리엄스 정도뿐이었다.

시장 상황이 어떻든 간에 데블레이스는 그냥 밀고 나갔다. 라마는 윌리엄스, 본, 그리고 강타자 3루수 비니 카스티요를 영입했다. 이 세 명이 탬파 출신의 프레드 맥그리프와 걸핏하면 부상당하는 호세 칸세코가 이미 포진하고 있는 라인업에 가세했다. 데블레이스는 새로운 라인업을 '히트 쇼(Hit Show)'라고 불렀다. 데블레이스는 처음으로 선수들 때문에 미국 전역의 매체로부터 엄청난 관심을 받았지만 그런 책략이 성공하리라고 믿는 전문가는 거의 없었다. 비즈니스와 마찬가지로 야구에서도 서둘러 맞춰놓은 것들이 예상대로 효과를 거두는 법은 거의 없다. 하지만 데블레이스 구단주는 팀이 마침내 주목 받는 것을 보고 흐뭇해했다.

그렉 본은 레이스와 계약하면서 이렇게 말했다. "그들은 지금 이기길 원합니다. 기다리려 하지 않아요. 더 나은 상황을 요구할 수도 없습니다." 파워 외에는 다른 장점이 없는 30대 중반 슬러거들의 굉장히 높은 소모율을 감안하면, 계약 당시 34살이던 본은 4년간 3,400만 달러보다 더 나은 계약 조건을 요구할 수도 없었다.

히트 쇼가 데블레이스에 파괴적인 효과를 제대로 보여주려면 추가적으로 특급 선수가 필요했다. 본은 첫 해 탬파베이에서 홈런 28개에 0.864의 OPS를 기록하면서 괜찮은 성적을 올렸다.[9] 하지만 이 성적은 합쳐서 홈런 95개를 기록했던 지난 두 시즌보다는 못한 수준이었다. 이후 본의 생산성은 급격하게 떨어졌고 결국 2003년에 방출되고 말았다. 철저히 약물로 기량을 향상시킨 칸세코는 1999년 올스타 휴식기까지 홈런 31개를 때려냈다. 하지만 이후 등 부상 여파로 성적이 급전직하했다. 카스티요는 탬파베이에서는 타율 2할2푼1리/출루율 2할5푼4리/장타율 3할8리로 굉장히 부진했다. 그러나 이듬 해 팀에서 풀린 그는 휴스턴에서 강력한 스윙을 다시 회복했다. 심지어 36살에는 콜로라도 로키스에서 뛰면서 한 시즌 동안 35개의 홈런과 131타점을 기록했다. 맥그리프는 이후 몇 년 동안 더 조용하게 꾸준한 성적을 냈다. 데블레이스는 다음 시즌에 쓸 만한 유망주를 구하기 위해 맥그리프를 현금 트레이드 시장에 내놓았지만 겨우 쓸모 없는 제이슨 스미스와 매니 아

---

**9_** OPS는 출루율과 장타율을 합한 수치를 말한다. 1947년 브랜치 리키가 통계 전문가인 앨런 로스를 고용해 OPS를 처음 만들어냈다. 리키는 타율이 아니라 출루율과 장타율을 더 중요하게 생각해야 한다는 글을 잡지에 직접 기고하기도 했다. 통상 OPS가 8할 이상이면 확실한 주전, 9할 이상이면 올스타급, 10할을 넘으면 슈퍼스타급으로 통한다.

이바 둘을 얻었을 뿐이다.

다이아몬드백스처럼 데블레이스도 대형 계약을 체결해 돈을 쏟아 부었지만 다이아몬드백스와 달리 데블레이스는 부채에 시달렸고 많은 승리도 따내지 못했다. 데블레이스는 2000년에 고작 69게임에서 승리 했다. 이는 연봉 총액이 40%나 적었던 전년도와 같은 성적이었다. 훨씬 더 충격적인 사실은 관중 수가 줄어들었다는 점이다. 1999년에 160만 명(아메리칸리그 10위)이던 관중 수가 2000년에는 140만 명(아메리칸리그 13위)로 떨어졌다. 반면 《머니볼》로 유명한 오클랜드는 탬파베이의 절반 수준에 불과한 연봉 총액으로도 아메리칸리그 서부지구 우승을 차지했다. 화이트삭스는 데블레이스와 같은 수준인 연봉총액 3,570만 달러로 아메리칸리그 중부지구 우승을 차지했다. 데블레이스보다 연봉 총액이 적었던 5개 다른 팀들도 더 좋은 성적을 만끽했다.

히트 쇼가 장대한 실패로 끝나면서 데블레이스는 혼란에 빠져 들었다. 래리 로스차일드 감독이 다음 시즌 14경기 만에 해고됐으며, 이를 시작으로 코치진의 물갈이도 이어졌다. 결국 데블레이스가 주전급 외야수인 랜디 윈을 시애틀에 내주고 루 피넬라 감독을 영입하는 트레이드를 단행했다. 이 트레이드는 선수와 감독을 맞바꾸는 거래로 이전에도 없었고, 그 이후에도 없었다.

재정 상태가 빡빡해지자 나이몰리는 다음 두 시즌 동안 엄청난 대량 방매를 지시했다. 그 덕분에 2000년 리그 12위였던 데블레이스 팀의 연봉 총액은 두 해 뒤에는 꼴찌로 내려앉았다. 데블레이스는 메이저리그의 인재만 잘라낸 것이 아니었다. 그들은 라틴 아메리카에서 벌리던 유망주 발굴 사업도 완전히 끝내버렸다. 이로써 재능 있는 젊은 선수를 공급해올 핵심 파이프라인을 잃어버린 셈이다. 버드 셀릭 커미셔너가 리그에서 두 팀을 줄이자고 제안했을 때, 데블레이스는 후보군 중 한 팀이었다. 그들의 재정 상태는 이미 1998년에 첫 시즌을 맞이하면서 트로피카나필드를 휘감던 낙관적인 분위기와 정반대였다.

2001년에 데블레이스는 처음으로 100패를 기록했다. 그리고 2002년에는 106패를 당했다. 나이몰리-라마 시대 8년 동안 팀이 70승을 하거나 아메리칸리그 동부지구 꼴찌를 면한 적은 한 번 밖에 없었다. 패배는 팬들과 경영진만 후려친 것이 아니었다. 선수들까지 초조하게 만들었다.

"여러분들도 우리가 거쳐온 길을 겪으라고 하면 싫어할 겁니다." 1999년 드래프트 2번으로 데블레이스에 입단한 칼 크로포드의 말이다. 크로포드는 나이몰리가 이끌던 시절의 대부분을 선수로 뛰었으며, 새로운 구단주가 팀을 장악한 뒤에도 그대로 머물렀다. "지나치게 많은 패배는 맥을 못 추게 만듭니다. 그러면서 자신에 대해 안 좋은 일을 생각하기 시작합니다. 그냥 일들이 잘 풀리기만 기다리게 되죠."

2005년부터 2009년까지 탬파베이에서 뛰었던 스캇 캐즈미어는 이렇게 회상했다. "많은 베테랑 선수들이 데블레이스와 계약을 한다는 것 자체로 부정적인 영향을 받습니다. 데블레이스가 그들의 선수 인생에서 마지막 여정이 될 테니까요. ……우린 아메리칸리그 동부지구의 동네북이었습니다. 어떤 목표의식도 없었죠. 자존심도 없이, 누군가를 이길 수 있다는 생각도 하지 않은 채 그냥 경기장에 나갔으니까요."

크로포드와 캐즈미어는 끔찍했던 옛날을 떠올리며 믿기지 않는다는 듯 고개를 절레절레 흔들었지만 둘은 새로운 레이스에서 스타 선수가 됐다. 암흑기를 견뎌내고 가장 밝은 시기를 맞이한 젊은 베테랑과 팀의 리더였다. 새로운 왕국은 급속한 시일 내에 팀의 운명을 바꿔놨기 때문에 캐즈미어와 그의 동료들은 패배주의자에서 하루아침에 플레이오프 진출을 예상할 수 있는 정도가 됐다.

반면 라마는 나이몰리 왕조의 쓰디쓴 종말을 함께했다. 라마는 데블레이스 첫 시즌이 끝나고 단장직 연장 계약을 체결했다. 그리고 5년 계약이 끝난 뒤인 2004년에 불가능해 보였던 2년 계약을 또 맺었다. 라마가 2005년 시즌이 끝난 뒤 새로운 구단주에게 해임 당했을 때 그는 통산 518승 777패로 승률 4할에다 매 시즌 평균 97패라는 끔찍한 성적을 기록했다. 그러나 야구 역사상 다섯 번째로 긴 임기를 채우고 그 자리를 떠났다. 나이몰리는 처음에 실적을 토대로 라마를 고용했다. 그가 첫 번째로 계약을 연장했을 때는 여전히 라마가 데블레이스를 이기는 야구팀으로 이끄는 적임자라고 생각했다. 그 다음엔 비용을 줄인 라마의 노력에 감사했다.

나이몰리는 〈세인트피터즈버그 타임스〉와의 인터뷰에서 이렇게 말했다. "나는 무조건 라마가 거둔 성적을 옹호하지 않습니다. 하지만 만약 그가 거둔 승리와 비용 간의 비율을 놓고 본다면 꽤 괜찮은 편이라고 생각합니다." 결국 둘 중 어떤 사람도 제3자가 쫓아내기 전에는 떠나지 않을 태세였지만 결국 2005년 시즌이 끝난 뒤 바로 그런 일이 일어났다. 라마와 데블레이스 팬들은 어떤 일이 일어날지 의아해하면서 남아 있었다.

라마는 이렇게 말했다. "돌이켜보건대 내가 후회하는 것은 우리가 계약했던 선수들이 아닙니다. 정말 후회되는 것은 빈스와 다른 구단 소유주들에게 '여러분, 제 말을 믿으세요. 우린 이 일을 할 수 없습니다'라고 말하지 못했다는 점입니다."

# 새로운 피

야구계에 몸담고 죽을 고생을 하면서 영광은 제대로 받지 못하는 사람들이 바로 지역 스카우트들이다. 이 거리의 전사들은 재능 있는 야구 선수들을 찾기 위해 엄청나게 넓은 지역을 휘젓고 다닌다. 끝없이 뻗은 고속도로를 하루 종일 외롭게 운전해가는 그들에겐 자동차가 곧 집이다. 차 안에는 햄버거 포장지와 종이컵이 널브러져 있기 마련이다. 지역 스카우트는 숨어 있는 보석, 즉 다른 팀들이 놓쳤지만 스타덤에 오를 만한 재능 있는 선수를 발굴하기 위해 동분서주한다. 지역 스카우트는 어떤 선수를 드래프트할지 말지를 최종 결정하는 사람은 아니다. 그들은 단장이나 스카우트 책임자들에게 직접 보고할 수 있는 라인도 없다. 지역 스카우트가 칭찬하는 모든 선수를 크로스 체커(이들 역시 응당한 평가와 대우를 받지 못하는 외로운 직업이다)는 반드시 찾아가서 운동하는 것을 보도록 되어 있다. 그런 다음 책임자에게 보고서를 제출한다. 팀이 그 선수를 드래프트해서 계약하게 되면 지역 스카우트는 명성을 얻는다. 하지만 그 순간까지 지역 스카우트들은 누군가 자신의 얘기를 들어주기만을 바랄 뿐이다.

페르난도 아랑고(Fernando Arango)는 자기 직업의 약점을 잘 알고 있었다. 아랑고는 데블레이스의 지역 스카우트로 아칸소, 캔자스, 미주리, 오클라호마, 그리고 네브래스카 등 5개 주를 담당했다. 그가 맡은 지역들은 캘리포니아, 플로리다, 그리고 텍사스 같은 야구 중심지에서 멀리 떨어져 있었다. 이들 지역에 재능 있는 선수들이 상대적으로 부족하다 보니 호기심을 자극하는 몇몇 선수들을 지켜보는 눈도 훨씬 적었다. 따라서 아주 극소수만이 레이더망에 걸려들었다.

어느 봄날 아랑고는 고등학교 토너먼트 경기를 보기 위해 미주리주 리퍼블릭에 있는 작은 마을을 찾아갔다. 한 선수가 눈에 들어왔다. 이제 2학년에 불과한 건장한 3루수인 그 선수는 경기장 곳곳으로 라인드라이브 타구를 날려보내고 있었다. 아랑고는 자신을 소개했고 둘은 이내 친해졌다. 아랑고는 그 3루수의 타고난 능력과 야구 지능이 보기 드물게 균형 잡혀 있다는 것을 알아챘다. 그는 선수의 연락처를 얻은 뒤 나중에 다시 찾아오겠다고 약속했다.

이듬 해 아랑고가 기대하던 그 선수는 공부에 집중했다. 수학을 좋아했던 건장한 그 학생은 1999년 1월까지 고등학교 졸업에 필요한 모든 학점을 이수했다. 그리고 캔자스시티에 있는 메이플 우즈 커뮤니티 대학으로 옮겼다. 아랑고는 그 젊은 친구가 운동하는 모습을 보기 위해 다시 찾아갔다. 이번에는 혼자서 은밀하게 관찰할 수 없었다. 캔자스시티 로열스의 전 감독인 존 와던을 비롯해 몇몇 메이저리그 스카우트와 대표들이 여러 선수들을 보기 위해 모습을 드러냈다. 이때는 3루수가 아니라 유격수로 뛰면서 좌중간 담장 너머 나무들이 있는 곳으로 큰 홈런 두 방을 날려보냈다.

아랑고는 이렇게 회상했다. "방망이로 공을 휘두르자 마치 대포가 발사될 때 나는 것 같은 소리가 났어요. 그가 알루미늄 배트를 사용하는 게 공정하지 않아 보일 정도였어요." 아랑고는 어떤 일이 있어도 이 선수를 잡아야겠다고 결심했다. 크로스체커인 스탠 믹과 스카우트 책임자 댄 제닝스를 만났을 때, 아랑고는 그 선수를 극찬한 보고서를 제출했다. 믹도 그 젊은 선수가 경기하는 것을 보러 갔지만 아랑고만큼 강한 인상을 받지는 않았다.

제닝스도 마찬가지였다. "그는 배가 나왔고 뚱뚱한 몸매를 갖고 있었습니다. 스탠이 내게 말했어요. '난 이 선수가 두세 번 스트라이크 아웃 당하는 것을 봤습니다. 이 선수가 어느 포지션에서 뛰어야 할지 모르겠군요. 그를 마냥 칭찬할 수 없습니다.'"

아랑고는 자신의 보스에게 담대하게 말했다. "나는 이 선수가 언젠가는 빅 리그에서 40개 이상의 홈런을 칠 것이라고 확신합니다."

제닝스는 아랑고의 보고서나 그가 맡은 5개 주 지역에서 매긴 유망주 랭킹을 무조건 무시할 수는 없었다. 그래서 지역 크로스체커인 R. J. 해리슨(그는 몇 년 뒤 스카우트 책임자 자리를 차지한다)를 보냈고 그는 이렇게 보고했다. "그는 아무 것도 할 수 없습니다."

두 명의 부정적 보고에도 불구하고, 제닝스는 아랑고가 발견한 선수에게 마지막 기회를 주고 싶었다. 데블레이스는 그 선수를 드래프트에 앞서 실시하는 연습경기에 초대했다. 다른 어떤 팀도 그를 초대하지 않았다. 심지어 20분 뒤에 경기했던 로열스조차 그를 초대하지 않았다.

아랑고는 그의 젊은 피와 함께 데니스 레스토랑에서 성대한 아침식사를 했다. 이야기하면 할수록 아랑고는 그 소년의 재능과 똑똑하고 이론적으로 접근하는 방식에 홀딱 빠져들었다. 아랑고가 트로피카나필드에 도착했을 때는 거대한 파견단이 기다리고 있었다. 제닝스와 믹이 선수들의 재능을 평가하는 다른 15명과 함께 그곳에 있었다. 척 라마뿐 아니라 심지어 빈센트 나이몰리도 와 있었다. 그들은 드래프트 희망자들이 자신들의 차례에 최선을 다하는 모습을 유심히 지켜봤다. 마침내 미주리에서 온 유망주가 기회를 잡았다.

그 다음에 벌어진 일은 누가 이야기하느냐에 따라 달라진다. 아랑고는 그 젊은 피가 야구계의 전설 루 게릭처럼 보였다고 주장한다. 물론 제닝스는 그렇게 생각하지 않았다.

아랑고는 그가 55미터를 7.1초에 내달리는 것을 봤다. 그 정도 덩치를 가진 선수치고는 훌륭한 기록이었다. 데블레이스는 대학에서 뛰었던 포지션인 유격수로서 그 선수를 시험했다. 아랑고는 그가 날카로운 타구를 잘 처리하고, 덩치 큰 선수치곤 훌륭한 운동신경을 보여줬다고 말한다. 제닝스는 그의 덩치를 보고 나서 포수를 해보면 어떻겠냐고 제안했다. 그는 이전에 포수를 맡아본 적이 한 번도 없었다. 할 수 없이 아랑고는 그에게 '마음 편안하게 포수 장비를 챙겨 입고 잠시 동안만 다른 사람들의 비위를 맞춰주자'고 얘기했다. 포수 자리에 앉은 그의 첫 번째 2루 송구는 전광석화처럼 날아갔다. 1.89초였다. 이 정도면 고교팀 포수로는 놀랄 만한 수준이며 대학 포수로는 안정적인 기록이었다. 빅 리그 포수들 중 몇몇은 이 기록에 못 미치기도 한다.

잠시 후 그는 타석에 들어서서 경기장 곳곳으로 라인드라이브 타구를 날려보내기 시작했다. 어린 시절 그의 아버지는 그에게 공을 우중간으로 밀어치는 것을 가르쳤다. 그것을 꾸준히 하면, 언젠가 빅 리그에서 3할을 칠 수 있을 것이라고 그의 아버지는 말했다. 그러나 제닝스는 그에게서 강한 인상을 받지 못했다. '파워는 어디 있는 거야?' 하며 중얼거렸다. 아랑고가 그 메시지를 알아챘고 젊은 피에게 다가가 이렇게 말했다. "저들은 네가 공을 더 멀리 치길 원해." 그 선수는 타석에서 공을 후려쳐 왼쪽 파울 폴 꼭대기까지 날려버렸다. 아랑고는 미소지었다. 이제 그는 자기만의 선수를 갖게 될 참이었다.

아랑고를 제외하고 제닝스를 비롯해 그날 참석했던 다른 스카우트들은 그 선수의 뚱뚱한 몸매를 걱정했다. 그들은 아랑고가 빠져 있는 긍정적인 부분보다는 부정적인 쪽에 더 주목했다. 제닝스는 그 선수가 가까이 있는 내야수에게 한 쪽 무릎을 꿇고 공을 던지는 습관을 싫어했다. 그는 또 그 선수의 포수 실력에 대해 우려했다. 몇몇의 좋은 송구에도 불구하고 발놀림도 엉망이며 던지는 기술도 미심쩍다고 했다. 타격에 대해서는 결과보다 그 선수의 접근 방식을 걱정스러워하며 이렇게 말했다. "뒷다리에 너무 힘을 주고 서 있고, 어퍼컷 스윙에다 뒤쪽 어깨가 많이 기울었어요."

제닝스는 이렇게 회상했다. "우린 위층으로 올라갔고, 내 방에서 이런 질문을 던졌습니다. '아랑고가 리스트에 올린 이 아이에게서 오늘 이전에 보지 못했던 다른 걸 봤습니까?' 뭔가 특별한 것을 발견한 사람은 아무도 없었습니다. 우리는 그를 높은 순위에 올려놓지는 않기로 하고 연습장을 떠났습니다."

드래프트 날이 밝았을 때 아랑고는 기다리고 또 기다렸다. 물론 데블레이스가 1라운드에서 그가 추천한 선수를 선발하지 않을 것이라고 짐작했다. 하지만 3, 4, 5라운드에서도 그 선수는 여전히 선발되지 못했다. 한 시즌에 40개의 홈런을 칠 것이란 그의 예상이 단순히 잊혀진 게 아닐까 하는 의구심이 들기 시작했다.

데블레이스만 그 선수를 지나친 것은 아니었다. 드래프트가 계속 진행됐지만 여전히 아무 소식이 없었다. 그렇게 푸대접한 이유는 여러 가지가 있었다. 데블레이스는 플로리다 선수들을 위주로 적극적으로 물색했다. 다른 유망주보다 그들을 더 선호했다. 플로리다 이외 지역 선수보다 플로리다 출신 베테랑 FA 선수들에게 우선순위를 부여했던 것이다. 지역 정체성과 지원을 위해 꾸준히 그런 입장을 견지해왔다. 하지만 그 전략은 가시적인 결과를 가져다주지 못했고 가끔 팀에 해를 끼치기도 하는 근시안적인 관행이었다. 그들은 여전히 그 선수의 유난히 큰 덩치를 걱정했다. 제닝스가 일찍이 그 선수가 어떤 포지션에서 뛸 수 있을지 모르겠다고 우려했던 것처럼.

이건 정말 이상한 처사였다. 그 선수는 원래 포지션인 3루나 아랑고가 예상한 1루수로 테스트 받을 기회를 제대로 가져보지도 못했기 때문이다. 많은 회의론자들은 그의 나이를 걱정했다. 그는 도미니카 공화국에서 태어나 고등학교 때 미국으로 이민왔는데, 그는 늘 실제보다 더 나이 들어 보였다. 게다가 그 선수의 에이전트도 생소한 인물이었다. 이런 불확실성 때문에 심지어 마지막 라운드에서조차 그와 계약하는 것은 위험한 일이라는 우려가 제기됐다. 또 데블레이스의 드래프트 판에는 그들이 노리고 있는 유망주들이 따로 있었다. 그렇다고 해서 제닝스가 아랑고의 예상을 본질적으로 무시한 것은 아니었다. 단지 다른 수많은 선수들이 있었기 때문에 그 선수에 대해 깊이 생각하지 못했을 따름이었다. 10라운드를 지나갈 무렵에는 대부분의 선수들이 생산성 높은 주전 선수나 슈퍼스타는 고사하고, 빅 리그의 냄새조차 제대로 맡지 못할 선수들만 남아 있었다.

13라운드 첫 번째 선발권으로 데블레이스는 텍사스 커뮤니티 대학 출신의 왼손 투수 제이슨 프루엣을 선택했다. 17번째 선발에서 카디널스 팀은 과녁을 제대로 맞혔다. 1999년 전체 드래프트 402번째에서 세인트루이스 카디널스는 아랑고가 그렇게도 원했던 선수를 낚아챘다. 미주리에서 온 그 유망주의 이름은 앨버트 푸홀스[1]였다.

이 사건으로 인해 아랑고는 격분했고 지역 스카우트 일을 그만두고 스포츠 에이전트로 자리를 옮겼다. 데블레이스가 자신들의 실수를 깨닫는 데는 그리 오랜 시간이 걸리지 않았다. 한 때 쌀자루 같은 몸무게를 끌고 다녔던 그 선수는 자기 몸을 화강암처럼 단단하게 만들었다. 푸홀스는 마이너리그에 가자마자 공을 부숴버릴 듯 날려댔다. 2001년 스프링 캠프에서 그는 계속 괴력을 보여주면서 세인트루이스 고위 간부들의 눈길을 사로잡았다. 굉장히 강한 인상을 받았던 카디널스 팀은 그때까지 싱글A 이상 수준에서 겨우 세 게임을 뛴 푸홀스를 개막전 라인업에 올렸다. 푸홀스는 그 해 3할2푼9리에 37홈런, 그리고 4할3리의 출루율, 6할1푼의 장타율을 기록했다. 이는 메이저리그 역사상 신인이 올린 가장 뛰어난 성적 중 하나였다.

아랑고는 자신이 처음 작성한 스카우팅 리포트를 잊은 적이 없었고 그 안에는 푸홀스도 포함되어 있었다. 메이저리그에서 맞이한 세 번째 시즌 막바지에 푸홀스가 39호 홈런을 때려내자 아랑고는 푸홀스에게 전화를 걸었다. 그리고 그와 아내는 '푸홀스가 40호 홈런을 날리자마자 샴페인을 터뜨릴 준비를 하고 있다'고 말했다. 다음날 푸홀스가 전화를 걸어왔다. 아랑고는 이미 그가 무슨 말을 하려는지 알고 있었

---

**1_** 2001년부터 2011년까지 세인트루이스 카디널스에서 뛰면서 내셔널리그 신인상, 세 차례의 리그 MVP를 수상했고 총 네 차례 올스타에 선정되었다. 2011년 시즌까지 통산타율 3할2푼8리, 445홈런, 1329타점, 1.037의 OPS를 기록하고 있는 무결점 타자이다. 2011년 12월에 역대 2번째로 높은 금액인 총 2억 6천만 달러(10년 계약)를 받고 LA 에인절스로 이적했다.

다.

앨버트 푸홀스는 자신을 믿어준 소수의 스카우트 중 한 사람인 아랑고에게 말했다. "40호 홈런을 쳤어요. 그리고 41호도요. 당신은 이제 데블레이스 팀에 전화할 수 있겠네요."

공정하게 말하자면 29개 다른 팀들도 역시 푸홀스를 놓쳤다. 하지만 데블레이스가 최근 10년 간 가장 위대한 선수들을 잡는 데 허탕 친 일련의 사건들은 이 팀이 초기에 생산적인 팜 시스템(Farm system, 메이저리그 팀들이 자신들의 마이너리그 소속팀에서 유망주를 육성하는 제도)을 구축하느라 악전고투하던 모습을 전형적으로 보여준다.

탬파베이는 나중엔 선수 스카우트와 육성에 굉장한 강점을 가진 팀으로 탈바꿈했다. 그렇게 된 데는 높은 순위의 드래프트 선발권을 가진 것도 일부 영향을 미쳤겠지만, 경쟁보다는 좀 더 현명한 접근방식을 택한 것도 큰 역할을 했다. 하지만 그런 노력이 꽃을 피우기까지는 시간이 좀 걸렸다. 그 전까지 데블레이스는 메이저리그에 필요한 재능 있는 선수들을 공급하는 파이프라인을 구축하기 위해 낑낑댔다. 이런 실패는 잘못된 선택, 구두쇠 버릇 등이 복합적으로 작용한 결과다. 13라운드에서 뽑은 선수가 미래에 명예의 전당에 오를 선수로 탈바꿈한 경우에 있어선 분명 운이 좋지 않았던 탓도 있다. 이와 함께 야구에서 보병 역할을 하는 사람, 즉 적은 연봉으로 과로에 시달리면서도 정당한 대접을 받지 못하는 지역 스카우트의 말을 경청하지 못한 것도 탬파베이의 실패에 영향을 미쳤다.


2000년대 중반부터 미국에서는 상거래를 어떻게 규제할 것이냐를 놓고 논쟁이 계속 진행 중이다. 대기업들에게 규제되지 않은 권력을 너무 많이 부여할 경우 광범위한 불법 행위와 독점을 피할 수 없다. 지나치게 많은 규제를 가하게 되면 기업들이 고통을 받게 되고, 경제는 휘청거리며, 사람들은 일자리를 잃게 된다. 이런 논쟁은 상상할 수 있는 모든 산업에서 일어나며, 사라질 조짐도 없다.

주택 거품을 조장하고 경제를 붕괴 직전까지 몰고 갔고, 대형은행을 지나치게 비대하게 만들어 대마불사 상태가 되도록 한 시장 조정 행위를 정부가 감시하면서 금지해야 하는가? 규제 당국은 엄청난 환경 문제를 야기하고 그곳에서 일하는 근로자들의 생명과 안전을 위협하는 석탄 채굴 회사를 날려버려야 하는가? 아니면 합당한 계획 없이 바다 밑을 무차별적으로 파고 들어가는 BP 같은 정유 회사에 철퇴를 가해야 할까? 그도 아니면 에너지 위기를 감안해 에너지 공급업체들이 원하는 방식대로 사업을 할 수 있도록 허용해야 할까? 자유시장의 경계선과 개념을 정의하는 작업은 늘 우리 사회의 가장 큰 고민 중 하나가 되고 있다.

메이저리그 야구는 이런 딜레마를 갖고 있지 않다. 메이저리그는 자유시장이 아닐 뿐더러 자유시장인 척 할 필요도 없다. 팬들의 관심을 계속 유지하기 위해서는 어떤 팀이든 주어진 경기에서 이길 수 있는 납득할 만한 실력을 갖춰야만 한다. 이런 문제를 해결하기 위해 부자 팀들(통상적으로 가장 큰 수익을 내는 시장에 있는 팀들)은 매년 더 가난한 팀들과 수억 달러가량의 매출을 나눈다. 이와 대조적으로 아마추어 드래프트 시스템은 가장 이상적인 공동체의 규칙처럼 보인다. 메이저리그에서 가장 성적이 안 좋았던 팀은 이듬 해 드래프트에서 최고 순번 선발권을 보상받게 된다. 반면 성공한 팀은 불이익을 당한다. 월드시리즈 우승을 하게 되면 1라운드 마지막 순번이 되어서야 첫 번째 선발권을 행사할 수 있다. 투자은행에서 가장 실적이 좋은 사람이 5달러 보너스를 받고, 최악의 실적을 기록한 사람이 부사장으로 승진하는 것과 뭐가 다르겠는가? 메이저리그 드래프트에서는 이런 일이 일어나고 있다.

메이저리그에서 정부가 제공하는 치즈나 다름없는 혜택을 데블레이스보다 더 오래 받아먹은 팀을 찾기 힘들다. 데블레이스는 10년 연속으로 10번째 이내에서 선발권을 행사하기에 충분할 정도로 수많은 게임을 졌다. 시원찮은 실적 덕분에 전체 1번 선발권을 네 번이나 가졌으며, 8번 밑으론 내려가 본 적이 없었다. 이처럼 최상위 선발권을 연이어 보유한 덕분에 10년 동안 탬파베이 팬들이 느낀 당혹감을 씻어낼 수 있는 팀의 핵심을 구축할 수 있었다. 성공적인 몇몇 드래프트에도 불구하고 라마가 단장으로 있던 시절 여러 번에 걸쳐 범한 드래프트 실수는 오늘날까지도 팀에 해를 끼치는 요인으로 남아 있다.

어떤 야구인이 단장 자리에 오를 때쯤이면, 직접 선수를 스카우트하던 시절은 완전히 끝났다고 봐야 한다. 단장들이 흥미로운 트레이드 대상이 될 다른 팀의 A급 유망주를 찾아 조그만 마을의 야구장을 찾아가는 일은 거의 없다. 그들은 다이아몬드 원석 같은 16살짜리 선수를 물색하기 위해 도미니카 공화국으로 가는 모험을 하지도 않는다. 그리고 드래프트 현장을 끝까지 주시하면서 마음에 들지 않는 선수를 뽑을 경우 의자를 집어던지면서 반대했던 빌리 빈과 달리 대부분의 단장들은 최소한 첫 번째 라운드 드래프트가 끝난 뒤에는 현장을 진두지휘하는 법이 없다. 라마 역시 초기 라운드 이후 데블레이스가 누구를 드래프트 했는지에 대해선 별 관심이 없었다. 하지만 그는 나중 라운드 선발 인력을 포함해 재능 있는 선수들을 찾아낸 뒤 그들을 승리하는 메이저리그 선수로 만들어낼 스카우트, 코치, 인스트럭처 팀을 모았다.

스카우트 책임자인 댄 제닝스도 그들 중 한 명이다. 〈베이스볼 아메리카〉의 존 매뉴얼은 이렇게 말했다. "앨라배마 출신인 제닝스는 재미있게 얘기하는 굉장한 이야기꾼입니다. 여러분이 머릿속으로 떠올릴 수 있는 고전적인 스카우트이지요." 제닝스가 스카우트할 때 선호하는 선수 유형은 라마와 비슷하다. 그는 불같은 강속구를 던지는 덩치 큰 투수를 좋아한다. 야수를 뽑을 때는 스피드와 체격을 먼저 살폈다. 그렇게 쓸만한 재목을 찾아내면 팀이 그들을 야구선수로 탈바꿈시켜줄 것이라고 믿었다.

확장 팀에 대한 메이저리그의 제한 때문에 탬파베이와 애리조나는 첫 번째 세 번의 드래프트에서는 각 라운드의 마지막 순서로 선수들을 뽑아야만 했다. 두 팀은 이 규정이 불합리하다고 주장했다. 아무 것도 없는 상태에서 출발하는 확장 팀들에게는 불공정한 결정이라고 불평했고, 실제로 스카우트 및 선수 육성 팀을 구성하는 과정에서 겪었던 어려움 때문에 문제가 더 악화됐다. 단순히 조직구성을 계획하고 실행하며, 스카우트 및 팜 책임자부터 모든 사람들의 취향과 버릇을 파악하는 데만 몇 년이 걸렸다. 높은 순위 드래프트 픽이 없었던 데다 모든 사람들이 다른 사람들의 철학을 겨우 알아가고 있던 터라 데블레이스 팀 출범 후 맞은 세 번의 드래프트 결과는 참담했다.

이후 몇 년 동안 그랬던 것처럼 데블레이스는 전체 29번째로 뽑은 1996년 드래프트에서 고등학교 랭킹을 감안해 노스캐롤라이나 출신의 한 외야수를 선발했다. 하지만 이때 선발한 폴 와일더는 약 195센티미터 키에 몸무게 109킬로그램의 덩치 큰 선수로 제닝스가 선호하는 스피드와는 거리가 멀었다. 와일더는 빅 리그에서 한 게임도 뛰지 못했다. 그 해 2라운드와 3라운드에서 선발한 선수도 마찬가지였다. 데블레이스는 그 해 25라운드에서 알렉스 산체스를 뽑을 때까지 메이저리그에서 중요한 기여를 한 선수를 선발하지 못했다. 파워가 조금 떨어지는 편이던 알렉스 산체스는 통산 타율 2할9푼6리에 122개의 도루를 기록한 발 빠른 선수였다. 하지만 그는 데블레이스에서는 43게임만 뛰었으며, 나머지는 다른 팀에서 활약했다. 데블레이스는 34라운드에서 댄 휠러를 선발할 때까지 다른 훌륭한 메이저리거를 찾아내지 못했다.

탬파베이는 1997년에도 전형적인 방식으로 선수들을 선발하기 시작했다. 31번째 선발에서 데블레이스는 제이슨 스탠드리지를 선택했다. 앨라배마 고등학교를 졸업한 스탠드리지는 약 193센티미터에 97킬로그램의 오른손 투수로 스카우트들의 가슴을 뛰게 만드는 강속구 투수였다. 하지만 그 선발권 역시 결실을 맺지 못했다. 스탠드리지는 메이저리그에서 겨우 80게임(선발로는 9게임)을 뛰면서 5.80의 평균 자책점을 기록했다. 그 다음 7개의 선발권은 어떻게 되었을까? 케니 켈리, 배럿 라이트, 토드 벨리츠, 마퀴스 로버츠, 덕 맨스필드, 에디 레이스, 그리고 잭 조프리온이었다. 이들은 모두 합해서 메이저리그에서 39게임만 등장했을 뿐이다. 9라운드에서 뽑은 UNLV 출신 토비 홀은 몇 년 동안 빅 리그에서 유용한 포수가 됐다. 그 해 드래프트는 다음 60라운드까지 주목할 만한 선수를 아무도 만들어내지 못했다. 61라운드에서 선발한 허스 벨 역시 데블레이스가 계약을 하는 데 실패한 몇 년 뒤 다른 팀에서 큰 성공을 거뒀다.

데블레이스는 두 번의 드래프트를 통해 첫 번째 선발권이 상위 10번보다 훨씬 이후에 주어질 때 고졸 선수를 뽑는 것이 얼마나 위험한지를 여실히 보여줬다. 하지만 데블레이스는 초기에 선발한 몇몇 고졸 선수들이 소리 소문 없이 사라져버린 뒤에도 자신들의 계획을 수정하지 않았다.

척 라마는 이렇게 말했다. "우리는 아메리칸리그 동부지구에서 힘들게 경쟁하고 있었습니다. 우리는 당분간 상황이 나아지지 않으리라 생각했지요. 그러면서도 궁극적으로 리그 챔피언을 노릴 수 있는 조직을 만들고자 했습니다. 물론 연봉 총액은 다른 팀들의 수준에 이르지 못한다는 점도 잘 알고 있었습니다. 그래서 고졸 선수들에게서 기회를 찾았던 겁니다. 그들에게 승부를 걸면 크게 성공할 수도 있다고 생각한 것이지요."

라마는 1997년 시즌 이후 제 발등을 찍는 결정을 내리고 말았다. 로베르토 에르난데즈, 윌슨 알바레즈, 그리고 데비브 마르티네즈 같은 노장 선수들과 계약하느라 1998년 드래프트 1, 2, 3라운드 선발권을 날려버린 것이다. 에르난데즈와 알바레즈 둘과 계약하느라 데블레이스는 연봉 6,300만 달러를 부담해야 했다. 많은 비용이 들더라도 지금 당장 승리하자는 태도를 견지한 빈스 나이몰리와 그의 파트너들은 악명 높은 히트 쇼를 만들어내기 위해 개입했던 만큼 이들의 계약에 관여하지는 않았다. 하지만 라마는 데블레이스의 데뷔 시즌을 위해서 검증된 베테랑 선수를 영입해야 한다는 구단주의 압박을 받고 있었다. 그렇더라도 데블레이스에 주어진 1, 2, 3라운든 드래프트 선발권을 날려버리는 바보 같은 짓은 하지 말았어야 했다. 2년 뒤 데블레이스는 또 다른 베테랑 선수들과 계약하느라 2, 3, 4번 드래프트 선발권을 희생했다. 팀 창단 초기에 나이든 베테랑 선수들에게 수천만 달러를 안겨준 것은 근시안적이고 무분별하며 비생산적이기도 했지만, 그들과 계약하기 위해 높은 순위의 드래프트 선발권을 허비한 것은 변명의 여지가 없었다.

제닝스는 이렇게 말했다. "우리는 그곳에 앉아서 선수 선발을 기다렸습니다. 그리고 시간이 지나면서 우리 드래프트 위원회 사람들이 하나 둘 줄어들기 시작했습니다. 사기가 점점 떨어졌지요. 그 후 우리가 했던 몇몇 드래프트들을 살펴봤어요. 나름 괜찮게 끝냈더군요. 하지만 전체적으로 보면 우리가 기대했던 정도의 결과를 얻지는 못했습니다."

소중한 선발권들을 잃었음에도 불구하고 제닝스와 스카우트 스태프, 그리고 크로스체커들은 1998년 드래프트에서 몇 가지 성공을 거뒀다. 데블레이스는 5라운드에서 오브리 허프를 잡았으며, 8라운드에서는 조 케네디를, 18라운드에서 브랜든 백을 선발했다. 이들 중 한 명은 뛰어난 메이저리그 타자로 자리 잡았으며, 2명은 꽤 쓸 만한 빅 리그 투수로 성장했다.

3년간의 드래프트 기간이 끝난 뒤 데블레이스는 쓸모 있는 메이저 리거로 성장한 몇몇 선수들을 긁어모았다. 하지만 괜찮은 고졸 선수들로 팜을 채우겠다는 마스터플랜은 아직 시작도 되지 않았다. 첫 3년 동안 메이저리그가 탬파베이의 상위 드래프트 선발권을 제한한 데다 라마와 데블레이스 구단주가 FA 선수 영입에 많은 돈을 쓰면서 헛발질을 했기 때문이다.

하지만 1999년 드래프트에서 마침내 몇 가지 희망의 신호가 드러나기 시작했다. 앨버트 푸홀스를 잃긴 했지만 그 해 상위 5번 이내 선발 선수 중 4명이 빅 리그에 올라갔다. 데블레이스는 3라운드에서 불같은 강속구와 지역 출신이란 두 가지 요건을 동시에 충족하는 선수를 뽑았다. 거구의 고졸 우완 투수이면서 세인트피터스버그에 있는 노스이스트고등학교 출신 덕 웨처를 낚아챈 것이다. 또 다른 인상적인 고교 우완 투수는 5라운드에서 뽑은 웨스트버지니아 출신의 고졸 우완 투수 세스 맥클렁이었다.

데블레이스가 뽑은 선수 중 최고는 2라운드에서 선발한 고졸 천재 선수인 칼 크로포드였다. 비관론자들은 칼 크로포드가 뛰었던 휴스턴 연맹리그의 경쟁 수준이 낮았기 때문에 뛰어난 선수처럼 보였던 것 아닌가 하는 의구심을 나타냈다. 그는 다른 유망주들이 참여했던 큰 경기에서 뛴 적이 없었다. 풋볼과 야구 선수로 함께 뛰었던 점 역시 도마 위에 올랐다. 비판적인 사람들은 그가 기본적인 야구 재능을 경기에 떨만한 기술로 발전시킬 수 있을지 의심했다. 그러나 크로포드는 회의론자들이 잘못됐다는 것을 실력으로 증명했다. 야구 기술을 연마해 메이저리그 올스타가 된 것이다. 제닝스와 데블레이스 팀 입장에서는 크로포드의 성장 덕분에 자신들의 접근 방식이 옳았다고 말할 수 있었다.

제닝스는 당시를 회상하며 상기된 표정으로 이렇게 말했다. "어떤 사람이 여러분을 놀라게 한다면, 그건 대개 운동 능력이 있는 선수일 겁니다. 데블레이스에 몸 담았던 7년 동안 내가 받은 가장 대단한 칭찬은 R. J. 해리슨(나중에 탬파베이 스카우트 책임자가 된)으로부터 들었습니다. 그는 내게 말했죠. '당신은 매 라운드마다 홈런을 치려고 노력하고 있어요. 그렇지 않나요?'"

여러 가지 이유 때문에 미리 알아채진 못했지만 탬파베이 입장에서 가장 큰 위험 요인을 내포하고 있었던 것은 1999년 첫 번째 픽이었다. 데블레이스는 데뷔 시즌에 아메리칸 리그에서 꼴찌를 했으며, 메이저리그 전체에선 뒤에서 두 번째 성적을 올렸다. 메이저리그의 이상한 시스템에다 3년간 적용됐던 고순위 선발권 제한 조치가 해제된 덕분에 탬파베이는 1999년 드래프트에서 첫 번째로 호명할 수 있는 권리를 얻었다. 첫 순위로 뽑을 만한 두 명의 선수는 그 당시 이미 놀란 라이언과 로저 클레멘스에 비교되던 텍사스 고등학교 출신의 오른손 투수 조시 베켓과 노스캐롤라이나 출신으로 재능은 있지만 사생활이 문란했던 고졸 야수 조시 해밀턴이었다. 둘 모두 데블레이스가 선망하던 유형의 선수들이었다. 그들은 해밀턴을 선택했다.

라마는 이렇게 말했다. "이기기 위해서는 훌륭한 투수를 보유해야 한다는 것을 알고 있었습니다. 하지만 드래프트에서 워낙 높은 순위를 뽑았기 때문에 야수 쪽으로 기울게 됐습니다. 드래프트에서 나중 순위로 투수를 선발할 수 있을 것으로 생각했습니다. 그리고 체력적인 관점에서 피칭의 감손율(손상되어 줄어드는 비율)을 따져보면 야수 쪽을 택하는 게 더 좋은 선택이라고 판단했습니다."

데블레이스 구단은 해밀턴이 드래프트에서 친 가장 큰 홈런이 될 것으로 기대했다. 탬파베이는 그에게 400만 달러의 계약 보너스를 안겨준 뒤 마이너리그의 최하위 단계인 루키 볼로 보냈다. 하지만 해밀턴은 그곳에서 뛰기엔 실력이 너무 출중했다. 싱글A에서 보낸 첫 여름에 56게임에서 타율 3할4푼7리와 함께 강력한 파워를 과시했다. 다음 시즌이 되자 〈베이스볼 아메리카〉는 그를 유망주 순위 13위에 올려놨다. 해밀턴은 2000년 싱글A 사우스 애틀랜틱 리그에서 파워와 스피드를 과시하면서 3할2리를 기록했다. 〈베이스볼 아메리카〉는 20살도 채 안 된 나이에 조숙한 재능을 보인 그를 최고 유망주로 선정했다. 하지만 해밀턴은 심각한 교통사고에 연루된 후 마약과 알코올 중독에 빠지면서 자신의 재능을 망가뜨려버렸다. 그 때문에 2004년부터 2006년까지 세 시즌 동안 야구계에서 완전히 사라져버렸다.

이런 실수를 피하기 위해 스카우트 책임자를 고용하고 월급을 준다. 하지만 특별하게 재능 있는 고등학교 유망주를 선발하는 것은 위험요소를 안고 있다. 때때로 부모와 코치들이 버릇없이 기르기도 하는 데다 그들에게 냉혹하고 힘든 진실을 이야기해줄 권위 있는 인물이 없기 때문에 초점을 잃고, 기술을 연마하는 데 도움이 되는 습관을 놓치는 경우가 있다. 그래서 결국 유망주로 사라지고 마는 것이다. 너무 어린 시절 지나치게 많은 것을 가진 아역 배우처럼 비슷한 환경에 처한 야구 선수들 역시 젊은 나이에 유명인사가 되는 데서 오는 온갖 유혹 앞에 쉽게 무너질 수 있다. 어떤 팀의 야구인과 얘기를 해봐도 그들은 한결같이 조시 해밀턴에 관한 화려한 리포트를 읊조릴 것이다. 그의 조숙한 재능과 어린 나이는 대성할 가능성만큼이나 위험요소를 안고 있었다. 하지만 데블레이스는 해밀턴이 팀에 꼭 필요한 선수이지 결코 그런 불행의 주인공이 될 것이라고 믿을 만한 특별한 이유가 없었다.

이제 대부분의 야구팬이 알고 있는 것처럼 해밀턴은 2007년 마침내 빅 리그에 올라와서 곧바로 스타가 됐다. 하지만 그가 컴백할 때는 데블레이스가 아니라 신시내티 팀 소속이었다. 그때는 데블레이스가 그를 포기한 뒤였다. 탬파베이와 해밀턴은 몇 년 뒤 각자 굉장히 다른 환경에서 기억할 만한 순간에 다시 만나게 된다. 둘 모두에겐 해피엔딩인 셈이다.

해밀턴과 푸홀스를 날려버린 뒤 이어진 6년 동안 제닝스와 후임자인 칼 보니프레이와 팀 윌킨이 이끌던 시절, 탬파베이는 후순위 라운드에서 팜 시스템뿐만 아니라 궁극적으로 페넌트레이스에서 승리하는 팀을 만들어가는 데 큰 도움이 될 괜찮은 선수들을 계속 선발했다(이 시기에 선발한 선수로는 제임스 쉴즈와 앤디 소넨스타인을 꼽을 수 있다. 두 선수는 모두 2008년 아메리칸리그 챔피언을 차지할 당시 선발투수로 뛰었으며, 2010년 아메리칸 리그 동부지구에서 우승을 차지할 때도 주전선수였다). 하지만 여전히 데블레이스는 라마가 스카우트 책임자로 있던 10년 동안 드래프트 상위 라운드에서 뛰어난 재능을 가진 선수들을 선발했어야만 했다.

7년 동안 데블레이스가 2~10라운드 사이에 선발한 선수 중 메이저리그 구단에 주목할 만한 기여를 하거나 평균을 웃도는 유망주로 자라난 선수는 5명에 불과했다. 칼 크로포드(1999년 2라운드), 레이드 브라냑(2004년 2라운드), 웨이드 데이비스(2004년 3라운드), 제레미 헬릭슨(2005년 4라운드), 그리고 페르난도 페레즈(2004년 7라운드)가 바로 그들이다. 특히 해밀턴을 선발했다가 실패한 사건은 정당한 과정을 통해 전체 1번 선발권을 갖고 있다 하더라도 드래프트는 모험이라는 사실을 다시 한 번 입증했다. 그리고 머지않아 로코 발델리를 선발하면서 그 점을 다시 한 번 확인했다. 돌이켜 보면 발델리를 선발할 때는 처음부터 나쁜 징조가 따라다니긴 했다.

데블레이스는 유망주와 장차 프랜차이즈 스타가 될 선수로 체격이 매우 건장한 고등학교 외야수이자 로드아일랜드 출신의 A급 학생을 선호했다. 야구계에서 좀 더 열정적으로 유망주 사냥을 다니는 몇몇 사람들은 심지어 그를 조 디마지오와 동급으로 거론하기도 했다. 유니폼 번호가 같을 뿐 아니라 강한 근성까지 닮았다는 점에서 간혹 그런 얘기를 듣긴 하지만, 기본 자질 면에서도 그런 평가를 받았다.

데블레이스는 그 무렵 잠시 선수 육성 책임자로 일했던 빌 리브세이를 뉴잉글랜드로 파견해 발델리의 플레이를 관찰하도록 했다. 두 번째 게임에서 중견수인 로코 발델리는 전력을 다해 라인드라이브 타구를 처리하다가 사두근이 손상됐다. 그 때문에 발델리가 4개월 정도 경기를 뛸 수 없게 되자 대부분의 팀들은 그에 대한 관심을 접었다. 드래프트를 불과 2주 앞두고 발델리는 다시 돌아왔다. 탬파베이는 그를 보기 위해 지역 스카우트를 파견했다. 이전에 수집했던 정보에다 두 번째로 관찰한 내용들을 토대로 제닝스와 여덟 명의 선수 평가 위원들은 프로비던스로 날아가 발델리를 찬찬히 살폈다.

"우리는 밴을 대여해야만 했습니다. 많은 사람들이 갔거든요." 제닝스가 회상했다. "발델리를 살펴봤어요. 우리가 알고 있던 것과 똑 같더군요. 그는 경기장 곳곳으로 공을 무지막지하게 날려 보냈어요. 그리고 1루까지 주파하는 데 3.97초 정도 걸렸습니다. 상당히 놀라운 수치죠. 비행기로 다시 돌아와 바로 드래프트 계획을 세웠습니다."

데블레이스는 2000년 드래프트 6번 픽으로 발델리를 뽑았다. 그들은 굉장한 유망주를 보유하게 됐다고 생각했다. 그래서 4개월 동안 발델리를 꼼짝 못하게 했던 부상은 간과해버렸다. 공을 잡으려고 다이빙하다가 근육이 찢어지는 것은 흔한 부상으로 볼 수도 있었다. 그래서 이어진 사건들은 데블레이스의 책임이 아닐 수도 있다. 하지만 부상과 여러 가지 만성 질병은 발델리의 크립토나이트(kryptonite)[2]였다. 발델리는 십자인대 파열, 토미 존 수술, 만성적인 햄스트링 문제 등으로 계속 발목을 잡혔으며 결국 미토콘드리아 문제로 인한 피로증후군 진단까지 받았다.

발델리는 건강할 때는 자신의 위대성을 섬광처럼 보여줬다. 그리고 2008년 플레이오프 때는 피로증후군을 이겨내고 대타로 출전해 홈런 두 발을 날리면서 사기를 진작시키기도 했다. 하지만 초기에 '젊은 디마지오'라며 호들갑 떨었던 것을 감안하면 데블레이스 입장에서는 성에 차지 않았다. 발델리는 메이저리그에서 509게임만 뛰었다. 그리

---

**2**_ 크립토나이트는 영화 〈슈퍼맨〉에서 슈퍼맨의 힘을 약화시키는 화학물질이다. 발델리의 부상과 만성 질병이 그의 기량을 약화시키는 요인이었다는 의미로 크립토나이트란 말이 사용됐다.

고 28번째 생일 뒤 곧바로 은퇴했다. 2010년 말 잠깐 복귀하긴 했지만 발델리는 더 이상 메이저리그에서 주목할 만한 선수가 아니었다.

라마가 스카우트 책임자로 군림하던 시절 드래프트에서 최대 실패로 꼽히는 두 건은 변명의 여지가 없는 이유 때문에 촉발된 것이었다. 그것은 리빌딩 하려는 팀에게는 가장 별볼일 없는 '계약할 만한 그저 그런 선수'를 지명하는 자세였다.

2001년 드래프트에서 데블레이스는 전체 3번 선발권을 갖고 있었다. 그 해 가장 우선순위로 선발할 선수로는 미네소타의 천재 포수 조 마우어와 사우스캘리포니아대학(USC) 출신의 우완 투수 마크 프라이어라는 것이 대체적인 의견이었다. 드래프트 랭킹 3위로는 조지아공대 출신 거포 마크 테세이라가 꼽혔다.

드래프트에 앞서 몇 달 전 제닝스와 지역 스카우트인 대니 홀은 테세이라를 보러 갔다. 제닝스는 테세이라에게 데블레이스와 계약하지 않을 어떤 이유라도 있는지 물었다. 테세이라는 그런 이유는 없다고 대답했다.

제닝스는 테세이라를 잡을 수 있겠다는 확신을 갖고 돌아왔다. 조지아 공대의 시즌이 끝날 무렵에 또 다른 데블레이스 스카우트(나중에 스카우트 책임자가 된 캠 보니파이의 아들)인 조너선 보이파이가 제닝스에게 전화를 걸어왔다. 어떤 사람으로부터 테세이라가 데블레이스에 드래프트될 경우 계약하지 않을 것 같다는 메시지를 보내왔다고 했다. 노발 대발한 제닝스는 테세이라를 관리하고 있는 슈퍼에이전트 스캇 보라스의 사무실에 전화를 걸었다. 격한 얘기를 잠깐 주고받은 뒤 보라스는 제닝스에게 조만간 테세이라를 직접 대면할 수 있도록 해주겠다고 말했다. 그러나 젊은 슬러거인 테세이라의 마음은 그대로였다. 다른 조언자들처럼 그의 아버지 역시 같은 생각이었고, 테세이라는 더 이상 탬파베이에서 뛸 생각이 없었다.

드래프트 전날 라마는 보라스에게 전화를 걸었다. 테세이라 캠프를 데블레이스 쪽으로 돌리기 위한 마지막 노력을 한 것이다. 놀랍게도 보라스는 라마에게 테세이라가 탬파베이와 계약할 것이라고 말했다. 그래서 라마는 나이몰리와 밀실 회동을 했다. 데블레이스는 관중 동원 능력이 시원찮았기 때문에 나이몰리와 다른 파트너들은 다른 매출 계획을 수립하고 있었다. 게다가 그들은 로베르토 에르난데즈, 윌슨 알바레즈를 비롯해 악명 높은 히트 쇼를 구성한 노장 강타자들에게 수천만 달러를 날려버린 터라 상황이 더 어려웠다. 데블레이스가 메이저리그의 재능 있는 선수에게 쓸 돈이 없다면, 드래프트에서 좀 더 기다릴 예정이었다. 그 엘리트 유망주가 리빌딩 팀, 특히 확장 팀에 활력을 불어넣을 수 있는 선수인지 여부는 신경 쓰지 않는다. 게다가 두 사람 간의 회의가 무르익자마자 나이몰리는 몹시 화를 내면서 테세이라가 탬파베이에서 뛸지 여부가 불투명하다면, 자신도 그를 원치 않는다고 말했다. 테세이라 캠프의 오락가락 하는 태도와 계약 요구 때문에 겁먹은 데블레이스는 그를 그냥 포기하기로 했다.

테세이라를 그림에서 지워버리자 데블레이스는 3번 픽으로 뽑을 다음 대안을 물색한 끝에 미들 테네시 주립대학의 우완 투수 드원 브레이즐톤으로 결정했다. 브레이즐톤의 구종은 굉장히 인상적이었다. 제닝스는 스피릿-핑거 그립으로 속도를 뚝 떨어뜨려서 던지는 그의 체인지업이 이번 드래프트 참가자 중 최고라고 평가했다. 브레이즐톤은 대학에서 다승과 삼진 기록을, 미국 대표팀에서 평균자책점 기록을 세웠다. 하지만 위험 신호도 있었다. 수준급 브레이킹 볼이 없었던 브레이즐튼은 뛰어난 오른쪽 타자에게는 약점을 드러낼 수밖에 없었다. 그는 또 고교 시절 무릎 수술뿐 아니라 토미 존 수술을 받았고 여러 부상 전력을 갖고 있었다. 특히 무릎 부상 때문에 다리를 망쳐버려서 선발 출장을 하지 않는 날에 러닝을 할 수도 없어 컨디션 조절에 애를 먹었다. 무엇보다 야구인들이 '정신력'이라고 부르는 부분이 브레이즐튼의 최대 약점이었다. 테네시 주의 시골 마을 출신인 브레이즐톤은 자기 팀에서 가장 훌륭한 선수로 주목 받는 상황에 익숙해 있었는데, 좀 더 강한 경쟁에 직면하게 되면 압박감 때문에 쉽게 무너져내렸다. 심지어 팀 동료들이 귀찮게 하거나 메이저리그 클럽 하우스서 늘 볼 수 있는 농담 같은 것들에도 폭발하곤 했다. 개인적인 비극도 브레이즐톤을 힘들게 했다. 태어날 때 대뇌 마비였던 쌍둥이 형제 페윈은 자라면서 다른 질병에 시달렸으며, 마침내 폐렴으로 사망한 것이다.

메이저리그에 있는 짧은 기간 동안 악전고투를 거듭했던 브레이즐톤은 트로피카나필드에 와 있는 팬들로부터 야유를 받았으며, 때때론 나이몰리도 그에게 야유를 보냈다. 그는 2006년 8승 25패에 평균 자책점 6.38의 기록을 남기고 메이저리그 경력을 마무리했다.

데블레이스는 드래프트에서 브레이즐톤이 5년간 250만 달러의 계약금을 받아들일 것으로 확신했다. 2001년 드래프트에서 데블레이스보다 2번 뒤에 있던 텍사스는 역시 250만달러의 계약금으로 테세이라를 뽑았다. 물론 텍사스는 테세이라에게 700만 달러라는 계약금을 안겨줬다. 보라스의 다른 고객들과 마찬가지로 테세이라 역시 더 많은 돈을 챙겼다. 하지만 그는 팀에 연봉보다 몇 배나 더 많은 돈을 벌어다줬다. 메이저리그 경력 8년 동안 그는 골든 글러브를 4번 수상했고 올스타에 2번 선발됐다. 데블레이스가 윌슨 알바레즈의 1년 연봉만큼 추가로 지출했다면, 테세이라는 데블레이스 선수가 될 수도 있었다.

하지만 라마, 제닝스, 그리고 다른 대부분의 메이저리그 구단들은 그런 방식으로 생각하지 않는다. 그들은 다른 조직의 목표에 따라 다른 규모의 돈을 쏟아 붓는다. 실제로 숫자를 분석하는 데 시간을 쏟는 팀은 거의 없다. 이를테면 매 라운드마다 몇 퍼센트의 드래프트 픽이 결실을 맺었으며, 실제로 계약금을 어느 정도로 지불했는지 측정하고, 그 이전에 선수가 가진 메이저리그 재능이 팀에 얼마나 가치가 있는지 연구하고, 드래프트의 가치를 결정하는 정확한 공식을 알아내는 구단은 거의 없다. 대개는 구단주가 그 시즌 메이저리그 팀의 연봉총액, 해외 선수 영입 비용, 그리고 드래프트 비용 등을 승인한다.

〈베이스볼 아메리카〉의 존 매뉴얼 기자는 이렇게 설명한다. "각 팀들마다 계약금 예산을 책정해 놓은 것이 있습니다. 하지만 여러분들은 어떤 선수가 추가로 돈을 지불할 정도의 가치가 있는지 판단해야 합니다. 만약 선수를 평가하는 전문가들이 '저 선수가 이 시점에서 가장 훌륭한 자원이다'라고 했다면 가격을 따지지 말고 그를 데려와야 합니다. 그가 여러분이 생각하는 만큼 훌륭한 선수라면, 어쨌든 그만한 가치가 있는 것이죠. 만약 그 선수의 가치에 대한 믿음이 없다면, 그저 '사인할 만한 선수'를 잡는 것은 대부분 잘못된 선택이기 십상입니다."

데블레이스는 나중에 이 모든 것을 제대로 돌려났다. 필요에 따라 선수 육성부터 빅 리그 로스터까지 자원들을 자유롭게 이동시키면서 유연한 모습을 보여줬다. 뛰어난 재능을 가졌다는 확신이 든 유망주들에게는 리그에서 권장하는 연봉 수준을 뛰어넘는 보상을 해줬다. 그들은 영리하고 창의적이며, 열린 마음으로 모든 노력을 기울였다. 이 모든 일은 라마가 앤드류 프리드먼과 새로운 경영팀에 자리를 물려주고

난 뒤에 일어났다.

하지만 라마가 선수들을 모조리 놓친 것만은 아니다. 사실 그는 가끔씩 운이 좋았다. 2002년에는 다른 팀의 싸구려 짓 때문에 실제로 혜택을 봤다. 2002년 드래프트에서 전체 1번 픽을 갖고 있던 피츠버그 파이어리츠는 대졸 우완투수인 브라이언 불링턴을 선발했다. 파이어리츠는 그를 뽑은 뒤 미래의 3선발 감을 차지했다고 만천하에 떠들었다(불링턴은 그 소박한 목표조차 충족시키지 못했다). 2번 픽을 갖고 있던 탬파베이는 황송하게도 B. J 업튼을 와락 잡았다. 그 이후 업튼은 탬파베이에서 애지중지하는 선수가 됐다.

심지어 라마의 비타협적인 태도도 결국 긍정적 결과를 얻어냈다. 라마는 다른 단장들 사이에서 다루기 불가능한 인물로 명성을 얻었다. 그가 트레이드 협상을 할 때는 어느 누구보다도 더 많은 보상을 요구했기 때문이다. 하지만 유망주 대신 베테랑을 얻는 트레이드를 하면서 팜 시스템을 구축할 기회를 여러 번 놓친 뒤에 탬파베이는 스캇 캐즈미어를 얻었다. 재능이 굉장히 뛰어난 데다 좌완 강속구 유망주였던 캐즈미어는 얼마 지나지 않아 프랜차이즈 역사상 가장 뛰어난 투수가 됐다. 4명이 연루된 트레이드에서 반대쪽으로 간 선수가 당시 데블레이스의 1선발이었던 빅터 잠브라노였다. 그는 메츠에서는 아무 존재감도 보여주지 못했다. 잠브라노는 그 해 고작 세 번 더 선발 출장한 뒤 부상으로 나머지 시즌을 전부 날려버렸다. 그리고 나머지 경력 동안 겨우 10승을 더했을 뿐이다.

캐즈미어를 강탈해오다시피 한 트레이드에도 불구하고 2005년에 막을 내린 라마 시대는 연이어 1라운드에서 높은 순위로 뽑은 선수들이 제 구실을 좀 더 했으면 좋았겠다는 아쉬움을 남겼다. 데블레이스는 새로운 경영진이 들어오자마자 연이어 에반 롱고리아와 데이빗 프라이스를 뽑으면서 팀의 성적이 크게 상승했다. 하지만 냉소적인 사람들은 나중에 어떤 팀이든 10년 동안 대부분 꼴찌를 해서 드래프트 선발권을 왕창 확보한 뒤엔 이길 수 있다고 비아냥거렸다.

단장이면서 1990년대 몬트리올 엑스포스, 두 차례 우승한 플로리다 말린스, 그리고 2006년 아메리칸리그 페넌트레이스 우승팀인 디트로이트 타이거즈 같은 젊은 팀들을 성공적으로 만들어낸 데이브 돔브로우스키는 이렇게 말했다. "그게 말처럼 쉬운 문제는 아닙니다. 만약 여러분들이 계속 드래프트에서 높은 순위로 선수를 뽑게 되면 다른 팀보다 더 많이 성공해야 할 겁니다. 하지만 그것은 장담할 수 없습니다. 그리고 만약 성공하지 못했다면 이렇게 자문해봐야 합니다. 왜 못했을까? 우리는 뭘 잘못한 걸까?"

데블레이스는 스스로에게 이런 질문을 던지지 않았다는 것이 문제였다. 하지만 나이몰리-라마 시대에서 스턴버그의 새로운 왕조로 넘어가면서 그들은 바로 그 질문을 던지기 시작했다.

한 가지 예를 들어보자. 출범한 뒤 몇 년 동안 데블레이스는 야구팀들이 가장 일반적으로 접하는 문제에 직면했다. 마이너리그에서 올라온 한 투수가 싱글A에서 슬라이더를 가르치는 투수 코치를 만난다. 바로 그 투수는 더블A에서는 슬라이더를 폐기하고 대신 커브를 던지라는 명령을 받는다. 트리플A에서는 다시 슬라이더로 돌아간다. 이렇게 코치들이 서로 다른 소리를 내면서 투구를 마스터하지 못해 메이저리그에서 뛸 준비가 되어 있지 않은 선수를 양산할 수도 있다. 개인 코치, 스카우트, 그리고 순회 코치들은 공통된 메시지를 전달하려는 노력도 하지 않고 원칙 없이 자신의 경험을 주입하는 것이다.

미치 루케비치는 이 모든 것을 바꾸려고 했다. 루케비치는 8년 동안 양키스의 팜 시스템을 운영했다. 그 기간 동안 그는 코치와 인스트럭터들에게 자율권을 부여하면서도 조직적으로 접근하면서 균형을 유지하려 했다. 루케비치는 레이스의 마이너리그 운영 책임자로 계약했을 때 이것이 중요하다는 사실을 배웠다. '양키스 방식'과 같은 것을 만들어내려고 했다. 위에서부터 아래까지 일관된 방식으로 접근해서 메이저리그에서 뛸 수 있는 일급 선수를 만들어내기 위한 것이다. 그는 이런 방식으로 데릭 지터, 마리아노 리베라, 앤드 페티트, 호르헤 포사다, 그리고 팀 내에서 키워낸 다른 양키스 스타들을 만들어냈다.

하지만 데블레이스가 양키스와 레드삭스를 누르기 위해서는 다듬어지지 않은 재능과 그 재능을 알아볼 수 있는 능력만으로는 부족했다. 드래프트에서 선발한 선수들, 해외에서 영입해온 선수, 마구 잡아온 자유계약 선수, 그리고 트레이드 해온 선수들을 빅 리그에서 활약할 수 있도록 만들어주는 선수 육성 시스템이 필요했다. 그런 목적을 위해 탬파베이는 일반적으로 하듯이 3대 전문 코칭 영역(필드 코디네이터 2명, 타격 코디네이터 2명, 투구 코디네이터 2명)에서 두 명의 마이너리그 순회 코치들을 더 고용했다.

투구 코디네이터를 두 명이나 배치하는 것은 조직 전반적으로 젊은 투수를 육성하려는 움직임 중 하나였다. 이런 조치가 혁명적인 전략은 아니었다. 빈스 나이몰리와 척 라마의 마지막 시절에는 젊은 유망주들을 끌어모으기 시작할 때 야수(특히 외야수) 쪽에 집중돼 있었다. 나이몰리-라마 시대의 막바지인 2005년에는 다음 투수들이 탬파베이가 치른 162경기 중 130경기의 선발로 나섰다. 마크 헨드릭슨, 덕 웨처, 세스 맥클렁, 케이시 포섬, 드원 브레이즐톤, 롭 벨, 팀 코코란, 존 웹, 그리고 새롭게 태어난 노모 히데오.

월스트리트에서 온 삼총사가 주도권을 잡게 되자 팀의 전략이 달라졌다. 라마가 총괄하고 있는 가운데 루케비치는 선수 육성 결정을 지배하는 옛날 방식의 철학을 살펴봤다. 어떤 부분은 아무런 경험적인 근거도 없이 지나치게 조심스러웠다. 예를 들어 투수가 부상에서 회복되면 35미터 거리에서 롱토스를 하면서 재활하도록 하는 것이 야구계의 일반적인 관행이었다. 이렇게 경험을 테스트해보지 않은 구식 훈련 방식이 데블레이스를 비롯해 여러 팀들에서 행해지고 있었다. 하지만 투구 수에 대해서는 이렇게 조심스럽게 접근하지 않았다. 수년 동안 탬파베이 신인선수들은 시즌 전체 동안 무리한 스케줄에 시달렸고 그러다 보니 부상으로 이어지곤 했다. 루케비치와 그의 오른팔인 차임 브룸은 좀 더 경험에 기반한 접근 방식을 선호했다. 루케비치와 브룸이 팜을 운영하게 되면서부터 근거에 바탕을 둔 선수 육성 과정으로 초점이 이동했다. 데블레이스가 원한 것은 좀 더 건강하면서도 생산성이 뛰어난 유망주 투수들을 길러내는 것이었다.

자비에 에르난데스(Xavier Hernandez)는 데블레이스의 새로운 철학을 포용했다. 대부분의 사람들이 'X'라고 불렀던 그는 2002년에 고용된 뒤 싱글A 찰스톤에서 3년 동안 투수코치로 일하고 더블A 몽고메리에서 2년간 몸담은 뒤 2007년 트리플A 더램에 안착했다. X는 팜 시스템에서 젊고 훌륭한 선수들과 수없이 대면했다. 이 선수들 중 몇몇은 2008년 데블레이스가 페넌트레이스 우승을 이끌어내는 데 밑거름이 됐다. 그들 중 한 선수는 데블레이스가 2004년 1라운드에서 뽑은 제프 니만이었다.

많은 팀들이 한결같이 유망주의 투구 및 타격 메커니즘에 대해 설교를 한다. 스윙할 때 결함을 바로 잡고, 투수들의 이상한 발동작 역시 미세하게 조정한다. 그런 의도는 명백하다. 타자들의 배트가 스트라이크 존을 더 빨리 통과하도록 하며, 투수들 역시 투구 부상으로 이어지는 위험을 방지하기 위한 것이다. 하지만 X는 종종 가장 좋은 접근 방식이란 혼자 그대로 놔두는 것이라고 생각했다.

키가 2미터를 훌쩍 넘는 니만은 대부분의 키 큰 투수들이 겪는 것과 똑같은 문제에 직면했다. 덩치가 크다 보니까 조그마한 역학적 결함이 크게 보이는 것이다. X는 그것을 '재버(jabber)'[3]라고 불렀다. 예를 들어 니만이 글러브에서 볼을 빼낼 때는 앞으로 향하는 움직임에 부드러운 백스트로크가 없었다. X는 니만이 못하는 부분에 과도한 스트레스를 주는 대신 잘하는 것을 강조했다. "기술적으로는 그 부분을 없애야 좋지만 실제로는 그렇게 할 수 없어요. 따라서 그 결점을 에둘러가도록 해야만 합니다. 뒷부분에서는 여전히 '재버'가 되면서도 앞에선 깔끔한 투구폼을 선보일 수 있어요. 투구와 투구폼은 전적으로 타이밍 문제에요. 홈 플레이트까지 말끔하게 잘 던지기만 한다면 모든 게 잘된 겁니다."

라마가 재직하던 끝 무렵부터 드래프트에서 투수 쪽에 초점을 맞추기 시작했다. 앤드류 프리드먼과 스카우트 책임자인 R. J. 해리슨이 계속 임무를 수행하면서 레이스 팜 시스템에서 투수의 양과 질이 향상됐다. 후순위 라운드에서 선발한 제임스 쉴즈, 앤디 소넨스타인 같은 선수들이 니만, 데이빗 프라이스, 웨이드 데이비스 같은 상위 라운드

---

**3**　재버는 네트워크에서 전기신호를 부적절하게 처리하고 있는 장치를 지칭하는 말이다. 재버는 통상 전체 네트워크에 악영향을 미친다.

선발 선수들과 합세해 레이스의 투수진을 메이저리그 최하 수준에서 한 차례 페넌트레이스 우승을 달성하고 앞으로도 계속 우승을 다툴 기반을 구축했다.

레이스의 새로운 세대 투수들은 단순히 기량만 뛰어난 것이 아니었다. 이들은 유난히도 튼튼했고 부상에 시달리지 않았다. 2005년 말부터 2009년 중반까지 탬파베이 팀의 모든 투수 중 토미 존 수술을 받은 사람은 좌완인 제이콥 맥기가 유일했다. 그 기간 동안 토미 존 수술을 받은 사람이 레이스만큼 적은 팀은 없었다. 2008년 5월부터 2010년 8월까지 레이스 선발투수 중 스캇 캐즈미어만이 하루짜리 부상자 명단에 이름을 올렸을 뿐이다. 덕분에 탬파베이는 메이저리그의 다른 팀들과는 비교도 안 될 정도로 건강한 투수진을 유지할 수 있었다.

반면 자체적으로 육성한 건강한 투수들이 별로 없는 다른 팀들은 전성기를 지난 베테랑 선수들로 채울 수밖에 없었다. 이럴 경우 부상 위험은 더 높아진다. 젊은 투수들의 기량을 향상시켜서 1990년대 영광의 시기를 보냈던 애틀란타 브레이브스는 2008년에 존 스몰츠와 톰 글래빈 같은 노장 선수들과 부상자 명단에 단골로 이름을 올리는 마이크 햄턴으로 근근이 선발진을 꾸렸다. 이 세 명의 부상병들은 에이스 역할을 해줄 것으로 기대됐던 팀 허드슨과 함께 7차례나 부상자 명단에 들락거렸다. 브레이브스 투수들은 총 467일간 부상자 명단에 올라 팀에 3,790만 달러의 손실을 안겨줬다.

레이스가 선발투수들을 제대로 키우고 효과적으로 유지하는 데 있어 유난히 운이 좋았거나, 아니면 스카우트와 선수육성 스태프들이 성공적인 실적을 낼 수 있는 선발투수를 생산하는 방법을 찾아냈거나 둘 중 하나다. 아마도 두 가지 요인이 모두 조금씩 작용했을 것이다. 레이스 투수들이 타자들을 따라잡게 되면서(그리고 타자들을 뛰어넘게 되면서), 〈베이스볼 아메리카〉로부터 메이저리그에서 가장 뛰어난 팜 시스템 중 하나를 보유하고 있다는 칭찬을 들었다. 루케비치, 브룸, 허먼데즈를 비롯한 여러 사람들은 나이몰리가 이끌던 옛 왕조의 말기부터 향상되기 시작한 선수 육성 파이프라인을 공급 시스템으로 활용했다.

"지금 당장 이기면서도 장기적으로 뛰어난 성적을 유지하는 것은 정말로 힘든 일입니다. 두 가지를 동시에 하긴 정말 어려워요." 뉴욕 양키스의 야구 사업 부문 책임자인 뉴먼의 말이다.

데블레이스가 첫 번째 왕조시대에 뿌린 씨앗을 키워서 승리하는 야구팀으로 우뚝 서기 위해서는 완전한 조직 점검(새로운 구단주, 새 단장과 매니저, 통계의 젊은 귀재들, 그리고 완전히 새로운 사고방식)이 뒤따라야 했다. 그들에게 필요한 것은 단 하나, 바로 이런 변화를 이끌어낼 적합한 인물이었다.

# 데블레이스의 구세주들

5장

투자자에게 가장 소중한 능력은 적시에 시장에서 먹힐 수 있는 기술을 알아보는 안목이다. 구글이 세계를 정복할 것이란 확신을 갖고 있다면 구글 주식 100주를 살 수도 있다. 하지만 약세장이 엄습해오면 가장 훌륭한 주식이라도 폭락하게 된다. 반대로 매입 시점만 잘 잡으면 보통 정도의 펀더멘털과 불확실한 미래를 갖고 있는 회사조차도 당신을 부유하게 만들어줄 수 있다. 상품을 거래하거나 다른 투자를 하는 사람들에게도 이런 일이 일어난다. 시장이 협조해주지 않으면 가장 잘 된 투자 전략도 성공 직전에 날려버릴 수 있다.

하지만 적절한 타이밍에 시장에 진입하는 기술을 완벽히 습득한 투자자는 거의 없다. 조건이 완벽해 보일 때 시장은 정점을 찍기 마련이다. 2000년 3월에는 IT 관련 주식이 확실히 상승 가능성이 높아 보였다. 엉성한 비즈니스 모델에 수익을 올릴 희망도 없는 닷컴들도 몇 개월, 심지어 몇 주만에 세 자릿수 상승세를 보였다. 이런 수익이 가능하다면 끼어들고픈 탐욕을 억누를 수 있는 투자자는 거의 없다. 그러나 조건이 최악으로 치닫게 되면 시장도 바닥으로 추락한다. 2002년 10월 나스닥 지수는 2년 6개월 전 최고점일 때보다 78%가 폭락했다. 심각한 피해를 입을 것이 확실한 상황에서 두려움을 이겨낼 수 있는 투자자는 거의 없다.

야구에서도 비슷한 오해가 널려 있다. 견고한 왕조는 영원할 것처럼 보이고, 매년 패배하는 팀들도 결코 바닥을 탈출하지 못할 것만 같다. 탬파베이 데블레이스 구단주 자리를 노리던 다른 사람들이 더 이상 희망이 없다고 포기했을 때 스튜어트 스턴버그는 절호의 기회를 발견했다. 가장 빈틈없는 주식 투자자인 스턴버그는 거시 경제가 회복되고 수십만 명의 해고 근로자들이 새로운 일자리를 찾기 몇 개월 전, 혹은 1년 전에 이미 주식 시장이 반등하기 시작한다는 사실을 이해하고 있었다. 스턴버그는 눈을 감은 뒤 데블레이스가 비즈니스를 훨씬 잘 할 수 있다는 상상을 했다. 지역 공동체와 잘 소통하고, 경기장 안팎에서 재능 있는 신예들의 도움을 받아서 마침내 승리하는 야구팀으로 운영하는 상상 말이다.

스턴버그는 〈뉴욕타임스〉와의 인터뷰에서 말했다. "모두 부정적으로 말했습니다. 그런 말을 들을 때, 나는 '우--우--'라고 했어요. 나는 무엇이든 저렴하게 구입하는 사람입니다. 어떤 물건에 대해 싼 가격을 지불한다면, 그것이 무엇이든 상관하지 않습니다. 엄청나게 잘못될 일은 없을 테니까요."

스턴버그는 2004년 5월 데블레이스 주식 48%를 6,500만 달러에 매입했다. 빈스 나이몰리가 15%를 보유했으며, 여러 명의 유한책임 파트너들이 37%를 갖고 있었다. 스턴버그는 2007년 1월 나이몰리로부터 경영 파트너 직책을 가져올 계획이었다. 그는 나이몰리가 계속 데블레이스의 팬과 비즈니스 커뮤니티를 이간질하고, 여전히 싸구려 방식으로 운영하면서 지역사회와 팀의 명성에 더 많은 손상을 입히는 것을 지켜봤다. 계획한 감사 작업을 시작하려는 마음이 가득했던 스턴버그는 데블레이스 팀의 통제권을 좀 더 일찍 확보하기로 마음먹었다. 이를 위해 그는 최소한 500만 달러의 보너스를 지불하고 2005년 10월 거래를 끝냈다.

스턴버그 입장에서 이 거래는 수지맞는 편이었다. 10년 전 나이몰리와 그의 파트너들이 확장비용으로 지불했던 1억 3,000만 달러보다 약간 많은 수준이었다. 스턴버그가 경영권을 확보한 지 불과 몇 개월 뒤에 〈포브스〉지는 데블레이스의 가치를 2억 900만 달러로 평가했다. 2005년 실적은 매출 1억 1,600만 달러에 영업이익 2,030만 달러로 건강한 수준이었다(영업이익은 메이저리그 30개 팀 중 13위였다. 이는 주로 나이몰리의 짠돌이 경영과 메이저리그의 관대한 매출 공유 프로그램 덕분이었다).

스턴버그 진영에서는 나중에 〈포브스〉의 가치 평가에 대해 항의했다. 데블레이스는 실제로는 적자였으며, 〈포브스〉의 수치에는 자본 향상과 연봉 보상 지연을 비롯해 여러 가지 다른 비용들을 설명하지 못하고 있다고 주장했다. 2005년 시즌 당시 감독이었던 루 피넬라는 〈스포츠 일러스트레이티드〉와의 인터뷰에서 선수 연봉 총액을 2,000만 달러만 올려주면 데블레이스 팀을 플레이오프에 끌어올릴 자신이 있다고 말했다. 맷 실버맨은 이 인터뷰 기사를 읽고는 고개를 절레절레 흔들며 '연봉 총액을 2,000만 달러 올리면 팀이 파산할 것'이라고 말했다.

일반적으로 프로 스포츠 팀의 가치가 가파르게 상승하는 점을 감안하면 스턴버그는 확실히 저렴하게 구입했다. 데블레이스는 완벽하게 시장의 바닥을 헤매고 있었다. 하지만 지난 7년 동안 척 라마는 높은 순위의 드래프트 픽으로 재능 있는 젊은 선수들을 눈에 띨 정도로 많이 확보한 상태였다.

스턴버그가 지나온 경력을 감안하면 아무도 놀라지 않을 것이다. 그의 월스트리트 경력은 1970년대 후반에 시작됐다. 당시 그는 뉴욕의 세인트존스 대학에서 경영학을 전공하면서 미국 증권거래소에서 파트타임으로 주식 옵션거래를 했다. 그리고 증권회사인 SLK(Spear, Leeds & Kellogg)에서 일자리를 잡았다. SLK는 저지 시티에 본사가 있음에도 불구하고 월스트리트에서 영향력 있는 시장조성자(market maker) 중한 곳이었다. 스페셜리스트로도 알려진 시장조성자는 고정된 가격에 구매자와 판매자를 연결해주면서 증권거래소 매장에서 주식 판매를 관리해주고는 수수료를 조금 뗀다. SLK 같은 스페셜리스트는 구매자와 판매자가 균형이 맞지 않을 때는 주식을 매입한 뒤 필요한 다른 서비스를 이행한다.

SLK는 1970년대에 50명의 직원으로 시작한 뒤 계속 돈을 쏟아 부었다. 스턴버그가 아직 세인트존스 대학에 다니고 있을 때인 1978년, SLK 파트너인 제레미 켈로그는 여러 건의 인수합병을 총괄하면서 월스트리트의 스페셜리스트 회사들을 확보했다. 켈로그는 그 해 은퇴를 했으며, 2년 뒤에 사망했다. 켈로그가 죽으면서 남긴 신탁 덕분에 SLK는 매입 행렬을 계속할 수 있었다. SLK는 1980년대 초반까지 스턴버그를 비롯해 700명 이상을 고용했다. 하지만 수수료 비율에 대한 규제가 철폐된 데다 기관들이 SLK 같은 스페셜리스트가 다루기엔 너무나 큰 주식 묶음을 거래하게 됨에 따라 미래가 불투명한 상태가 됐다. 성공 가도를 달리던 회사 멤버였던 존 물헤런이란 사람이 1985년 SLK에 인수 비용으로 3억5,000만 달러를 제안했다. 그 매입이 성공했다면 스턴버그의 경력은 완전히 다르게 전개됐을 것이다.

야구에서처럼 월스트리트에서 성공하려면 기술과 운이 조화를 이뤄야 한다. 스턴버그는 그 둘을 모두 갖고 있었다. 첫 번째 매입 제안을 일축하고 난 뒤 SLK는 수많은 청산 방법을 곰곰이 생각했다. SLK는 처음엔 기업 공개(IPO)를 고려했다. 베어 스턴스, 모건스탠리 같은 중개 회사들이 막 성공적으로 끝낸 IPO를 뒤따르려 했다. SLK는 또 차입 매수와 좀 더 큰 회사에 직접 매각하는 것 중 하나를 고려했다. 어떤 쪽을 선택하든 스턴버그에게는 아무런 혜택이 돌아가지 않을 터였다. 그는 청산 이벤트를 통해 부자가 될 수 있는 수석 파트너가 되려면 몇 년이 더 남아 있었기 때문이다. 대신 SLK는 주식 청산 거래 회사들을 몇몇 인수함으로써 영역을 확대했고 그 덕분에 새로운 성장 시대를 열게 됐다.

SLK는 1990년대 들어 IT 커뮤니케이션 네트워크 기능과 프로그래밍 트레이딩 사업을 성장시키는 등 몇 가지 두드러진 움직임을 보였다. 그 기간 동안 SLK는 사업을 엄청나게 성장시켰다. 덕분에 독립적인 지위를 유지하면서 주요 매입 후보로 떠올랐다. 결국 SLK는 2000년 9월 골드만삭스의 63억 달러 인수 제안을 받아들였다. 그 무렵에는 스턴버그도 SLK의 소액주식을 공동 소유하고 있는 6명의 수석 파트너 중 한 명이었다. 댈러스 매버릭스 구단주 마크 쿠반과 그의 파트너인 토드 와그너가 IT주 버블이 최고조에 달했던 시기에 브로드캐스트닷컴을 57억 달러에 야후에 매각한 것처럼, 스턴버그와 그의 파트너 역시 완벽한 시기에 최고의 가격으로 판매하는 데 성공했다.

얼마 지나지 않아서 월스트리트에서 스캔들이 휘몰아쳤고 그 후 2년 반 동안 월스트리트가 극심한 불황으로 접어듦에 따라 골드만의 새로운 SLK 사업 부문 비즈니스가 급격하게 추락했다. 그 어느 것도 스턴버그의 책임은 아니었다. 그는 일이 악화되기 전에 정당하게 팔았다. 그 과정에서 매각 대금을 골드만삭스 주식으로 받은 것은 나중에 엄청난 혜택으로 돌아왔다. 갑작스럽게 엄청난 부자가 된 스턴버그는 2년 뒤 다음 기회를 잡을 때까지 골드만의 종합금융사업 부문에서 일했다. 스턴버그와 옛 SLK 파트너들이 탬파베이 데블레이스를 매입한 것이다. 브루클린에서 자라난 스턴버그는 메츠를 응원했다. 그는 첫 번째 아들 이름을 샌디 코팩스(Sandy Koufax)[1]로 붙일 정도로 엄청난 야구팬이었다. 이제 그는 메이저리그 야구팀을 소유할 기회를 갖게 됐다. 데블레이스 인수에 대한 생각이 무르익기까지는 시간이 좀 더 걸렸다. 2002년 처음 야구팀을 인수할 수 있다는 사실을 알게 됐을 때 스턴버그가 가장 먼저 보인 반응은 부정적이었다. 하지만 스턴버그는 곧 조금 모자란 재정으로 데블레이스를 매입하는 아이디어를 받아들이게 됐다.

적절한 기회를 노리는 스턴버그의 접근 방식은 메이저리그 야구팀 구단주들에게서 전형적으로 볼 수 있는 모습이었다. 야구 구단 운영을 도와줄 두 명의 참모 역시 '싸게 사서 비싸게 파는' 정신을 갖고 있는 인물들이었다. 스턴버그는 첫 번째로 고용할 인물을 찾기 위해 멀리 살펴볼 필요가 없었다.

맷 실버맨은 1998년 하버드대학 경제학과를 우수한 성적으로 졸업한 뒤 골드만삭스에서 직장 생활을 시작했다. 거대 투자은행에서 일하는 새로운 인재들이 승진하기 위해서는 야망과 능력을 모두 보여줘

---

**1_** 1955년부터 1966년까지 브루클린 다저스(1958년부터는 LA 다저스) 한 팀에서 뛰면서 세 차례 사이영상, 두 차례 월드시리즈 MVP를 수상하고 3번의 다승왕과 5년 연속 방어율왕, 4번의 탈삼진왕을 차지한 전설적인 좌투수. 통산 165승을 올렸고 1972년에 명예의 전당에 헌액되었다.

야 했다. 실버맨은 그 둘을 모두 가지고 있었다. 골드만의 훈련 프로그램을 거치면서 바닥에서 맨 윗자리까지 올라간 뒤 자신의 벤처기업을 시작했다. 웹으로 대형 부동산 거래를 도와주는 부동산 소프트웨어 회사를 공동 설립한 것이다. 1990년대 후반에 경제가 급속도로 성장하면서 소프트웨어 산업도 활기를 띠었다. 실버맨은 그 회사의 최고재무책임자(CFO)로 일하면서 신생 기업의 무한한 가능성을 봤다. 하지만 2000년 주식 시장이 정점을 찍은 뒤 IT 거품이 꺼지면서 그 회사도 사라졌다.

실버맨의 다음 기회는 스턴버그와 함께 찾아왔다. 둘은 골드만의 종합금융 부문에서 9개월 동안 인수합병 작업을 했다. 당시 그들은 총 10개 회사를 매입했다. 그들 중 대부분은 상대적으로 작은 규모였다. 여러 가지 면에서 두 사람은 골드만과 잘 맞았다.

인수합병 쪽 일을 한 덕분에 실버맨은 기업 가치 평가를 할 때 분석적인 방식으로 접근할 수 있었다. 그는 잘못된 투자로 흔들리는 회사들의 대차대조표에 힘을 불어넣어주는 매출 확대 방법들을 모두 알아냈다. 실버맨은 훌륭한 비즈니스 아이디어도 통제할 수 없는 환경 때문에 실패할 수 있다는 사실을 직접 목격했다. 아직 20대 중반에 불과한 실버맨은 많은 사람들이 10여 년에 걸쳐 얻게 되는 소중한 경험과 통찰력을 짧은 기간 내에 습득할 수 있었다.

콜로라도 로키스 사장인 켈리 맥그레거는 이렇게 말했다. "그는 배우는 걸 좋아했어요. 그리고 대화를 방해하는 법이 없습니다. 먼저 받아들이고 먼저 듣습니다. 심지어 우리가 스타벅스에 앉아서 대단했던 레이스의 2008년 시즌과 현재 위치에 대해 이야기할 때조차 그는 매우 유심히 경청했습니다. 그는 굉장히 훌륭한 성품을 갖고 있었습니다. 잘

모를 때는 그 사실을 솔직히 말할 줄 아는 용기도 있었어요."

스턴버그와 9개월 동안 같이 일한 뒤 실버맨은 자리를 옮겼다. 스턴버그는 6개월 뒤에 은퇴했다. 실버맨은 곧 새롭게 열정을 쏟아 부을 대상을 찾아나서기 시작했다. 그는 스턴버그가 떠난 이후 좀 더 친밀한 친구가 됐으며 주변으로부터 계속 조언을 구했다. 아버지와의 관계, 야구를 얼마나 사랑했는지 등에 대한 얘기를 다룬 책을 쓰기 위해 골드만삭스를 그만둬야 할까? 스턴버그는 마음이 가는 대로 하라고 권고했다. 언젠가 그들이 함께 일하게 될지는 미지수였다.

기회는 그가 생각했던 것보다 빨리 찾아왔다. 골드만에 있을 동안 실버맨은 야구 덕분에 스턴버그와 긴밀한 관계를 가질 수 있었다. 실버맨은 어린 시절부터 시카고 컵스와 라이언 샌버그의 팬이었던 것이다. 스턴버그가 골드만을 떠난 지 1년 뒤에 실버맨은 전화를 받았다. 스턴버그는 탬파베이 데블레이스 지배지분(회사를 지배할 수 있는 과반수 지분)을 매입할 수 있는 기회를 가지고 있었는데, 실버맨은 그 거래가 성사되도록 도와달라는 제안을 받았다.

겨우 26살이던 실버맨에게 그것은 일생의 기회였다. 그가 골드만에서 배운 교훈을 어린 시절 사랑했던 야구와 결합할 수 있는 기회였던 것이다. 하지만 그는 여전히 월스트리트의 가장 중요한 관심거리, 즉 기회비용에 대해 고려해야만 했다. 스턴버그와 이 길을 함께 가게 된다면, 투자은행에서 계속 근무할 경우 받게 되는 엄청난 보상과 새로운 책을 쓰려는 프로젝트를 포기해야만 했다. 하지만 메이저리그 야구팀 매입 계약 작업을 함께 하는 것(그리고 야구계에 계속 머물면서 경력을 쌓는 것)은 그냥 지나치기엔 너무나 즐거운 일이었다. 결국 그는 스턴버그와 함께 일하기로 했다.

레이스의 최고 의사 결정권자 세 명은 열정과 비즈니스 통찰력을 잘 결합하는 것이 얼마나 가치 있는지를 몸소 보여줬다. 실버맨은 새로운 경력 쌓기의 기회를 갖고 있었다. 그의 러닝메이트인 앤드류 프리드먼도 마찬가지였다. 프리드먼 역시 실버맨과 마찬가지로 월스트리트 경력을 뒤로 하고 레이스의 단장이 된, 떠오르는 사모투자 스타였다. 물론 그들은 좀 더 많은 수익을 낼 수 있는 수많은 비즈니스 기회를 선택할 수도 있었다. 하지만 '탬파베이 삼총사'는 비록 위험 요소도 있고 희생도 치러야 했지만 좋아하는 일을 추구하는 것이 대개는 그만한 가치가 있다는 것을 증명했다.

그 거래는 2004년 5월에 성사됐다. 스턴버그는 최고경영자로 남겠다고 요구했다. 실버맨은 전략기획 담당 이사 직책으로 시작했다가 곧바로 계획 및 개발 담당 부사장으로 승진했다. 일단 그 쪽 업계를 연구하고, 또 스턴버그가 나이몰리로부터 팀의 통제권을 갖게 될 계획이란 점을 감안하면 실버맨은 결국 그 팀의 일상 비즈니스 업무를 담당할 것임을 짐작할 수 있었다.

텍사스 레인저스 전 사장이며, 지금은 댈러스 스타스 사장인 제프 코겐은 이렇게 말했다. "맷을 처음 만났을 때 가장 먼저 눈에 띄는 것은 매우 젊은 친구라는 사실입니다." 코겐은 레인저스 사장으로 재직하고 있던 2006년 메이저리그 구단주 회의에서 처음으로 실버맨을 만났다. 당시 실버맨은 29살이었지만 훨씬 더 어려 보였다. "실버맨과 10분만 같이 있게 되면 곧바로 걱정을 날려버리게 됩니다. 스턴버그는 그의 역량에 강한 인상을 받았습니다. 그는 맷 실버맨이 뉴욕 은행가들의 일을 확실히 해낼 수 있을 것이라고 믿고 있었습니다. 실버맨은 야구계에서 자신이 맡은 바를 충실히 수행하면서 보기 드물게 지적이며 유쾌한 인물입니다."

실버맨이 결국 비즈니스 총괄자로 들어오면서 스턴버그는 야구 부문을 이끌 사람이 필요했다. 스폰서십을 총괄하고, 새로운 매출원을 만들어내며, 경기장 계약 협상과 같은 일은 외부 인력이 처리할 수도 있었다. 하지만 나이몰리로부터 데블레이스 통제권을 장악할 날이 다가옴에 따라 스턴버그는 대형 트레이드와 선수 계약을 담당할 수 있을 정도로 야구에도 정통한 인물이 필요했다.

과거에는 선수 출신이나, 이전에 감독이나 스카우트로 오랜 기간 활동한 사람, 그도 아니면 선수 양성 전문가가 이런 일을 맡았을 것이다. 하지만 최근 들어 이런 추세가 변화하기 시작했다. 보스턴 레드삭스는 2002년 11월 테오 엡스타인을 메이저리그 역사상 최연소 단장으로 채용했다. 엡스타인은 겉보기에는 야구계에서 역할을 담당할 인물로 보이지 않았다. 단적으로 그는 단장을 맡기에 나이도 많지 않다. 28살에 단장 직을 맡았으니까! 메이저리그나 다른 어떤 형태의 야구팀, 심지어는 고등학교나 대학 팀에서 뛰어본 경험도 없었다. 하지만 그는 상대적으로 짧은 기간 동안 몇 가지 인상적인 야구 경험을 축적했다.

예일대학에서 미국학으로 학위를 받은 이후 엡스타인은 오랫동안 꿈꾸었던 일자리를 찾기 시작했다. 샌디에이고 파드리스의 PR 담당 부서에서 인턴으로 시작한 엡스타인은 그 후 몇 년 동안 미친 듯이 일에 매달렸다. 그 기간 동안 그는 스카우트부터 선수 중재까지 여러 부문에서 가능한 많은 능력을 스펀지처럼 빨아들였다. 그리고 파드리스의 야구 운영부서로 옮긴 뒤 마침내 야구 부문 책임자로 승진했다. 그 기간 동안 엡스타인은 법학 학위도 취득했다. 파드리스의 사장 겸 CEO인

래리 루치노는 보스턴으로 자리를 옮기면서 자기처럼 샌디에이고에서 모든 사람이 퇴근한 뒤에도 매일 늦은 시간까지 사무실에 머물던 유일한 사람을 기억해냈다. 엡스타인이 레드삭스 단장으로 임명된 뒤 대학을 졸업한 수많은 젊은 인재들이 같은 길을 따르려고 노력했다. 야구 쪽에서 얻을 수 있는 일자리라면 어떤 것이든 택한 뒤 몇 년 동안 열심히 일하면 언젠가는 책임자가 될 수 있지 않을까? 어쩌면 테오처럼 서른 번째 생일을 맞이하기도 전에 그 직책까지 오를 수 있을지도 모른다.

엡스타인이 레드삭스에 합류한 지 불과 몇 개월 뒤에 금융 전문 저널리스트인 마이클 루이스가 《머니 볼》을 출간했다. 《머니 볼》은 오클랜드 애슬레틱스가 연봉이 훨씬 많은 팀들을 물리치고 여러 차례 지구 우승을 차지하는 과정에서 빌리 빈 단장이 사용했던 방법을 다룬 책이다. 빈은 고등학교 특급 유망주로 메이저리그에 진출했지만 나중에 오클랜드의 프런트에서 승진을 거듭했다. 샌디 앨더슨 단장으로부터 일을 배우면서 빈은 야구에서 케케묵은 옛날의 금언과 규칙을 버릴 필요가 있다는 사실을 깨달았다. 마침내 애슬레틱스의 단장 자리에 오른 빈 단장은 권위와 명성에 기대기보다는 객관적인 분석을 수용했으며, 전통보다는 명확한 근거를 선호했다. 빌리 빈 단장은 외부자의 감각을 갖고 자신의 일에 접근한 야구계의 내부자였다.

앤드류 프리드먼이 2003년 처음 스턴버그를 만났을 때도 빌리 빈처럼 근거 자료를 기반으로 일하는 것을 선호했다. 하지만 그가 스턴버그에게 소개된 것은 좀 더 단순한 이유 때문이었다. 베어 스턴스에서 애널리스트로 일하던 프리드먼은 실버맨과 친분이 있었다. 스턴버그와 함께 데블레이스를 인수하는 일에 동참하기로 한 실버맨은 프리드먼을 만나자고 추천했다. 세 사람은 스턴버그의 집 근처에 있는 식당에서 만났다. 스턴버그와 프리드먼은 월스트리트, 야구, 그리고 인생에 대해 이야기하면서 서로 공통점이 많다는 사실을 발견했다.

스턴버그는 〈세인트피터즈버그 타임스〉와의 인터뷰에서 말했다. "프리드먼은 나와 비슷한 사고방식을 갖고 있었어요. 그는 자신의 소질을 알고 있으며, 굉장히 빨리 학습하는 편이었습니다. 결국 야구단 운영도 결과가 말해주는 비즈니스입니다."

프리드먼은 조금 돌아가긴 했지만 결과를 이뤄내는 능력이 있다는 것을 보여줬다. 실버맨처럼 프리드먼도 야구계에서 일하고 싶다는 꿈이 있었다. 실버맨과 달리 프리드먼은 충분한 선수 경험을 갖고 있었다. 프리드먼은 툴랑에서 대학 야구선수로 뛰었으며, 그린 웨이브의 외야수로 활약했다. 그는 레니 다이크스트라를 숭배했다. 메츠와 필리스에서 뛰었던 냉철한 스타 다이크스트라의 유니폼 넘버를 자신의 유니폼 뒤에 붙이고 '네일스(Nails)'란 같은 별명을 붙였다. 하지만 프리드먼은 다이크스트라의 재능도 없었고, 그처럼 오랫동안 선수로 뛰지도 못했다. 어깨 부상으로 대학선수 생활을 끝냈던 것이다. 월스트리트에서 경력을 시작한 프리드먼은 1999년에 베어 스턴스에 합류해 2년 동안 애널리스트로 활동했다. 하지만 프리드먼은 두 번째 직업을 가질 때에야 거래를 성사시키는 뛰어난 기술을 과시했다.

사모펀드는 많은 유망 회사들의 생명줄이다. 기업공개(IPO)나 다른 수단을 통해 수익을 내기 전까지 기업 소유주들은 종자돈이 필요한 경우가 많다. 연구 개발을 하거나, 새로운 제품을 선보이고, 핵심 인력을 고용하며, 장래 경쟁자가 될 사람을 시장에서 쫓아버리기 위한 비용이 필요하기 때문이다. 사모펀드는 벤처캐피털, 성장형 투자(성장 가능성이 큰 기업에 투자해 수익률을 높이는 사모펀드의 투자 전략 중 하나), 그리고 차입 매수 같은 다양한 형태를 띠지만 목표는 같다. 성장 잠재력이 있다고 믿는 회사에 자본을 투자하려는 것이다.

투자를 위한 올바른 원천을 찾는 것은 굉장히 중요하다. 마찬가지로 투자 시기를 올바르게 잡는 것도 중요하다. 가장 성공적인 사모펀드 투자자들은 일반적으로 수익을 올리는 데 필요한 여러 가지 요소를 확실하게 이해하고 있다. 그들은 또 탁월한 직관을 가지고 있어서 시장, 산업분야, 그리고 기업에 특이할 만한 움직임이 일어나기 전에 알아내는 능력이 있다. 사모펀드 투자자로 성공하기 위해서는 거래를 성사시키는 방법도 잘 알고 있어야만 한다.

웨인 클레빈저는 프리드먼을 처음 만났을 때, 그에게서 이런 모든 잠재력을 발견했다. 뉴저지주 모리스타운에 자리 잡고 있던 클레빈저의 회사인 미드마크 캐피털은 3억 달러 가량의 자금을 관리하는 자그마한 사모펀드였다. 미드마크는 꾸준히 유망한 젊은 인력을 찾고 있었다. 이 회사는 20대 중반의 젊은 인력을 일찌감치 고용하고 나서 2년 정도 뒤에 그가 MBA 공부를 하기 위해 떠난다고 하면 잘 되길 빌어주곤 했다. 몇 개월 만에 클레빈저는 새롭게 고용한 프리드먼이 MBA 학위를 따기 위해 대학원에 갈 필요도 없는 인물이란 것을 알게 됐다. 미드마크는 불과 2년 만에 그를 시니어 어소시에이트로 승진시켰다. 미드마크에서는 전례가 없던 일이었다.

미드마크 공동 창업자이자 관리 담당 이사인 클레빈저는 이렇게 말했다. "프리드먼은 여러 요소를 완벽하게 갖춘 인물이었습니다. 그는 매력적인 미소와 뛰어난 인간성을 갖췄습니다. 워낙 총명했기 때문에 가끔 따분해 보이기도 했습니다. 그래서 우리는 그에게 주니어 파트너들이 일반적으로 담당하는 프로젝트를 맡겼습니다. 그는 그렇게 맡겨진 일을 잘 처리했어요. 우리는 가능한 빨리 그를 파트너로 만들길 원했습니다."

클레빈저는 프리드먼이 큰일을 할 운명이란 것을 처음부터 알아챘다. 프리드먼이 미드마크에서 일한 지 2개월 쯤 지났을 무렵 미드마크는 가정용 헬스케어 기업 인수를 성사시키기 직전이었다. 하지만 양측은 가격 문제를 놓고 의견 차를 보이고 있었다. 클레빈저는 행사에 참석하기 위해 떠나면서 협상이 진전되지 않아서 굉장히 실망한 상태였다. 그는 평소와 마찬가지로 늦게까지 일하고 있던 프리드먼을 불렀다. 그가 거래를 매듭짓길 원하는지 알고 싶었던 것이다.

"당신이 원하신다면 제가 그 거래를 마무리할 수 있습니다. 혹은 더 잘할 수도 있습니다." 프리드먼이 보스인 클레빈저에게 말했다. 프리드먼은 자신의 협상 기술을 믿고 있었을 뿐 아니라 모든 숫자들을 잘 처리했다. 클레빈저는 프리드먼이 어떻게 일을 처리하는지 보고 싶었다. 프리드먼은 약속한 대로 거래를 매듭지었고 좀 더 유리한 조건을 이끌어냈다.

프리드먼이 맡은 일거리는 급속하게 늘어났다. 미드마크는 15개 기업을 한꺼번에 관리할 때도 있었다. 프리드먼이 맡은 일은 그들 모두의 비즈니스 모델을 재정립하는 것이었다. 매출과 순익을 산출하고, 그들이 몸담고 있는 산업의 역학 관계를 토대로 최상의 시나리오와 최악의 시나리오를 만들어냈다. 프리드먼은 기업 매입 가격 협상 작업을 도왔다. 재정 상태부터 스톡옵션 사용, 인센티브까지 여러 가지 방법을 활용해 그 기업의 고위 경영진들이 관심을 가질 수 있도록 만들었다.

스턴버그는 프리드먼과 긴밀한 관계를 유지했다. 월스트리트의 젊은 어소시에이트들처럼 무시무시한 속도로 일을 하고 있던 프리드먼은 자기 시간을 쪼개 한밤중에는 스턴버그의 데블레이스 인수 프로젝트를 도와주기 위해 재정 상태를 분석했다. 스턴버그와 실버맨은 데블레이스 지분 48%를 인수하는 거래를 마무리한 뒤 프리드먼에게도 동참하라고 권고했다. 프리드먼은 야구팀의 프런트 오피스에서 일한 경험이 전혀 없었다. 하지만 분석 기술과 사람 다루는 기술을 모두 갖고 있는 그가 이런 재능을 야구에 어떻게 활용할 수 있을지는 명확했다. 정력적인 기업 간부들과의 협상을 이끌어낼 수 있다면, 야구팀과 선수들에게 이익이 되는 계약을 만들어낼 수 있을 터였다. CEO들을 설득해 서로 이익이 되는 위험부담을 떠안도록 만들 수 있다면, 다른 팀 단장을 상대로 같은 일을 할 수 있을 것이다. 금융 거래의 가치를 평가하기 위해 복잡한 수학 모델을 운용할 수 있다면, 야구선수 트레이드의 장점을 평가할 수 있을 것이다.

미드마크의 다른 관리 담당 이사인 맷 핀리는 다음과 같이 말했다. "정말로 똑똑하고 분석력이 뛰어난 단장은 그렇지 못한 단장보다 훨씬 더 낫습니다. 현상의 이면에 숨은 진실을 읽어낼 능력이 있다면, 육감에 따라 움직이는 사람들보다 훨씬 더 일을 잘 처리할 겁니다. 제 아무리 복잡한 비즈니스라 할지라도 충분한 데이터만 손에 넣을 수 있다면, 진지한 분석을 통해 이익을 얻을 수 있습니다."

스턴버그는 프리드먼을 설득했다. 데블레이스에 와서 2년 정도 요령을 익히면서 일하면 팀 소유권 이전 작업이 마무리된 후 팀의 야구 부문을 운영(최소한 공동 운영)할 수 있다고 말이다. 프리드먼이 받아들이기에는 결단력이 필요한 제안이었다.

오클랜드 애슬레틱스가 승리하기 위해 예산을 세우고 양적인 접근 방법을 활용한 것은 월스트리트에서 사용하는 방법과 유사했다. 하지만 월스트리트 경력을 활용해서 메이저리그 단장 역할을 성공적으로 수행한 사람은 이전에 아무도 없었다. 실버맨과 마찬가지로 프리드먼 역시 스턴버그의 제안을 받아들일 경우에는 굉장히 매력적인 경력을 뒤로 한 채 떠나야 한다. 그의 결정은 여러 모로 볼 때 실버맨보다 훨씬 더 어려웠다. 프리드먼은 성공적인 사모펀드에서 파트너가 되기까지 매일 수백만 달러 규모의 거래를 수행해왔었다.

프리드먼은 가족들과 함께 그 문제를 깊이 생각하기 위해 휴스턴에 있는 집으로 갔다. 아버지는 미드마크에 계속 머무르라고 얘기했다. 여자 친구는 플로리다로 옮기는 것보다는 뉴욕에 머물길 원했다. 그러나 어머니의 생각은 달랐다. 그의 어머니는 '마음이 내키는 대로 가야 한다'고 조언했다.

프리드먼은 데블레이스에 합류해 명목상 야구 개발 담당 이사 직함을 맡았다. 하지만 그와 실버맨은 곧 승진했다. 2005년 10월 스턴버그가 데블레이스를 장악하자 실버맨은 메이저리그의 최연소 사장이 됐다. 반면 프리드먼은 야구 운영 담당 부사장으로 승진하면서 역시 비즈니스 쪽에서 스카우트되어 온 텍사스 레인저스의 존 대니얼스와 함께 '20대 단장 클럽'의 새로운 멤버가 됐다.

2000년대 초반만 해도 야구계는 실버맨과 프리드먼을 맞을 준비가 되어 있지 않았다. 하지만 두 사람은 좋은 타이밍을 만났다. 한때 애슬레틱스의 비디오 코디네이터로 활동했던 댄 파인스타인과 휴스턴 애스트로스 전 단장인 게리 헌시커 등 덕분에 프리드먼은 단장 직을 맡을 수 있게 됐다. 야구계가 좀 더 젊고 야구 이외에 다른 경력을 갖고 있는 사람을 받아들이기 시작했기 때문이다. 직접 뽑은 영업, 마케팅,

기타 운영 인력들이 재능을 발휘한 덕분에 실버맨도 무난하게 안착할 수 있었다.

실버맨과 프리드먼은 적합한 시기에 데블레이스에 참여했을 뿐 아니라 월스트리트를 떠난 시기 역시 절묘했다. 프리드먼의 첫 직장인 베어 스턴스는 2008년 월스트리트 붕괴시기에 몰락했다. 한때 자부심 강했던 베어 스턴스의 껍데기는 JP모건 체이스에 매각됐다. 실버맨의 바로 이전 직장인 골드만삭스는 큰 영향을 받지는 않았다. 하지만 골드만삭스 역시 월스트리트의 탐욕과 부정직의 상징으로 인식되었고, 연방 정부와 친밀한 관계 덕분에 회계부정과 미국 서브프라임 모기지, 유럽 부채 같은 심각한 상황을 피할 수 있었다는 혐의를 받아야만 했다.

실버맨과 프리드먼은 직장을 옮기자마자 곧바로 옛날 방식과 완전히 다른 경험을 하게 됐다. 그들은 계약서에 서명하는 대신 프리드먼이 이야기한 것처럼 자신들을 '마음대로 일하는 직원'으로 여기기 시작했다. 스턴버그와 이들은 서로를 신뢰했다. 그들은 나이폴리 시대에 행해졌던 관행들, 즉 최고경영자가 조직 내의 모든 사람들을 사사건건 간섭하거나 상황을 악화시킬지 모른다는 걱정 없이 직원들이 자신의 일에 몰입할 수 있도록 배려했다. 물론 그들은 새로운 인재를 채용할 때마다 철저하게 심사했다. 비즈니스와 야구에 모두 정통하면서도 자발적으로 행동하는 유형을 찾았다. 독립적인 사고를 하는 사람이 벌을 받는 게 아니라 보상을 받을 수 있는 문화를 만들려고 했다.

데블레이스는 회사 운영권이 스턴버그에게 넘어온 직후인 2005년 할로윈데이 때 첫 번째로 카타르시스를 느꼈다. 빈스 나이폴리와 그의 심복들 밑에서 일할 때는 8명의 보스들로부터 질책 당하는 것을 피하기 위해 도요타 생산방식(TPS)처럼 리포트를 쏟아내야 한다. 하지만 스턴버그, 실버맨, 프리드먼 아래에서는 사무실 전체가 의상 콘테스트를 하면서 활기찬 할로윈 파티를 벌였다. 여러 직원들이 '데블레이스의 과거 망령'을 나타내는 옷을 입고 비니 카스티요, 윌슨 알바레즈, 폴 소렌토, 루 피넬라 등 탬파베이의 불행했던 과거를 기념했다.

2년 동안 데블레이스의 명칭과 로고, 그리고 유니폼 변경 같은 여러 프로젝트를 함께 추진했던 필 월러스는 이렇게 말했다. "사람들이 필요한 일을 하게 만들고, 일을 잘한 사람에게는 인센티브를 주며, 매일 즐겁게 일하러 오도록 만드는 것은 새롭고 신나는 일입니다. 하지만 이것은 아주 작은 일에 불과합니다. 스턴버그가 운영권을 장악한 뒤 첫 번째나 두 번째 주에 제안함을 설치했어요. 의견을 표현하는 것이 허용되기는 그때가 처음이었습니다."

실버맨은 지역 상공회의소든, 리틀리그 구장 개막식이든 간에 나이몰리의 강압적 접근 방식으로 상처 입은 지역공동체를 치유해주는 데 온 힘을 쏟았다. 실버맨은 언제나 먼저 경청한 뒤 그 다음에 하고자 하는 이야기를 꺼냈다. 지나치게 많은 정보를 노출하는 법도 없었다. 이는 속마음을 잘 드러내지 않는 골드만삭스 은행가들의 전형적인 모습이었다. 그러나 월스트리트 출신답지 않게 항상 열려 있었다. 실버맨이 리그 회의에서 케리 맥그레고, 제프 코겐, 그리고 다른 메이저리그 사장들을 만났을 때 그는 다른 사람들과 다른 모습을 보여줬다.

제프 코겐은 이렇게 말했다. "리그 회의에 참석한 사람들은 제안과 변화에 대해 진정으로 열려 있지 않습니다. 하지만 실버맨은 달랐어요. 그는 이렇게 묻곤 했습니다. '당신이 왜 이런 방식으로 하는지 그 이유를 알려주시겠습니까?'"

좀 더 사교적인 성격에도 불구하고 프리드먼은 정보에 대해서는 극도로 조심했다. 그가 나중에 트레이드를 할 때는 언론이 미리 정보를 알아낼 수 없을 정도였다. 최종 협상 테이블에서 포커 천재인 필 아이비처럼 자신의 속내를 감췄기 때문이다. 하지만 반대로 프리드먼은 감정적인 면도 함께 보여줬다. 빌리 빈이 애슬레틱스 경기 중에 그랬듯이 프리드먼은 데블레이스 경기 중에 종종 러닝머신 위를 뛰었다. 자기 팀의 경기에 지나치게 몰입하는 것을 피하기 위해서였다. 그는 또 젊은 시절 형성된 몇 가지 버릇을 고수했다. 프리드먼은 월스트리트에서 훈련받은 첫 번째 야구단장이었을 뿐 아니라 질겅질겅 씹던 담뱃잎을 뱉으면서 야구와 차익 거래 개념을 함께 설명할 수 있는 유일한 인물이었다.

프리드먼은 또 스트레스 해소를 위해 정기적으로 비디오 게임을 즐기는 첫 번째 단장이었다. 스턴버그가 통제권을 잡고 난 뒤 탬파베이는 가능한 재미있는 요소를 추가하면서 트로피카나필드를 아름답게 꾸몄다. '마운틴 뷰 익스트림 존' 섹션에는 스틱볼을 즐길 수 있는 기구들을 갖춰 놨으며, 그 옆에는 비디오 게임 섹션도 마련했다. 가장 인기 있는 게임은 'RBI 베이스볼'이었다. 시즌이 끝나면 어떤 사람이 데블레이스 사무실에 게임기를 갖다놓자는 아이디어를 냈다. 이 문제는 야구 사업 부문 회의실에서 승인되었다. 프리드먼은 1980년대 이래 게임을 하지 않았지만 그 나이의 다른 야구팬들처럼 그는 쉽게 게임에 빠져들었다. 곧 프런트 오피스에 있는 많은 사람들이 게임을 즐기게 됐다.

기꺼이 책임을 나누려는 데블레이스의 변화는 직원들이 좀 더 소중한 대접을 받는다고 느끼도록 하는 데 그치지 않았다. 단장과 구단 사장 역할이 복잡한 분석과 광범위한 결정이 필요한 일로 옮겨감에 따라 다른 사람에게 기타 임무를 맡기는 것은 당연한 행보였다.

《다이아몬드 달러Diamond Dollars》의 저자인 빈스 제나로는 이렇게 말했다. "단장이 슈퍼 영웅 역할을 해야만 하는 시대는 끝나가고 있다. 오늘날 조직을 성공적으로 운영하고자 한다면 그에 걸맞는 인재들과 인프라를 구축해야만 한다."

스턴버그, 실버맨, 그리고 프리드먼은 처음부터 효율적으로 의사 결정을 하는 데 전력을 다했다. 또 스카우트 담당 직원들이 일을 더 잘할 수 있도록 하기 위해 수년 동안의 드래프트 선발을 정밀 분석할 필요가 있었다. 트레이드, 비즈니스 제휴, 티켓 판매 전략을 비롯한 다른 결정들도 마찬가지다. 실수를 하는 것은 받아들일 수 있지만 실패로부터 배우는 일을 게을리 하는 사람은 용납하지 않았다.

프리드먼은 이렇게 말했다. "우리는 어떤 일을 결정하고 난 뒤에라도 나중에 다시 세밀하게 분석했습니다. 그러다 보니 굉장히 많은 기록을 보유하게 됐습니다. 그 기록에는 우리가 알고 있는 모든 것이 담겨 있습니다. 우리는 일의 과정을 면밀히 조사하기 위해 그 기록을 살펴보고 계속 가다듬을 겁니다. 아마 그 일은 영원히 계속되겠지요. 적당한 지점에서 만족하면서 요점만 간단히 정리하는 일은 없어야 합니다. 만약 그 일을 그만둔다면 우리는 모든 일들이 굉장히 잘 돌아가고 있다는 착각에 빠져서 자동차 네비게이션 같은 방식으로 운영하게 될지도 모르니까요."

스턴버그, 실버맨, 그리고 프리드먼은 위계질서에서 자유로우면서도 자기성찰적인 시스템에 적합한 사람을 찾기 위해 노력했다. 이런 유형의 관리자를 찾는 것은 매우 힘든 일이었다. 빈스 나이폴리와 척 라마가 주도하던 시절에 데블레이스는 감독 자리에 초심자와 안정적인 베테랑을 함께 앉혀봤다. 그 결과 그들은 둘 다 팀을 운영할 때 구식의

고리타분한 믿음을 고수한다는 사실을 알게 됐다. 새롭게 데블레이스를 맡은 스턴버그 3인방은 다른 유형을 원했다.

그들은 데블레이스의 감독으로 조 지라디를 눈여겨봤다. 1990년대 뉴욕 양키스 왕조가 월드시리즈 우승을 차지할 당시 선수로 뛰었던 지라디는 선수 시절부터 미래의 감독감으로 꼽혔던 인물이다. 나중에 감독으로 임명됐을 때 지라디는 세세한 항목들을 챙기는 방식으로 감독직을 수행했다. 그는 매 게임 모든 선수들의 매치업과 관련한 세밀한 통계를 담은 데이터베이스를 이용했다. 어떤 사람들은 지라디가 사사건건 간섭하는 유형의 감독이라고 비판했다. 자그마한 일을 잘 이해하고 있어서 가장 세밀한 부분까지 감안한 결정을 내리곤 하지만, 때로는 좀 더 올바른 방향을 인식하지 못한다는 지적이었다. 그가 탬파베이에 있었더라면 이런 평가는 날려버릴 수 있었을 것이다. 지라디는 대신 플로리다 말린스 감독으로 계약했으며, 나중엔 양키스 감독이 돼 월드시리즈에서 우승했다.

결국 데블레이스는 감독으로 다른 사람을 영입했다. 새로운 조직 문화에 완벽하게 들어맞는 인물이었다. 데블레이스 감독직을 수행하려면 전향적인 사고와 전통에서 벗어난 마음가짐이 필요했다. 어떤 결정을 할 때 분석에 바탕을 둔 새로운 방법을 받아들이기에 충분할 정도로 열린 마음을 갖고 있으면서도 팀이 선발하여 키워낸 젊은 선수들을 이해할 수 있는 따뜻한 마음을 갖고 있어야만 했다. 데블레이스는 이런 일을 해낼 감독으로 조 매든을 영입했다.

# 기상천외한 야구감독

야구에는 몇 가지 불변의 징크스가 있다. 홈에서 첫 번째 아웃을 당하지 말라. 호세 칸세코(쿠바 출신의 야구선수로 2009년에 이종격투기 선수로 전향)와 화장실을 함께 사용하지 말라. 그리고 어떤 일이 있더라도 꼭 필요한 경우가 아니면 9회에 승부를 결판낼 수 있는 상대 선수가 타석에 들어서는 일은 없도록 하라.

조 매든 감독이 2008년 8월 17일 금기를 깨는 일을 했을 때 경기장에서는 여기저기서 웅성거리는 소리가 들렸다. 알링턴에서 열린 그날 저녁 경기에서 레이스는 9회말까지 레인저스에 7대 2로 앞서고 있었지만 텍사스는 곧 한 점을 따라붙었다. 이어 마이클 영이 볼넷으로 걸어 나가면서 만루가 됐다. 이제 동점이 될 수 있는 타자가 타석으로 들어서고 있었다. 그것도 다른 선수가 아닌 조시 해밀턴이었다. 레이스의 포수인 다이오너 나바로는 쪼그리고 앉은 채 덕아웃의 사인을 보기 위해 고개를 돌렸다. 나바로는 사인을 받고 난 뒤 놀라서 어깨를 으쓱했다. 그리고 자리에서 일어났다. 조 매든 감독이 고의사구를 지시했던 것이다.

레이스와 레인저스 중계진들은 말문이 막혔다. 팬들도 마찬가지였다. 관중석에 있던 몇몇 관중들은 다이아몬드백스의 밥 브렌리 감독이 만루상황에서 배리 본즈를 고의사구로 내보내던 상황을 떠올렸다. 하지만 배리 본즈는 역대 타자 중 손에 꼽히는 강타자였고 딱 한 번 있었던 일이다. 이런 상황은 야구에서 보기 드문 퍼펙트게임이나 무보살 트리플플레이보다 더 진귀한 편이다. 그 상황에서 해밀턴을 고의사구로 내보낸 것은 1900년 이후 메이저리그 경기에서 다섯 번째였다. 아메리칸리그에서는 1901년 출범 이후 처음 있는 일이었다.

엄밀하게 숫자만 놓고 보자면 해밀턴을 걸러 보낸 매든의 결정은 논쟁의 여지가 있었다. 야구 애널리스트인 톰 탱고의 조사에 따르면, 투아웃 만루 상황에서 어떤 팀이 올릴 수 있는 평균 점수는 0.815점이었다. 해밀턴을 고의 사구로 걸러 보내면서 레인저스 장부에는 1점이 더 추가돼 기대 점수는 1.815점으로 늘어났다. 탱고의 조사에서는 9회도 예외로 치지 않았다. 어떤 팀이든 9회가 되면 이기는 데 필요한 점수를 내기 위해 총력을 기울인다.

매든의 계산에서 더 중요한 것은 해밀턴이나 대기 타석에서 기다리고 있는 말론 버드가 승리하거나 동점을 만드는 데, 혹은 최소한 경기 흐름을 바꿀 수 있는 안타를 쳐낼 확률이 얼마나 될 것이냐 하는 점이었다. 레인저스의 스타 중견수인 해밀턴은 2008년 시즌 내내 화려하게 부활했다. 그 시점까지 메이저리그에서 해밀턴보다 더 많은 홈런을 쳐낸 선수는 없었다. 9년 전 탬파베이가 아마추어 드래프트 전체 1번으로 그를 뽑을 때 확신했던 잠재력을 마침내 완벽하게 내뿜기라도 하듯 그는 엄청나게 빠른 페이스로 홈런을 생산했다. 그는 또 한 달 전 열린 올스타전 홈런더비에서는 깜짝 놀랄 만한 홈런 쇼를 선사했다. 물론 매든은 오른손 타자 저격수인 구원투수 댄 휠러가 대기하고 있는 상황에서 오른손 타자인 버드가 왼손 거포인 해밀턴보다 훨씬 덜 위협적이라고 판단했을 것이다. 그렇다 하더라도 그 차이는 매든 감독이 생각했던 것만큼 크지 않을 수도 있다. 해밀턴이 엄청난 '몬스터 시즌'을 보내고 있긴 했지만 버드 역시 별 볼일 없는 선수는 아니었다. 휠러가 등판 준비를 하고 있긴 했지만 그가 버드를 잡아내고 레이스의 승리를 지켜줄 것이란 보장은 없었다.

그날 매든은 야구계의 불문율 하나를 어겼다. 만약 그 작전이 실패하고 레인저스가 승리했다면, 매든은 야구계의 관행을 모욕했다는 질책을 면키 힘들었을 것이다. 100년간 완고하게 자리 잡은 통념을 뛰어넘어 새로운 해답을 찾을 수도 있는 그의 생각은 조롱당했을 것이다.

미국에서 택할 수 있는 모든 직업 중 야구 감독보다 더 많은 비판을 받고, 상황이 종료된 뒤 이러쿵저러쿵 말을 듣는 사람은 미국 대통령이 유일하지 않을까? 하지만 대통령이 펼친 정책이 아무리 인기 없더라도, 또 임기를 시작하자마자 제 아무리 엄청난 실패를 하더라도, 적어도 4년간 대통령의 임기는 보장되어 있다. 반면 메이저리그 야구 감독은 그렇지 못하다. 몇몇 중대한 실수를 하거나 단 한 차례 굉장히 실망스런 시즌을 보내기만 하면 바로 선장 역할을 하는 감독은 해고될 수 있다. 감독의 판단력이 합리적이고 밑바탕에 깔려 있는 생각 자체가 건전한 경우에도 언제든지 쫓겨날 수 있다. 어떤 경우에는 중대한 실수 하나 때문에 그런 조치를 당할 수도 있다.

지난 2003년 아메리칸리그 챔피언십 시리즈 7차전에서 레드삭스의 그래디 리틀 감독은 지친 페드로 마르티네스를 8회에도 계속 던지게 했다. 페드로가 5대 2 리드를 날려버리고, 결국 레드삭스가 그 게임에서 패배하자 리틀 감독은 해임됐다. 매든은 당시 보스턴이 리틀 감독 후임으로 유력하게 거론했던 후보 중 한 명이었다. 레이스에겐 다행스럽게도 매든은 레드삭스 감독으로 가지 않았다.

조 매든 감독은 어린 시절 리틀리그에서 공포의 투수였다. 나중에 그는 '브로드 스트릿 조'로 통했다. 이 별명은 헤이즐톤의 번화가와 매든이 숭배했던 뉴욕 제츠의 쿼터백 조 네이머스의 애칭인 '브로드웨이 조'에서 따왔다. 그는 반짝거리는 흰색 클리트 신발을 신었으며, 고등학교 시절에는 스타 쿼터백으로 등번호 12번을 달았다. 그는 스포츠에 열광하는 다른 아이들과 잘 어울렸다. 조는 제프 존스, 윌리 포르테와 함께 '삼총사'로 통했다. 그들은 야구와 축구 경기를 하면서 서로 만났고, 성인이 된 뒤엔 헤이즐톤 고등학교에서 여러 스포츠 스타로 함께 활동하면서 서로 떨어질 수 없는 절친한 친구 사이가 됐다.

1960년대 헤이즐톤에서 자란 어린 아이들에게는 스포츠를 하는 것 외에 할 일이 그다지 많지 않았다. 고등학교에 갈 무렵 세 친구는 매일 매든의 집에서 TV 중계를 보면서 스포츠 이야기를 나눴다. 학창 시절 그들은 야구와 풋볼리그에서 뛰었으며 나중에는 농구도 했다. 여름에는 아침 일찍 온갖 스포츠 장비로 무장한 채 운동장으로 달려갔다.

물론 1960년대에 자란 많은 소년들이 아침부터 밤늦게까지 스포츠를 즐겼다. 하지만 세 친구들은 단순히 즐기는 데 그치지 않고 끊임없이 분석하고 전략을 짰다. 매든의 분석적 사고방식을 처음으로 자극해서 메이저리그 감독으로까지 성장시키는 데 디딤돌이 된 것은 작은 풋볼팀이었다.

유소년 리그와 고등학교 때 매든은 쿼터백으로 뛰면서 공격수들을 이끌었다. 미들 라인 백커에서 수비 리더로 활동했던 포르테는 이렇게 말했다. "우린 그때 아홉 살이었죠. 조와 나는 한 쪽에는 1페니 동전 11개를, 다른 쪽에는 5센트나 10센트 동전 11개를 놓고 전략을 짰습니다. 그때는 1963년이었어요. 우린 와이드 리시버 4명을 세우는 진용 같은 것들을 짜곤 했어요. 이 때 트립 리시버[1]들은 한 쪽에 배치했습니다. 당시 우리 나이 또래들은 생각조차 하지 못할 질문들을 하곤 했지요."

소년들의 코치인 리치 라비츠와 잭 사이웰은 영감을 불어넣어 주었다. 그들은 매든과 포르테가 유소년 풋볼리그에서 등급이 올라가는 동안 계속 함께했다. 소년들은 전략을 논의하기 위해 존스의 집에서 모였다. 그리고 게임 중이나 연습할 때, 그리고 다른 아이들이 집에 돌아간 훨씬 뒤에도 코치들에게 질문 공세를 퍼부었다. 라비츠와 사이웰은 자기 팀 스타플레이어의 직관적인 성향을 격려해줬다. 하지만 질문이 워낙 가차 없는 데다 그 나이치곤 조숙했기 때문에 코치들이 할 수 있는 것은 내내 웃음을 참으려고 애쓰는 것뿐이었다.

라비츠와 사이웰은 어린 선수들의 비위를 맞추기 위해 듣고만 있지는 않았다. 그들은 경기장에서 최신 전술을 실행했다. 다른 팀들이 몇 가지 러닝 플레이와 와이드 리시버 한 명을 놓고 한두 가지 패스 게임을 할 때 매든은 사춘기가 되기도 전에 복잡한 패스 세트를 운영했다. 수비진에서는 포르테가 7명으로 된 수비 라인을 짠 플레이를 지시했다. 이 진영은 모든 블로커[2]들에게 한 명씩 배치하고, 포르테가 볼을

---

**1_** 미식축구 공격 포지션 중 하나. 상대편 최전방으로 달려들며 쿼터백이 던져주는 볼을 받아 터치다운으로 연결하는 임무를 맡은 선수를 말한다. 주로 공격대형(스크리미지) 좌우 끝쪽에서 한두 발 정도 뒤에 서 있다가 공격이 시작되면 상대 수비를 피해 재빨리 뛰어 들어가 공간을 확보하고 쿼터백의 패스를 유도한다.

**2_** 미식축구에서 몸을 부딪쳐 상대를 방해하는 선수를 말한다.

소유한 사람을 막을 수 있도록 길을 비켜주는 방식으로 들어본 적도 없는 전략이었다. 소년들은 동전으로 하는 전략 연습을 반복함으로써 혁신적이고 실제적인 플레이를 만들어냈다. 매든과 포르테가 9살부터 13살까지 뛴 경기에서 진 숫자는 한 손으로 헤아릴 수 있을 정도였다.

소년들은 고등학교 시절에도 내내 미식 축구장에서 성공행진을 이어갔다. 지역에서 가장 작은 팀 중 하나였던 별 볼일 없는 헤이즐톤 고등학교는 곧 기대 이상의 성적을 올리는 팀이 됐다. 선발 쿼터백인 매든은 동전을 놓고 생각해낸 비정통적인 플레이를 세련되게 다듬었다. 그는 또 나중에 크게 쓰이게 될 리더십 기술을 연마했다.

존스는 이렇게 말했다. "조 매든과 함께 뛰던 시절에는 그의 대책 없을 정도로 긍정적인 태도를 배웠습니다. 가끔 우리는 잘 해내지 못할 때도 있었지만, 그는 늘 용기를 잃지 않았습니다. 그게 그의 가장 뛰어난 자질 중 하나였습니다. 조보다 더 크거나 더 빠른 사람은 있었을 겁니다. 하지만 그는 쿼터백이며, 야구팀 주장이었습니다. 공식적으로 주장이 아닐 때조차 그는 사실상 주장 역할을 했습니다. 그는 선수들에게 자부심을 심어주었고 긍정적 효과를 불러일으켰습니다. 이런 성향은 훈련하거나 배운다고 해서 습득되지 않지요."

헤이즐톤 고등학교 풋볼 팀은 그들이 3학년이던 시절에 8승2무1패를 기록했다. 그들이 졸업하더라도 다음 시즌에는 강력한 베테랑 선수들로 팀을 만들 수 있을 것 같았다. 하지만 그 팀은 삼총사를 몹시 그리워하게 됐다. 매든, 포르테, 그리고 존스가 졸업한 다음에 헤이즐톤 고등학교는 한 게임도 이기지 못했다.

풋볼 경기장에서 보여준 매든의 지적인 호기심은 다른 분야로 옮겨갔다. 그는 열정적으로 책을 읽기 시작했다. 위대한 문학 작품은 물론이고 성인이 된 뒤에는 심리학, 철학을 비롯해 여러 영역으로 독서의 폭을 넓혔다. 학교 성적도 뛰어났다. 또 엄청난 시간을 야구에 대해 생각하면서 보냈다. 헤이즐톤은 뉴욕, 필라델피아 그리고 볼티모어 등에서 두 시간 남짓 떨어진 거리에 있었는데, 아주 가끔씩 빅 리그 경기를 보러 갈 때면 그는 입장료 이상의 가치를 얻어냈다. 열 살 때 매든의 코치가 조와 윌리를 데리고 (포르테가 좋아하는 팀인) 메츠와 (매든이 좋아하는 팀인) 카디널스 간의 경기를 보러 갔다.

포르테는 그때를 이렇게 회상했다. "그날은 밥 깁슨이 선발투수였는데, 매든은 밥 깁슨의 모든 움직임을 주시했습니다. 그는 게임 전체를 즐겼지만 깁슨을 연구하면서 스펀지처럼 모든 것을 빨아들였어요."

매든의 아버지는 매든의 스포츠 사랑을 끊임없이 격려했다. 포르테는 매든의 집 TV 앞에 주저앉아서 러셀과 체임벌린, 유니타스와 나마스, 깁슨과 애런 등 1960년대의 모든 위대한 스포츠 선수들을 보던 기억을 떠올렸다. 소년들은 조 매든의 아버지에게 '하워드 코셀(유명한 스포츠 아나운서)'이란 별명을 붙여줬다. 왜냐하면 조의 아버지는 경기를 평가하는 것을 좋아했기 때문이다. 큰 경기가 끝나고 나면 그들은 조의 아버지에게 '어떻게 생각하세요?'라고 묻곤 했다.

매든의 아버지 조 시니어는 배관공으로 60년 동안 일을 했다. 그의 아버지 및 세 형제들과 함께 일하면서 조 시니어는 모든 힘든 작업을 처리했다. 영하 30도까지 내려간 날에는 부서진 화로, 홍수가 밀려온 날에는 발목까지 빠지는 부엌의 개수구를 고쳤고 한밤중에 걸려오는 수리 요청 전화에도 싫은 내색을 보이지 않았다. 피곤한 노동이 그를 괴롭혔지만 내색하는 법이 없었다.

스타 쿼터백이자 야구팀 주장인 조 매든이 모든 사람들의 관심을 받으면서 우쭐해질까 봐 그의 어머니인 앨비나는 곁에서 자기 아들에게 헛바람이 들지 않도록 해주었다. 앨비나는 조를 포함해 세 자녀를 집에 불러 모은 뒤 자신이 운영하던 식당에서 주문을 받도록 시켰다. 매든은 인내심과 뛰어난 유머 감각을 아버지로부터 물려받았고, 레이스에서 원하던 일자리를 얻기까지 31년 동안 도제 기간을 견뎌내도록 해준 강인한 정신력과 추진력을 어머니로부터 물려받았다.

부모님과 사랑하는 이들의 영향력 외에도 헤이즐톤에서 자란 매든은 1950~1960년대에 성장기를 보낸 여느 아이들처럼 집과 학교, 마을 어디에서나 어른들을 존경하는 것이 어떤 가치가 있는지 배웠다. 어떤 방침에 위배되는 행동을 하게 되면 집에 돌아가기도 전에 바로 부모들에게 그 이야기가 들어가는 작은 마을을 상상해보라.

마더 오브 그레이스(Mother of Grace) 교구 학교의 7학년 교사를 맡았던 수잔느 수녀 역시 매든을 애지중지하며 사랑해준 인물로 그가 성장하는 데 큰 역할을 했다. 친절한 수잔느 수녀는 휴식시간마다 남자 아이들과 공놀이를 하곤 했고 어느 누구도 부정할 수 없는 따뜻한 마음의 소유자였다. 그리고 무엇보다도 그녀는 매든에게 존경하고, 존경받는 것이 얼마나 소중한지를 가르쳤다.

매든의 어머니 앨비나는 이렇게 말했다. "어떤 사람이 조와 마지막으로 인터뷰하면서 물었어요. 어떤 선수가 잘못을 저지를 때 직접 지적한 적이 있느냐고요. 조는 그런 적이 없다고 답했어요. 그는 누구에게든 무시하는 투로 말하는 법이 없습니다. 수잔느 수녀가 그렇게 가르쳤기 때문입니다. 수잔느 수녀는 '누군가에서 손가락질을 하면 세 배로 돌아온다'고 말했답니다. 조는 이런 이야기를 마음에 항상 품고 있었지요."

매든은 중요한 성격 형성기에 헤이즐턴에 살면서 많은 교훈을 얻었다. 그가 결정을 할 때 좀 더 창의적이고 열린 마음을 보일 수 있었던 것은 어린 시절 야구를 한 덕분이었다. 그는 아버지가 보여준 인내심과 이해심을 표본 삼아 젊은 선수들과 이야기를 잘했다. 어린 시절 친구, 친절한 수녀, 그리고 열정적인 어머니로부터 활동적인 팀을 다루는 법을 배웠다. 만약 조 매든이 다른 환경과 다른 장소에서 자랐더라면 조시 해밀턴은 8월 어느 날 저녁 열린 게임에서 레인저스 팀에 승리를 안겨줬을지도 모른다.

노장을 고의사구로 거르는 매든의 작전이 상황을 더 악화시킬 수도 있었다. 하지만 그것은 레이스의 선장인 조 매든에게는 큰 문제가 아니었다. 물론 그 상황에서 패배한다면 레이스에겐 큰 타격이 되었을 것이다. 지나치게 영리했던 그 전술에 대해 엄청난 비판이 쏟아졌을 수도 있다. 하지만 그 어느 것도 매든이 결정하는 데 문제가 되지는 않았다. 과정이 옳다면 앞으로 일어날 결과에 전전긍긍할 필요가 없기 때문이다.

그 경기가 끝난 뒤 매든은 야후의 고든 에데스에게 이렇게 말했다. "제시된 모든 것들을 토대로 그 순간에 옳다고 생각한 대로 밀고 나가야만 합니다. 물론 그 작전이 제대로 맞아 떨어지지 않았더라면, 나는 아마도 비판을 받았겠지만 그래도 괜찮습니다."

어려서부터 야구에서 소질을 인정받았음에도 불구하고 매든을 아는 대부분의 사람들은 그가 풋볼에서 뛰어난 경력을 남길 것으로 생각했다. 펀트, 패스, 킥 경쟁에서 일찍부터 두각을 나타냈을 뿐 아니라 유소년 리그에서 조숙한 쿼터백 플레이를 선보였으며, 헤이즐턴 고등학교에서도 스타 쿼터백으로 활동하는 등 매든은 범상치 않은 풋볼 재능을 과시했다. 인근에 있는 라파에트 칼리지는 매든을 풋볼 뿐 아니라 야구 선수로도 스카우트 하는 데 동의했다. 매든이 풋볼과 야구 중 하나를 선택하는 데는 그리 오랜 시간이 걸리지 않았다. 풋볼의 육체적인 도전을 좋아하긴 했지만 야구를 선택할 경우 앞으로 30년 동안 탄탄대로를 걸을 기회가 좀 더 많을 것이라고 생각했다.

하지만 매든은 얼마 지나지 않아 포지션을 바꿀 필요가 있다는 사실을 깨달았다. 리틀리그와 고등학교 시절에 유격수와 투수로 뛰었던 매든은 대학에서는 유격수로 뛸 재능과 투수에 적합한 강력한 팔을 갖고 있지 못하다는 것을 알았다. 하지만 매든은 밥 깁슨의 것이든 자신의 것이든 간에 여전히 투수들의 움직임과 모든 것을 분석하길 좋아했다. 그는 여전히 투구 하나마다 전개되는 팽팽한 시합 양상을 즐겼다.

그는 라파에트 칼리지에서 나름 괜찮은 성적을 거뒀다. 파워가 부족하긴 했지만 타율 2할8푼, 출루율 3할5푼1리, 장타율 3할8푼7리를 기록한 것이다. 하지만 스카우트들의 많은 관심을 끌기엔 충분하지 못한 성적이었다.

그러나 얼마 후 매든이 전체적으로 게임을 조율하는 능력이 있다는 긍정적인 보고서를 접한 에인절스 팀이 흥미를 보였다. 캘리포니아 에인절스는 매든을 드래프트 없이 자유계약 선수로 뽑았다. 그때부터 매든은 살리나스, 산타 클라라, 글고 쿼드 시티즈 등 싱글A 팀을 전전했다. 버스를 타고 이동하는 시간이 길었으며, 숙박환경은 열악했다. 급료는 겨우 살아갈 정도만 받았다. 매든은 에인절스 팀이 자신을 상위 리그로 끌어올릴 만큼 뛰어난 성적을 보여주지 못했다.

"조를 일리노이 주 쪽 쿼드 시티에 있는 도미노 피자에서 만난 적이 있었습니다. 나는 그때 일을 분명하게 기억합니다." 포르테의 말이다. 어린 시절의 두 친구는 오랜 기간 동안 서로를 보지 못했다. 매든이 야구팀을 따라 다니는 동안 포르테는 음악 관련 일을 하고 있었다.

포르테는 그 시절을 회상하며 말을 이었다. "조는 선수 생활을 그만뒀으며, 앞으로 스카우트나 코치가 될 것이라고 말했습니다. 그는 '야구라는 게임에 대해 진짜 좋아한다는 감정을 느낀다'고 말했어요. 그가 선수로 뛰지 않을 때조차 그런 감정을 갖고 있었습니다. 그는 자기가 진짜로 코치를 하고 싶어 하는 열망이 있음을 깨달았던 것이죠. 게임의 일부를 자기가 좌우할 수 있기 때문입니다. 조는 온화한 성품에 상대방을 항상 배려했기 때문에 다른 선수들과 좋은 관계를 유지했습니다. 하지만 그는 게임이 복잡하게 얽혀 있는 것도 좋아했습니다. 당시 싱글A 선수로 뛰는 것은 굉장히 힘들었습니다. 싱글A 팀 코치가 되길 원한다면 미치거나, 아니면 경기와 사랑에 푹 빠져서 떠날 수 없는 정도가 되어야만 합니다."

매든은 오랜 시간 버스를 타고 다녀야 한다거나, 매일 허름한 곳에서 생활해야 한다는 점, 혹은 한여름에 중서부 지역의 뜨거운 태양 아래서 더블헤더 경기를 해야 한다는 점 따위는 신경 쓰지 않았다. 그는 타자들이 공을 좀 더 잘 맞힐 수 있는 방법이나 투수들이 엉덩이를 좀 더 부드럽게 회전할 수 있는 방법, 혹은 에인절스가 미래의 메이저리거를 좀 더 잘 육성할 수 있는 방법 같은 것들을 끊임없이 생각하곤 했다. 매든은 선수 생활을 끝낸 이후 에인절스에 계속 머물수 있게 해달라고 요청했다. 에인절스도 매든의 이런 제안에 동의했다. 이렇게 해서 30여 년에 걸친 매든의 코칭스태프 생활이 시작됐다.

매든은 잠시 스카우트로 일을 하고 난 뒤 27살에 루키 리그 아이다호 폴스 팀의 감독이 됐다. 얼핏 보기에 그해 27승 43패를 기록한 팀을 맡는 것은 적절한 데뷔가 아닌 것처럼 보인다. 하지만 선수시절에 그랬던 것처럼, 그리고 나중에 메이저리그 감독으로 보여줬던 것처럼, 매든은 경기 결과에 지나치게 많은 스트레스를 받지는 않았다. 분명 그는 싱글A에서 3할5푼을 치고 싶었던 것처럼 승리하길 원했다. 하지만 그는 선수들에게 야구라는 게임은 항상 복잡하게 얽혀 있다는 점을 배우는 과정이라고 강조했다.

시간이 흘러도 성적이 많이 향상되지는 않았다. 아이다호 폴스에서 세일럼으로, 페오리아에서 미드랜드로 힘들게 이동했다. 하지만 세일럼에서의 첫 해에 매든은 34승 36패의 성적으로 팀을 플레이오프로 이끌었다. 그리고 포스트시즌을 거치면서 리그 우승을 차지했다. 그 과정에서 그는 올해의 감독상을 받았다.

마이너리그 감독의 성공은 감독 자신이 메이저리그로 올려보낸 선수와 기록을 통해 결정된다. 에인절스 팀은 매든이 선수들을 가르치는 방식을 좋아했다. 또 매든이 코치 및 인스트럭터들과 소통하는 방식과 게임을 준비하는 방식도 좋아했다. 그들은 재능은 있지만 다듬어지지 않은 유망주들을 매든의 팀으로 보냈다. 일관되고 생산적인 마이너리그 생활을 보낼 수 있도록 한 것이다. 이렇게 오래 계속된 훈련을 통해 매든은 팀의 성적이 나쁘더라도 그 팀의 가장 유망한 젊은 선수들을 관리할 수 있었다.

1978년부터 1984년까지 에인절스 선수 개발 책임자를 맡았으며, 이후 7년 동안은 단장으로 일했던 마이크 포트는 이렇게 말했다. "프레스톤 곤잘레스는 나의 오른팔이었습니다. 그는 쉽게 남을 칭찬하는 사람이 아닙니다. 그는 1986년에 더블A에서 조의 미드랜드 팀이 경기하는 것을 보고 돌아와서는 이렇게 말했어요. '조 매든이라는 사람은 언젠가 메이저리그 감독이 될 것입니다.' 프레스톤과 30년 이상 일했지만 그가 내게 그런 식으로 말한 사람은 딱 한 사람 더 있었습니다. 그 사람은 바로 오클랜드 애슬레틱스의 전 감독인 켄 마차였어요. 두 번 이야기해서 두 번 다 맞힌 셈입니다."

포트는 몇 년 전 마이너리그 투수 인스트럭터이자 명예의 전당 헌액자인 워렌 스판과 함께 아이다호 폴스에서 며칠 간 시간을 보낸 적이 있었다. 당시 27살이던 매든은 루키 팀 감독이었다. 그들은 연습 경기를 운영하는 매든의 방식에 상당히 깊은 인상을 받았다.

그러나 포트는 그것보다 더 인상적인 장면을 떠올리며 이렇게 말했다. "그는 선수나 함께 일하는 사람들에 대해 무한한 애정을 갖고 있었습니다. 당시에 몇몇 라틴 아메리카 출신 선수들은 은행 업무를 해본 경험이 없어서 수표를 현금으로 바꾼 뒤 매트리스 밑에 넣어두곤 했지요. 이 사실을 안 매든이 총대를 메고 나섰습니다. 다른 사람들은 '그건 그들의 문제다'고 했어요. 하지만 조는 사람에 대해 관심이 있었고, 항상 누군가에게 도움이 되고자 했습니다."

매든은 곧바로 전향적인 사고를 하는 사람으로 조직 전체에 알려지게 됐다. 마이너리그에 몸담던 초기 시절부터 매든은 휴식과 영양섭취, 정신수양, 그리고 압박감을 이겨내는 것들이 중요하다고 거듭 강조했다. 당시만 해도 야구계에서 이런 주제들은 거의 논의되지 않고 있었다. 매든은 어느 누구보다도 최신 기기나 방식을 먼저 받아들였다. 정보를 수집하고 체계화하는 데 도움이 된다고 생각할 경우에는 더욱 그랬다.

에인절스와 시애틀 매리너스 전 단장인 빌 바바시는 매든이 선수 생활을 끝내던 1978년에 에인절스에서 단장을 맡았다. 예산을 쥐어짜야 했던 바바시는 매든에게 연봉을 소폭 인상할 수밖에 없다고 통보해야만 했다. 바바시가 생각하기에 매든이 받아들일 수 있는 것보다 훨씬 낮은 수준이었다. 잠시 어리둥절한 표정을 짓던 매든은 바바시가 감사와 존중의 표시로 가져온 선물을 보더니 눈빛이 반짝거렸다. PDA의 원조로 당시 500달러를 호가하던 샤프 오거나이저였다. 연봉이 좀 더 적었던 매든뿐 아니라 1년에 15,000달러를 받는 바바시에게도 큰돈이었다. 매든은 갈수록 많아지는 정보들을 체계적으로 정리하는 데 그 기기를 사용하는 한편 선수들의 실적에 대한 풍부한 기록도 적어넣었다. 몇 년 뒤 에인절스가 휴대용 컴퓨터 구입 자금을 할당하기 시작했을 때 바바시는 매든에게 맨 먼저 제공했다. 함께 일했던 사람들도 매든보다 더 휴대용 컴퓨터를 잘 이용할 수 있는 사람은 없다는 사실을 알았다. 그는 가는 곳마다 휴대용 컴퓨터를 기꺼이 들고 다녔다.

매든은 작은 공이 나오는 맞춤형 피칭 머신을 가장 먼저 도입한 사람 중 한 명이다. 그 피칭 머신은, 타자가 시속 225킬로미터 속도로 튀어나오는 테니스공을 따라갈 수 있다면 실제 게임에서 시속 145킬로미터의 공을 훨씬 더 쉽게 칠 수 있을 것이라는 생각에서 만들어졌다. 매든은 여기서 한 발 더 나아가 자기만의 방식으로 응용했다. 그 기계를 좀 더 낮은 위치에 설치하거나 테니스공에 빨간색과 검정색 표시를 하기 시작했다. 만약 타자가 빠른 속도로 던져진 공에서 '빨강'이나 '검정'을 가려낼 수 있다면, 공을 좀 더 잘 골라내고 더 좋은 볼 카운트를 유지할 수 있으며, 더 좋은 타격 기회를 얻게 될 것이라고 생각했다.

몇 년 뒤 레이스의 스타 3루수가 된 에반 롱고리아가 이 훈련의 최대 수혜자가 됐다. 그는 바깥에서 지켜보면서도 타석으로 날아오는 공을 가려내는 데 놀라운 능력을 발휘했다. 믿기 힘들 정도로 뛰어난 선구안을 타고 난 덕분에 롱고리아는 훌륭한 타자가 될 수 있었을까? 아니면 피칭 머신 덕분에 공을 골라내는 능력을 연마할 수 있었던 것일까? 대부분은 타고난 능력 때문일 것이다. 하지만 매든은 후천적인 훈련도 어느 정도 영향을 미쳤다고 생각한다.

매든은 또 선수들을 격려하는 새로운 방법을 계속 모색했다. 그가 7년 동안 마이너리그 타격 인스트럭터를 맡고 있는 동안 재능 있는 선수들이 대거 유입됐다. 그가 가르친 선수들 중에는 나중에 메이저리그 올스타가 된 팀 살먼과 짐 에드먼즈도 있다. 이 무렵 매든은 동기를 부여하는 T셔츠를 나눠주는 방법을 즐겨 사용했다.

바바시의 말을 들어보자. "가장 유명한 것은 나는 소리지른다(I GOT LOUD)였어요. T셔츠 위에는 바람을 가르며 큰 소리를 내는 공이 그려져 있었습니다. 그 공이 큰 소리를 내는 것은 세게 맞았기 때문입니다. 선수들이 통계를 잊고 공을 세게 때리는 데 초점을 맞추도록 고안된 것이었지요."

매든은 에인절스 팀의 마이너리그 현장 책임자가 된 뒤 나중에는 선수 육성을 총괄하게 됐다. 그는 1994년에 마침내 메이저리그의 부름을 받았다. 빅 리그로 올라가 에인절스의 불펜 코치를 맡은 뒤 12년 동안 매든은 1루 코치와 덕아웃/벤치 코치 등을 경험했다. 매든은 2005년까지 단장과 배트 보이를 빼고 야구단의 거의 모든 직책을 섭렵했다.

매든에게 에인절스 시스템에서 일한 31년에 대해 한번 물어보라. 그러면 매든은 나중에 빅 리그 감독이 되는 데 필요한 지식과 경험을 축적할 수 있도록 도와준 모든 직책들에 고마움을 표할 것이다. 무엇보다 그는 함께 일하면서 앞으로 나아갈 때 멘토 역할을 해준 사람들에게 가장 많은 찬사를 보냈다.

마르셀 레흐만(Marcel Lachemann)[3]으로부터는 언제 선발투수를 교체할지부터 적절한 상황에 최적의 구원투수를 찾아내는 방법까지 모든 방법을 배웠다. 릭 다운과 벤 하인스는 이미 성숙단계에 이르렀던 매든의 타격 이론에 영향을 미쳤다. 밥비 눕과 래리 바우어는 수비에 관해 좀 더 섬세한 부분들, 이를테면 상황별로 외야수들이 얼마나 얕게 수비해야 하는지, 야수들을 어떻게 이동시켜야 하는지, 그리고 언제 공격적인 수비 시프트를 사용해야 하는지 등을 가르쳐줬다. 테리 콜린스에 대해서는 자신이 만나본 가장 똑똑한 감독 중 한 명이라고 매든은 말했다. 그는 콜린스로부터 전술적 충고뿐 아니라 매일 클럽 하우스를 걸어 다니는 25명의 선수들을 어떻게 다뤄야 하는지에 대해 배웠다.

매든은 진 마우흐에 대해 자신에게 큰 영향을 끼친 최초의 인물이라고 말했다. 마우흐는 1981년부터 1982년까지 에인절스 감독을 맡은 뒤 1985년부터 1987년까지 또 다시 감독을 역임했다. 그 무렵 매든은 마이너리그 감독으로 첫 경험을 하고 있었다. 매든은 구단 회의가 있을 때마다 마우흐 곁으로 다가가 오랜 기간 감독 생활을 했던 그가 제공할 수 있는 모든 지혜를 빨아들였다.

매든은 '마우흐 감독은 결코 실수를 저지르지 않을 것처럼 보였다'고 회상했다. "그가 말하는 것은 무엇이든 복음처럼 받아들였습니다. 무조건 옳은 것이라고 생각했지요. 나는 천성적으로 질문하길 좋아하는 사람이었습니다. 하지만 그와 함께 있을 땐 질문을 하지 않았습니다. 그가 어떤 말을 하면 질문을 할 필요가 없었지요. 그는 특별한 존재감이 있었습니다. 그는 시끄럽거나, 잘난 척하는 인물이 전혀 아니었습

---

**3**　레흐만은 2006년 WBC 대회와 2008년 베이징 올림픽 당시 미국 대표팀의 투수 코치를 맡기도 했다.

니다. 게임을 운영하는 방식과 사고 과정, 그리고 단순함 등에 있어서 그때까지 야구계에서 내가 만난 그 어떤 사람보다도 그는 더 많은 상식을 갖고 있었습니다."

30년 이상 한 단계 한 단계 거슬러 올라가는 동안 매든은 감독으로서 독특한 관점을 만들어나갔다. 그는 자신의 멘토와 동료들이 제공한 것들 중 가장 좋은 부분을 취한 뒤 함께 버무렸다. 그 덕분에 그는 실패를 두려워하지 않는 감독이 됐다. 메이저리그까지 비슷한 경로를 겪어온 다른 야구인들과 달리 매든은 관습적인 지혜에 안주하지 않았다. 그는 자신의 본능을 믿고, 새로운 지도 방법을 전면에 내세웠다. 마침내 기회를 잡았을 때 매든은 31년간의 노력 끝에 거의 하룻밤 사이에 성공의 길을 걷기 시작했다. 매든은 자신에게 말하곤 했다. '최선을 다한 과정을 믿어라. 그러면 성공은 저절로 따라올 것이다.'

레이스가 감독 선발 인터뷰를 위해 매든을 초대했을 때, 그들은 자신들과 똑같은 유형의 현장 감독과 마주하게 될 줄은 몰랐다. 앤드류 프리드먼, 맷 실버맨, 그리고 스튜어트 스턴버그는 모두 월스트리트에서 일할 때 과정에 바탕을 둔 분석을 중요시했다. 그들은 이제 막 레이스 팀의 일상 업무를 운영하기 시작했지만 그들은 마케팅과 판매부터 경기장 운영, 그리고 선수 자유계약까지 조직의 모든 양상을 분석하기 위해 이미 열정적인 도구들을 사용하고 있었다. 그 팀의 두뇌 집단은 첫 감독을 고용할 때도 같은 방식으로 철저하게 분석했다.

매든에 대한 레이스의 스카우팅 리포트는 그의 경력에 주목했다. 30년 이상 에인절스 조직에서 몸담은 후 잠시 메이저리그 구단의 임시 감독을 맡은 경력이 있는 매든은 조직 내에서 자신의 지원자와 팬을 구축했다. 그들은 매든이 풀타임 감독 자리에 앉을 수 있도록 로비를 했다. 매든의 인터뷰 스타일과 이들의 추천이 결합되면서 2004년에는 레드삭스 감독으로 거의 선임될 뻔했다.

'만약 그랬더라면'이란 시나리오를 쓴다면, 이런 점을 한번 생각해 보라. 만약 2003년 그래디 리틀이 해고된 뒤 테리 프랑코나 대신 조 매든이 레드삭스 감독이 됐다면 어땠을까? 테리 프랑코나가 다른 팀에서 월드시리즈 우승을 한 번(혹은 두 번) 이루어낼 수 있었을까? 매든은 전통 있고 강력한 팀의 조타수로서 프랑코나의 실적에 버금갈 성적을 냈을까? 레이스 팬들에게 더 중요한 질문은 다음과 같은 것들이다. 조 매든이 아닌 다른 감독이 팀을 이끌었더라면 젊은 유망주를 안정적으로 키워내며, 최악의 팀에서 최고 팀으로 변신할 수 있었을까? 지난 30년간 가장 유망한 팀이 될 수 있었을까?

프리드먼과 레이스는 이런 가정을 할 필요가 없었다. 그들은 2005년 11월15일 조 매든을 고용했다. 몇 년 전 마이클 루이스는 베스트셀러인《머니볼》에서 야구 감독은 일종의 중간 관리자 역할을 해야 한다고 주장했다. 즐겁게 명령을 내리고 똑똑한 윗사람들이 만들어낸 전략을 충실하게 수행해야 한다는 것이다. 매든이 31년 동안 큰일을 맡으면서 자기 자신을 위해서만 애를 썼다면, 보스들의 어리석은 그릇을 채워주는 것으로 끝이 났을 것이다.

프리드먼은 이렇게 말했다. "조와 마주 앉아서 인터뷰를 진행하면서 그의 사고 과정이 여러 가지 면에서 우리와 비슷하다는 사실을 알았습니다. 그는 매우 탐색적이고, 어떤 사안을 볼 때 일반적인 관습과는 다른 관점으로 보려고 노력했습니다. 그는 우리가 기대하는 부분과 정확하게 맞아 떨어졌습니다. 우리는 그를 경영진의 일부로 생각했습니다. 그것은 우리가 감독을 고용할 때 중요하게 생각했던 부분이었습니다."

프리드먼을 비롯한 레이스의 고위 경영진들은 매든이 독립적인 사고에 익숙할 뿐만 아니라 그 외에도 자신들과 유사한 점들이 많다고 생각했다. 처음부터 매든의 창의적인 사고와 과감한 의사 결정이 빛을 발했다.

한번은 인디언스와의 경기에서 9대 0으로 지고 있을 때 발빠른 외야수인 B. J. 업튼에게 6회 2루와 3루를 연이어 도루하도록 했다. 또 2009년에는 몇몇 지역 언론의 강한 반대를 무릅쓰고 스위치 타자인 벤 조브리스트에게 서로 다른 7개 포지션을 맡기면서 새로운 차원의 슈퍼 유틸리티(super utility) 역할을 하도록 했다. 그 해 조브리스트는 공격과 수비 부문에서 모두 MVP급 활약을 펼쳤다. 매든 감독은 오른손 투수에게는 왼손 타자를, 왼손 투수에게는 오른손 타자를 내보내야 한다는 강박관념도 벗어던졌다. 매든은 좌타자 상대로 훨씬 좋은 성적을 올린 오른손 투수 마이크 무시나가 선발투수로 출전한 경기에 8명의 우타자를 선발 출장시켰다. 오른손 투수인 팀 웨이크필드를 상대할 때도 비슷한 전략을 썼다. 매든은 특히 너클볼 투수인 웨이크필드에 맞서 스위치 타자도 오른쪽 타석에 들어서도록 했다.

매든은 아마도 불펜 운용 문제로 가장 많은 비판에 직면했을 것이다. 그는 종종 최고의 구원투수가 경기의 맨 마지막에 나온다는 룰도 무시했다. 대신 가장 뛰어난 구원투수를 가장 긴급한 상황에 활용했다. 레이스의 공식 마무리투수인 J. P. 하웰은 동점으로 맞이한 8회 만루 상황에 심심찮게 등장했다. 2, 3점 리드하고 있는 경기에서 9회 초 주자가 한 명도 없는 편한 상황에 등판하는 대부분의 마무리투수들과는 거리가 멀었다.

심지어 선발투수들도 때로는 구원투수로 등판했다. 2010년 여름에 레이스는 선발투수인 제임스 쉴즈와 맷 가르자를 박빙으로 전개되는 게임 후반부에 구원 투수로 등판시켰다. 매든은 그해 6월 말린스와의 경기에서 쉴즈에게 연장 10회를 막도록 했다. 레드삭스와의 경기에서는 9회에 가르자를 호출했다. 두 경우 모두 지나치게 공격적인 구원투수 운용 때문에 벌어진 상황이었다.

플로리다와의 경기에서는 매든은 한 이닝을 막기 위해 네 명을 등판시키면서 경기 초반 일찌감치 구원 투수들을 소진했다. 10회에 가장 약한 투수 중 한 명을 내보내는 대신 그는 선발투수인 쉴즈를 등판시켰다. 보스턴과의 경기에서는 이전 며칠 동안 특급 구원투수들인 호아킨 베노아와 라파엘 소리아노를 무리시켰기 때문에 불펜 보강이 필요한 상황이었다. 하지만 매든과 투수 코치인 짐 히키는 상황에 맞춘 매치업 대신 다른 팀에서는 좀체 쓰지 않는 굉장히 간단한 전략을 사용했다. 선발투수들은 보통 선발 등판 중간에 불펜 피칭을 한다. 팔을 강하고 유연하게 유지하며, 기능 저하를 방지하기 위해서다. 레이스는 쉴즈와 가르자가 가상의 타자들을 상대로 피칭을 낭비하는 대신 실제 경기에 내보냈다. 이 전략은 주효했다. 쉴즈는 말린스와의 경기에서 10회에 등판해 무실점으로 막아냈고 가르자는 레드삭스와의 경기에서 9회마무리에 성공하기도 했다.

소시아는 이렇게 말했다. "창의적인 사고란 표현은 아마도 매든을 위해 만들어진 것 같습니다. 그가 만약 야구계에 몸담지 않았더라면, 믿기 힘들 정도로 굉장한 엔지니어가 됐을 겁니다. 창의적인 마음가짐을 갖고 있기 때문입니다. 그는 조직의 부분, 팀의 부분을 볼 줄 압니다. 그것도 신선하고 창의적인 방법으로 말입니다. 건전한 상식을 바탕으로 조직과 사람들, 그리고 팀을 더 좋게 만들 줄 안다는 것이지요.”

레이스가 보여준 파격적인 움직임들이 모두 매든의 창작품은 아니다. 사실 팀의 전략 중 많은 것들은 제임스 클릭, 에릭 니앤더, 혹은 프런트 오피스에 있는 다른 넘버 크런처(복잡한 계산을 주로 하는 사람)들이 수집한 자료에서 시작했다. 하지만 그것 역시 레이스가 매든을 감독으로 채용하면서 얻을 수 있었던 효과들이었다. 감독은 정보를 갈망하고 새로운 아이디어를 잘 수용해야 한다. 거기에 더해 매든은 게임을 새로운 방식으로 바라보길 좋아하고, 오래된 야구의 전통과 불문율에 대해서 좀 더 비판적으로 분석할 줄 알았다.

히키도 매든에 대해 비슷하게 말했다. “그는 기꺼이 평범하지 않을 일을 하려는 인물이었습니다. 많은 감독들은 고정관념에서 약간 벗어난 일을 하고 나서 제대로 일이 안 풀릴 경우에는 ‘최선의 선택이었다’고 핑계를 댑니다. 하지만 매든은 고정관념과는 완전히 반대되는 쪽으로 일을 했습니다. 그것은 대부분 옳은 선택이었어요. 책에 있는 많은 정보들이 한 물 간 것들이고 오늘날의 실정엔 잘 맞지 않습니다.”

레이스는 모든 결정을 내릴 때 실제 경험과 축적된 데이터를 절묘하게 결합했다. 매든도 예외는 아니었다. 게임 시작 전에는 매든이 앤드류 프리드먼과 함께 선수 영입 가능성에 대한 이야기를 나누는 모습을 본 적이 있었다. 이때 그들은 클릭과 니엔더가 보내준 데이터와 어드밴스 스카우트[4]들의 풍부한 보고서를 훑어보고 있었다. 투수 코치 및 타격 코치들과 함께 선수들을 어떻게 슬럼프에서 빠져 나오게 할지에

---

**4_** 시즌이 시작되기 전 각 구단을 탐방하면서 적수가 될 만한 팀들의 장점과 약점을 분석하는 일을 하는 사람을 말한다.

대한 아이디어를 주고받으며, 여러 선수들과 각종 시나리오를 논의하기도 했다.

매든은 레이스에서 감독직을 맡은 직후 선수들이 읽을 수 있도록 클럽하우스 전역에 동기를 부여하는 철학적인 문구들을 붙여놓았다.

규칙이 인격을 대신할 수는 없다. _앨런 그린스펀

진실은 규칙을 필요로 하지 않는다. _알베르 카뮈

다른 사람들이 시킬 필요가 없도록 스스로 단련하라. _존 우든

선수들의 사기를 북돋우고, 하나로 묶어주기 위해 매든은 매 시즌 슬로건을 고안했다. 가장 유명한 창작물은 2008년에 만든 '9=8'이란 주문이었다. 9명의 선수들이 매 게임 9이닝 동안 열심히 경기해서 레이스가 포스트시즌에 진출하는 8팀 중 한 팀이 되도록 하자는 의미였다. 그들에게 보상해주기 위해 그는 다양한 이벤트도 준비했다. 선수들의 긴장을 풀어주기 위해서 자니 캐시⁵ 공연을 비롯해 장거리 자동차 여행을 위한 테마를 만들었다. 자니 캐시 공연 참석을 위해서 스포츠 안경을 쓴 와인 애호가인 매든 자신이 머리카락을 칠흑 같은 검은 색으로 염색하기도 했다. 팀의 단결심을 좀 더 고취시키기 위해 매든은 B. J. 업튼, 자니 곰스 같은 선수들처럼 모호크(북미 원주민의 한 부족) 헤어스타일 하기도 했다.

선수들과 하는 매든의 모든 소통은 긍정적 강화에 뿌리를 두고 있다. 긍정적 강화란 칭찬, 상, 표창장, 금전적 보상 등과 같이 만족감을

---

**5_**   컨트리 음악의 대부. 〈I Walk the Line〉가 대표곡으로 꼽힌다.

주는 자극을 말한다. 긍정적인 강화는 반응이나 행동발달을 촉진시키는 데 큰 효과가 있다.

매든은 이렇게 말했다. "그건 내가 자라난 방식과 같습니다. 부모님들, 특히 아버지는 부정적인 생각으로 고민하기보다는 긍정적 생각을 품고 열심히 일하는 사람이었습니다. 그리고 내가 읽은 심리학 관련 도서들로부터 어느 정도 영향을 받았습니다. 한 가지는 확실합니다. 부정적으로 가르치는 방식은 나와 맞지 않았습니다."

외부에서 바라보던 일부 사람들은 매든의 방법에 고개를 저었다. 그들은 매든이 매일 미디어 관계자와 회동하면서 칩, 살사, 그리고 맥주를 제공하는 관행이 뭘 의미하는지 알지 못했다. 그리고 그들은 고급 와인처럼 야구 외적인 데 지나치게 초점을 맞추고 있는 매든의 방식을 의아해했다. 자신보다 굉장히 젊은 선수들과 지나치게 가깝게 지내는 것은 아닌가? 고풍스런 뿔테 안경을 왜 쓰는 걸까? 만약 레이스가 추구한 젊은 소통 방식이 실패했다면, 매든은 비정통적인 방법을 적용했다는 점 때문에 엄청난 비난을 받았을 것이다.

오랜 친구이자 동료인 바바시에 따르면, 매든은 이런 것들 중 어느 하나도 억지로 선택한 것이 아니다. 고급 와인을 좋아했기 때문에 그것을 즐겼을 뿐이다. 자기계발에 도움이 되는 심리학 도서를 읽고 동기를 부여해줄 수 있는 문구들의 가치를 발견했기 때문에 그 문구들을 클럽하우스 벽에 붙여 놓고 선수들과 공유했을 뿐이다.

바바시는 2007년에 있었던 이야기를 들려주었다. "당시 매든의 엉뚱한 접근 방식이 이른 시일 내에 효과를 보지 못할 경우 쫓겨날 수도 있다는 얘기가 떠돌았습니다. 하지만 조는 그때 '내 일자리를 지키기 위해 뭘 해야만 할까?'란 생각을 한 적이 없습니다. 자기 계획을 계속 밀고 나갔고 전혀 겁내지도 않았어요. 그는 선수들의 역량을 최대한 이끌어내고, 팀이 그에게서 최대한 많은 것을 뽑아낼 수 있도록 힘을 쏟았습니다."

만약 내 주변에 CEO나 중소기업 소유자들이 있다면 이런 메모를 건네고 싶다. '매든, 이 사람을 고용하라. 아니면 최소한 이 사람처럼 생각하는 사람을 고용하라.'

선수들에게 다가가려는 매든의 노력이 경기장에서 더 많은 승리를 가져올지, 아니면 단순히 겉으로 보여주기 위한 이벤트인지는 쉽게 판단할 수 없었다. 그러나 분명한 것은 매든이 선수들의 신뢰를 얻지 못한다면, 사기를 진작시키려는 그의 노력은 외면당할 수밖에 없다는 점이다.

레이스의 베테랑 외야수인 가버 카플러가 1년 간 선수 생활을 떠나 하위 마이너리그 팀 감독을 맡은 적이 있었다. 카플러는 선수 생활이 끝난 뒤 감독으로 돌아가게 된다면, 매든의 여러 장점들을 모방하기 위해 노력할 것이라고 말했다.

레이스의 외야수로 시집을 출간한 적도 있으며 뉴욕타임스 블로거로도 활동했던 페르난도 페레즈는 이렇게 회상했다. "내가 처음 여기에 왔을 때 빅 리그는 어떤 느낌일지, 내가 하고 있는 것이 과연 옳은지 그른지 따져보면서 들떠 있었습니다. 조는 이때 이렇게 말했을 뿐입니다. '지금까지 해온 대로만 하라.' 그렇게 함으로써 우리가 그것을 즐길 수 있다는 것이지요. 그는 단지 나뿐만이 아니라 모든 사람에게 그렇게 대했습니다. 시를 쓰는 작가 입장에서 몇 가지 표현법으로 그렇게 많은 변화를 일으킬 수 있다는 것이 놀라울 따름이었습니다."

감독이 선수들과 연결되고, 또 그들의 신뢰를 얻게 되면, 자신의 자리에 대해 점점 더 안정적인 지위를 확보하게 된다. 많은 경영자들은 매든이 감독을 맡은 뒤 초기 2년간 보여줬던 것처럼 승리보다 패배가 더 많은 시즌을 보내면 간섭을 하기 마련이라고 실버맨은 지적했다. 하지만 프런트 오피스는 인내심을 가져야 한다고 역설했다. 그들은 팀이 진행하고 있는 선수 육성 방식을 좋아했으며, 매든이 젊은 선수들과 함께 만들어나가고 있는 변화를 좋아했다. 레이스가 2008년 처음으로 위닝 시즌(승률 5할 이상을 기록한 시즌)에 성공하고, 플레이오프에 안착한 뒤 지구 우승을 차지하고 아메리칸리그 페넌트레이스 우승을 차지하자 매든의 입지는 더욱 탄탄해졌다. 결국 그는 레이스와 2012년까지 계속 감독직을 수행하는 연장 계약을 체결했다.

# 과거와 작별하기

데이비드 핀토는 곤경에 처했다. 그는 이전에도 압박감이 심한 상황을 이겨낸 경험이 있었다. 그는 ESPN의 〈베이스볼 투나잇〉에서 조사 작업을 하며, 독자들의 사랑을 받은 초기 야구 블로그 중 하나인 베이스볼 뮤징스(Baseball Musings)를 통해 밥벌이를 하기도 했다. 하지만 이전에는 메이저리그 팀의 사장이 직접 편지를 보내 엄청난 잘못을 저질렀다고 질타한 적은 없었다.

친애하는 핀토 씨.

우리에게는 2007년 11월 8일이 기념비적인 날입니다. 그날 우리는 팀 이름에서 '데블'이란 말을 떼어내고 '탬파베이 레이스'가 됐습니다. 우리는 이름 변경에 맞춰 새로운 로고와 색상 그리고 유니폼을 소개했습니다. 이젠 밝은 노란색 햇살이 우리를 수놓게 됐습니다. 데블 레이를 제거하고 이렇게 햇살 모양의 아이콘을 이용한 것은 강렬한 햇살이 비치는 플로리다 주의 장엄한 풍경을 연상케 합니다.

그런데 최근에 귀하께서 우리 팀의 예전 이름을 사용한 것을 보게 됐습니다.

레이스 사장인 맷 실버맨이 보낸 그 편지에는 옛 이름을 떼어내는 과정이 상세하게 묘사돼 있다. 레이스는 새롭게 바꾼 이름과 로고를 만들기 위해 브레인스토밍을 하느라 수천 시간을 할애했으며, 많은 자금을 쏟아 부었다. 그들은 데블레이스란 옛 이름을 사용하는 직원들에게는 벌금을 물렸으며, 거둬들인 벌금은 자선단체에 기부했다. 이제 팀의 정교한 스파이 네트워크 덕분에 데이비드 핀토를 '현행범'으로 잡은 것이다. 이런 엄청난 행동에 대한 벌칙? 1달러. 핀토는 벌금을 납부했다. 그것도 10배로.

레이스는 그 해 오프 시즌 동안 야구에 대해 글을 쓰는 다른 몇몇 작가들에게도 벌금을 부과했다. 그렇게 함으로써 '데블을 떼자'는 캠페인을 일반 대중들에게 널리 알렸다. 책임자들이 종종 지나치게 진지한 자세를 보여주는 야구계에서 이런 뻔뻔스런 유머감각을 발휘하기란 매우 드문 일이었다. 하지만 실버맨과 프런트 오피스의 다른 사람들은 단순히 웃음을 자아내는 것보다 더 거대한 아이디어를 갖고 있었다.

여덟 시즌 동안 탬파베이 데블레이스는 빈스 나이몰리의 잘못된 행동 때문에 모두의 조롱거리였다. 탬파베이는 나이몰리를 쫓아낸 뒤에 훨씬 나은 의사결정을 했지만 여전히 승리보다는 패배가 더 많았다. 다른 팀의 팬들은 탬파베이의 이름 변경을 속임수라고 생각했다. 큰 틀은 그대로 두고 조금만 변경하는 것으로는 탬파베이의 악명을 떨쳐버릴 수 없었다. 경기장에서는 탬파베이의 성적이 확연하게 달라져야 하고, 악귀를 쫓아내는 주술사라도 데려와야 했다.

실버맨이 이끄는 새 왕조는 공식적인 명칭을 바꾸기 2년 전부터 탬파베이의 브랜드와 명성을 바꾸려는 노력을 시작했다. 실버맨이 처음으로 고용한 사람 중 하나가 바로 트로피카나필드에서 고객 서비스와 팬 엔터테인먼트 담당자였던 다시 레이먼드다.

다시 레이먼드는 프록터앤갬블(P&G)의 브랜드 관리자로 일했으며, 그 후 몬트리올에 터를 두고 있는 검색 엔진 맘마닷컴의 마케팅 담당 부사장을 지냈다. 맘마의 비즈니스 모델은 10~12개가량의 검색엔진을 한 번에 혼합하는 메타 검색 사이트를 구축하는 것이었다. 하지만 맘마의 핵심 아이템은 그다지 훌륭한 편이 못 됐다. 그리고 그 회사는 비즈니스 경험이 그다지 많지 않은 20대들에 의해 운영되고 있었다. 맘마는 닷컴 붐이 최고조에 달했던 1999년에 벤처캐피털로부터 2700만 달러를 끌어모았지만, 벤처 거품이 꺼지기 전까지 돈을 버는 데 실패한 상태였다. 맘마의 철면피들은 레이먼드를 채용하면서 사이트에 트래픽을 몰아다주기를 바랐다. 그래야만 인터넷 신생 기업들이 좀처럼 이뤄내지 못한 목표, 즉 실제 수익으로 연결될 수 있기 때문이었다. 하지만 레이먼드를 채용한 것은 그리 좋은 선택이 아니었다.

맘마의 제품 개발 담당 이사였던 제레미 와이즈먼은 이렇게 말했다. "그는 돈을 쏟아 부어서 사이트로 트래픽을 몰아왔습니다. 하지만 CEO는 마케팅 비용으로 100만 달러를 쓰고도 그 돈을 벌어들이지 못하는 것을 이해하지 못했습니다. 소비재 제품에는 다시의 접근법이 옳았겠지만 웹 검색 기업은 다른 비즈니스 모델이지요. 우리는 어떤 시도를 한 뒤 기다리는 인내심이 없었습니다. 야구팀은 이런 유형의 브랜드 구축이 효과적인 편입니다. 야구에서는 티켓을 팔려고 노력하기도 하지만 그 이상을 추구하기도 합니다. 브랜드를 만들고, 그 브랜드에 대해 어느 정도 열광케 한 뒤 장기 브랜드로 구축하는 것이지요."

레이먼드는 맘마닷컴을 떠난 뒤 하버드 경영대학원에 진학했다. 그곳에서 만난 동급생 브라이언 올드가 데블레이스로 자리를 옮기자 그는 레이먼드에게 손을 뻗쳐 데블레이스 팀을 위해 마케팅 컨설팅을 해달라고 부탁했다. 올드는 비즈니스 운영 담당 수석 부사장까지 진급했고 레이먼드는 브랜딩 및 팬 경험 담당 부사장에 올랐다.

레이먼드는 P&G에서의 경험을 토대로 데블레이스의 브랜드 재창조 작업을 이끌었다. 그는 사람들이 게임에 열광할 수 있도록 만드는 요소를 강조해야 한다고 촉구했다. 오프 시즌 동안 팀 마케팅을 한 뒤 사람들이 2월에 투수와 포수가 처음으로 모습을 드러낼 때를 고대하도록 만들어라. 그런 모습이 미국적인 생활의 일부라고 강하게 어필하라. 심지어 관중석에 떨어지는 공을 잡을 경우에도 보상을 해줘라. 데블레이스 선수들이 친 홈런 공을 잡은 사람에겐 누구든지 경기장을 떠나기 전에 그 공에 선수의 사인을 받을 수 있도록 해라…….

레이먼드는 여러 세대가 함께 경기장에 오도록 해야 한다고 강조했다. 뉴욕, 보스턴, 볼티모어, 심지어는 토론토 같은 지구 라이벌들과 달리 데블레이스는 어린이 세대가 열정적인 팬이나 시즌 티켓을 구입하는 성인 팬으로 성장할 만큼 오래된 구단이 아니다. 그는 같은 지구의 더 큰 라이벌보다 어떻게 더 잘 할 수 있는지, 양키스의 팬들을 어떻게 자신들에게 끌어올 수 있는지와 같은 이야기를 통해 구단의 성장을 강조했다. 데블레이스는 미국 전역에서 사랑 받는 팀으로 탈바꿈하기 위해 혼신의 노력을 다했다. 지역 자선 단체와 좀 더 긴밀한 관계를 맺는가 하면, 가난한 이웃을 위해 야구장을 지어주는 등의 활동을 해나갔다.

이처럼 조금은 모호한 목표들이 가시적인 결과를 만들어내기 시작했다. 실버맨은 팀을 인수한 뒤 2년 동안 약 2,000만 달러를 투자했다. 오래된 화장실을 수리하고 내부 시설에 페인트칠을 새로 하고 팬들이 북카리브해 연안에 사는 가오리인 카우노즈 레이를 만질 수 있도록 경기장 바깥 벽 위에 1만 갤런 규모의 수족관을 설치하는 등 경기장 업그레이드 작업을 진행했다. 나이몰리의 닦달 때문에 관중석에서 승인 받지 않은 샌드위치를 몰래 뜯어 먹던 관중들은 더 이상 나치 비밀경찰처럼 무지막지하게 제지하던 경비원들과 승강이를 하지 않게 됐다. 데블레이스는 디즈니월드에 직원을 파견해 어떻게 고객 서비스를 하고 있는지 살펴보기도 했다.

실버맨은 또 디즈니의 와이드 월드 오브 스포츠 컴플렉스의 마케팅 부서에서 일하던 톰 후프를 고용한 뒤 마케팅 및 커뮤니티 담당 부사장을 맡겼다. 탬파베이는 여기서부터 RAYS(Ready At Your Service) 대학이란 프로그램을 시작했다. 레이스 대학은 경기가 진행되는 동안 고객들을 더 친절하게 응대할 수 있도록 하기 위해 만든 의무 수료 프로그램이었다. 구장 경비원들의 급료도 인상됐으며, 그 동안 입고 있던 유니폼도 '팀 저지'로 바꿨다. 명칭 역시 '팬 호스트'로 변경했으며, 일을 잘 할 경우에는 보너스도 지급했다.

반면 실버맨과 경영진들은 조금씩 명성을 쌓아가면서 좋은 이미지를 만들어내고 궁극적으로 전국적인 화젯거리가 되도록 했다. 2007년 2월에 블로거인 매니 스타일스는 좀 더 높은 가격을 제시한 사람의 의견에 따라 '1년간 특정팀의 팬 되기'를 경매에 부치기로 결심했다. 특정 팀을 응원한 적이 한 번도 없었던 스타일스는 이 경매의 수익을 어린이 에이즈(AIDS) 연구 기금으로 보내기로 했다. 여기에 인기 스포츠 블로그인 데드스핀이 끼어들었다. 그가 쓴 글의 제목은 이랬다. "어떻게 하면 1년 동안 스타일스가 데블레이스에 관해 블로깅할 수 있도록 할까요?" 경매는 535달러까지 올라갔다. 가장 높은 가격을 써낸 사람이 스타일스로 하여금 특정 팀에 관해 블로그에 글을 쓰도록 요구할 권리를 갖게 되는 것이었다.

자기 블로그에서 경매가 계속 진행되는 동안 스타일스는 어떤 사람이 그 주인공이 될지 무척 궁금했다. 낙찰자는 플로리다 주 탬파 근처에 살고 있는 데블레이스 팬이었다. 바로 맷 실버맨이었던 것이다. 탬파베이 사장인 그는 팀 블로거 운영자를 매입하고, 선의로 경매가 이외에 에이즈 연구 기금 1,000달러를 기부했다.

이 사건에 대해 스포츠 블로그 데드스핀의 윌 라이치는 이렇게 썼다. "그 동안 데블레이스란 조직이 취했던 것 중 가장 전향적인 조치였다. 우리는 이제 마음에 드는 새 야구 경영자를 갖게 됐다."

그 이후 크고 작은, 체계적이면서도 급진적인 변화의 효과가 나타나기 시작했다. 2006년 스턴버그와 실버맨이 이끌던 데블레이스는 2005년 나이몰리 체제 때보다 여섯 게임을 더 졌다. 하지만 바로 그 2006년 시즌에 관중 수는 20%나 껑충 뛰었다. 그리고 경기장에 외부 음식을 허용하는 새로운 정책에도 불구하고 팬 1인당 구내매점 매출은 증가했다. 데블레이스는 판매회사들과 새로운 계약을 체결했으며, 팬들이 경기가 있는 날에 경기장에 좀 더 오래 머물도록 하는 방법을 모색했다. 자연스럽게 팀은 조금씩 존경을 받기 시작했다. 2007년까지 계속 지는 횟수가 쌓여갔음에도 불구하고 팬들의 호의가 늘어갔고 욕설은 줄어들었다.

탬파베이는 좀 더 많은 팬을 경기장으로 유인하고, 인기를 높여가는 작업을 이제 막 시작했을 따름이었다. 스턴버그가 회사를 손에 넣은 뒤 직원들은 레이스 보상 카드를 몸에 지니고 도시 이곳저곳을 돌아다녔다. 사람들은 아무 때나 화요일 오후 데블레이스 모자를 쓰고 세인트 피터즈버그 도심을 어슬렁거리면 공짜 입장권과 바꿀 수 있는 보상 카드를 얻을 수 있었다. 2006년만 해도 데블레이스의 로고가 새겨진 것들로 치장하고 다니는 팬들을 거의 보기 힘들었다. 지역 주민들은 아직까지는 옷 입는 습관을 바꿀 정도로 데블레이스 팀을 포용할 마음의 준비가 되어 있지 않았다. 하지만 2010년부터 탬파베이 전 지역은 레이스 모자, 티셔츠를 입고 활보하는 남자, 여자, 어린이들로 넘쳐났다. 팬들이 새로운 레이스를 사랑하게 되기까지는 시간이 필요했을 따름이다. 2008년 시즌부터 경기장 안팎에서 엄청난 변화가 일어나면서 팬들의 태도도 180도 달라졌다.

팀의 이름과 로고, 그리고 브랜드를 변경하는 작업은 실버맨이 데블레이스를 인수하고 난 뒤 가장 먼저, 그리고 가장 중요하게 추진한 일 중 하나였다. 어떤 기업의 브랜드를 새롭게 만드는 것은 오랜 시간이 필요한 작업이다. 전체 부서의 일정을 갉아먹으며, 얼마간의 돈도 쏟아 부어야 한다. 메이저리그가 정해놓은 지침을 따르면서 탬파베이에서 '데블'이란 단어를 빼버리는 작업은 훨씬 더 힘들었다.

메이저리그 팀이 새로운 로고와 유니폼, 그리고 유니폼에 부착할 다양한 표식들을 디자인할 경우에는 메이저리그의 디자인 서비스 담당 부사장인 앤 오시를 반드시 거쳐야 한다. 오시는 그 팀의 명칭은 어떤 형태로든 레이스를 변형한 말을 포함하고 있어야 한다고 생각했다.

그 가오리(레이스, rays)는 플로리다 앞바다에 엄청나게 많았다. 워낙 많다보니까 탬파 도심에 있는 플로리다 수족관에는 거대한 가오리의 대형 동상이 정문 앞에 세워져 있을 정도였다. 오시의 바람대로 '팀의 이름을 짓자'는 콘테스트가 열렸다. 그 콘테스트에서 가장 많이 제출된 이름은 스팅 레이스였다. 좀 더 깊이 있는 논의를 한 뒤 모든 참석자들은 이 이름에 동의했다.

'탬파베이 스팅 레이스!'

하지만 불행하게도 하와이 겨울 야구 리그팀인 마우이 스팅 그레이스가 그 이름을 이미 사용하고 있었다. 메이저리그 야구는 상표권에 대해서 굉장히 엄격한 규정을 갖고 있다. 덴버 시가 확장팀을 소유하게 됐을 때 모든 사람들은 팀의 이름을 듣고 경악했다. 콜로라도 로키스였기 때문이다. 의류회사인 '로키스 진'을 제외한 모든 사람들은 전혀 주목하지 않았다. 신생 팀인 콜로라도 로키스는 '콜로라도 로키스'란 글자를 찍은 옷을 판매하는 계약을 체결했지만 '로키스'란 단어만 찍은 옷을 팔아도 문제 삼지 않았다. 그 사건 이후로 메이저리그 측은 혼란스럽거나 애매모호한 상표권 계약을 원하지 않았다. 탬파베이의 신생 팀이 자신들을 스팅 레이스라고 부르려고 한다면 하와이에 있는 작은 야구팀으로부터 그 이름을 매입해야만 했다.

매입비용은 얼마였을까? 35,000달러에 불과했다. 정말 보잘 것 없는 수준이었다. 그러나 완고한 구두쇠인 나이몰리는 단호하게 거절했다. 그는 스팅 레이스란 명칭을 좋아했다. 메이저리그 측도 좋아했으며, 마케팅 담당자도 좋아했다. 지역 공동체에서도 좋아했다. 하지만 나이폴리는 돈을 주고 그 명칭을 살 생각은 추호도 없었다.

오시는 팀 명칭을 단순히 레이스로 붙이고 싶지 않았다. 너무 짧을 뿐더러 약해 보인다고 생각했기 때문이다. 결국 타협안으로 모든 사람이 동의한 것이 데블레이스였다. 그 다음 단계는 팀의 로고와 색상을 고르는 일이었다. 1990년대에는 새로운 디자인과 색상을 선호한 편이었다. 예를 들면 그 당시 몇몇 팀들은 유니폼 색상으로 청록색을 택했다. 오시는 좀 더 과감한 것을 원했다. 형형색색 무지개빛을 띠는 쇠오리(야생 조류의 일종), 연청색, 짙은 청색, 녹색과 노란색 그림자. 발표된 디자인은 혼란스러웠다. 가장 해학적이고 진보적인 사람들조차 간신히 입을 수 있는 그런 모양의 로고였다. 새로운 팀 명칭과 로고가 공개되자 지역 공동체는 거의 폭동을 일으킬 지경이었다. 종교적인 성향이 강한 사람들은 사탄을 연상케 한다며 반대했다. 대부분의 비판론자들은 그 이름이 우둔해 보인다고 생각했다. 탬파를 동서로 가르는 주요 간선인 케네디 블루버드에 있는 한 레스토랑은 큼지막하게 글자를 새겨 넣은 광고판을 내걸었다. 고등학교나 호텔 바깥에서 흔히 볼 수 있는 유형이었다. 그 간판엔 이렇게 쓰여 있었다.

데블레이스?
끔찍한 이름이야.
헤이, 빈스!
이름을 더 잘 지을 수 없나?

사람들이 데블레이스란 명칭을 좋아하지 않자 나이폴리는 격분했다. 그는 전화 설문 조사를 통해 사람들에게 데블레이스와 맨타 레이스

중 어느 쪽이 더 좋은지를 알아보도록 했다. 그리고 데블레이스를 더 좋아한다는 결과가 나오도록 하기 위해 강하게 밀어붙였다. 이미 데블레이스란 명칭과 로고를 새긴 저지(운동 경기용 셔츠)를 여러 박스 인쇄해버렸기 때문이다. 나이몰리는 개표를 하기 전부터 힘든 선택을 피해가려고 했다. 맨타 레이스란 이름의 지지도가 더 높게 나올 경우 현재 있는 데블레이스 장비는 모두 자신이 사들일 것이라는 내용의 신문 광고를 내보냈다. 데블레이스가 새겨진 장비들은 소장가치가 높아 수집 품목이 될 것이라는 이유 때문이었다. 설문조사가 시작되자 맨타 레이스가 큰 폭으로 앞서기 시작했다. 하지만 이후 며칠 사이에 데블레이스가 따라잡기 시작했다(혹은 데블레이스 팀의 주장이 그러했다). 투표가 50대 50에 근접하자마자 개표 작업을 중단했다. 탬파베이 데블레이스가 팀 명칭이 되어버린 것이다.

2005년 가을 필 월러스가 데블레이스의 특별 프로젝트 애널리스트로 참가할 무렵에는 두 번째 로고 작업을 진행하고 있었다. 불과 세 시즌 만에 첫 번째 로고가 찍힌 제품을 싸그리 거둬들이는 거의 유례 없는 일을 하고 있었다. 다시 레이먼드가 로고를 바꾸고 새로운 팀 명칭을 찾아내는 작업을 책임지고 있었다. 2006년 시즌 개막 직전에 레이먼드는 경비원들과 다른 고객 서비스 문제를 감독하느라 질식할 지경이었다. 그래서 콜롬비아대학 학부에서 정치학을 전공한 월러스가 졸업한 지 2년도 채 안 된 어린 나이에 그 프로젝트를 맡게 됐다.

데블레이스는 글로벌 브랜딩 컨설팅업체인 인터브랜드를 고용한 뒤 명칭과 로고 개편 작업을 이끌도록 했다. 인터브랜드는 높은 명성을 자랑하는 세계적인 기업이었지만 메이저리그의 독특한 요구 사항을 충족시키지는 못했다. 데블레이스는 재빨리 인터브랜드와의 계약을 해지하고 프레데릭&프로버그를 고용했다. 뉴저지의 조그만 회사였던 프레데릭&프로버그는 피츠버그 파이어리츠와 샌디에이고 파드리스를 비롯해 여러 프로젝트를 수행한 적이 있어 변덕스런 메이저리그 관계자를 다루는 데 능숙했다. 새로운 메이저리그 로고를 승인하고 실행하는 것이 지연되면서 팀은 엄청난 압박을 받게 됐다. 마침내 2006년 5월까지 작업을 끝내지 않으면 계획대로 2007년 11월에 새로운 명칭과 로고를 내놓을 수 없게 됐다.

데블레이스 팀은 에이스, 밴딧스, 캐논즈, 듀크스, 그리고 스트라이프스 등 섬광처럼 떠오르는 여러 아이디어들을 훑었다. 스턴버그는 머드빌 나인(Mudville Nine)에서 따온 나인을 좋아했다. 탬파베이 나인으로 할 경우 반대를 최소화할 수 있지만, 스턴버그는 플로리다 나인을 더 선호했다. 왜냐하면 그는 (말린스가 있는 남부 지역을 제외한) 플로리다의 다른 팀을 만들려고 했기 때문이다. 탬파베이를 올랜도, 갠즈빌, 잭슨빌, 그리고 탈라하스 등과 결합하면 메이저리그 야구에서 5대 미디어 시장 중 하나를 지배하게 된다. 하지만 나인은 상표권 분쟁에 휘말리게 됐다. 그리고 메이저리그와 말린스 팀의 반대 때문에 플로리다란 명칭 사용 문제는 더 이상 진전되지 못했다.

데블레이스 팀은 처음으로 다시 돌아가 단기간에 실행 가능한 아이디어를 찾아내길 바라면서 오시와 프레데릭&프로버그에 전적으로 의존했다. 스턴버그와 실버맨은 메이저리그 본부를 방문해 자신들의 사정을 털어놨다. 그들은 유행에 휩쓸리지 않으면서도 전통적인 디자인을 원했다. 양키스와 레드삭스의 길거리 유니폼에서 볼 수 있는 뉴욕과 보스턴 로고 같은 전통적 표식과 함께 자신들 고유의 모습을 나타내는 모양을 원했다. 데블레이스가 첫 번째 개막전 때 입었던 것과 정반대의 모양을 찾고 있었던 것이다.

20여 년 전에 메이저리그 야구에 합류하기 전 아디다스 미국 법인의 마케팅 부서를 이끌었던 오시는 이렇게 말했다. "그들은 물고기 모양에서 '이곳이 내가 살고 싶은 곳'이란 감정으로 이어지길 원했습니다. 그들은 또 햇빛 광선이 플로리다에 관한 모든 좋은 것, 즉 행복, 기쁨, 그리고 따뜻함을 대표한다고 생각했습니다."

프레데릭&프로버그의 공동 창업자이자 파트너인 빌 프레데릭은 여러 차례 시도한 끝에 오래 지속될 새로운 로고와 마크를 만들어냈다. 첫 번째 디자인은 스턴버그가 보기에 햇빛이 지나치게 강렬하게 비쳤다. 최종적으로 나온 디자인은 유니폼에서 좀 더 미세한 광선이 빛을 발하고 있었다. 색상 역시 짙은 암청색 계열인 네이비블루와 황금빛 햇살, 그리고 약간 밝은 청색에 모든 사람이 동의하기까지 꽤 시간이 걸렸다. 레이스는 그들에게서 데블레이스의 흔적과 기억을 영원히 제거해버리도록 도와달라고 요청했다.

새롭게 이름을 바꾸고 성공적인 행보를 시작한 레이스는 자신들의 상품을 밀어내는 데 좀 더 공격적이었다. 2008년 영업 및 마케팅 비용은 17%나 껑충 뛰었으며, 이 같은 증가 추세는 이후에도 계속 됐다. 이렇게 늘어난 비용 중 상당 부분은 경기장에서 거둔 성공을 수익으로 연결시키는 데 투여됐다. 레이스는 자신들의 취약점과 그들이 활동하고 있는 시장에 대해 잘 알고 있었다. 2008년에는 팬들이 마침내 아메리칸리그 챔피언이 되는 모습을 보기 위해 몰려들기 시작하면서 관중 수가 31% 증가했다. 하지만 게임 당 관중 수는 리그의 다른 팀들에 비해 상대적으로 적었다. 게임당 22,370명으로 아메리칸 리그 14개 팀 중 여전히 12위였다.

관중 수가 이렇게 적은 데는 여러 가지 이유가 있었다. 레이스는 여전히 상대적으로 신생팀이었다. 라이벌 팀들은 아버지에서 아들로, 어머니에서 딸로 관중들이 대물림되면서 여러 세대에 걸친 역사를 자랑한 반면 레이스의 역사는 10년 정도에 불과했다. 홈구장인 트로피카나필드는 남부 세인트피터즈버그의 한적한 곳에 위치하고 있었다. 레이스는 메이저리그 구단 중에서 경기장까지 차로 30분 정도 걸리는 거리에 살고 있는 팬의 비중이 가장 낮은 편이었다.

또 트로피카나필드는 역사적인 의미를 갖고 있지 않은 구장이었는데, 그렇다고 최신식 구장도 아니었다. 그러다 보니 트로피카나필드는 리글리필드나 펜웨이파크처럼 향수를 불러일으키는 효과도 볼 수 없었을 뿐 아니라 새 구장의 신기한 분위기가 주는 효과 역시 기대하기 힘들었다. 또 2008년은 미국 경제와 지역 경제가 모두 가라앉은 상태였다. 경기장까지 가는 대중교통도 거의 없었다. 이런 평계들이 상대적으로 얼마나 정당성을 갖느냐는 중요하지 않았다. 레이스가 트로피카나필드를 관중들로 꽉 채우기 위해서는 제아무리 위대한 팀이라고 하더라도, 경기장에서 시합을 벌이는 것 이상을 해야만 했다.

레이스가 택한 가장 눈에 띄는 움직임 중 하나는 경기가 끝난 후에 콘서트로 굉장히 유명한 프로그램을 준비하는 것이었다. 물론 이것은 새로운 아이디어가 아니었다. 몇몇 팀들은 수년 전부터 야구 경기와 콘서트를 한 데 묶어서 준비했다. 하지만 레이스는 이 아이디어를 좀 더 확대했다. 관객들의 다양한 취향을 고려해 다채로운 프로그램으로 좀 더 자주 콘서트를 개최한 것이다. 코모도스, 쿨&더 갱, 비치 보이스, 존 포거티, 그리고 홀과 오츠는 나이든 세대를 몰고 왔다. 루다크리스, 도트리, 그리고 넬리는 좀 더 젊은 음악 팬들을 끌어들였다. 레이스는 소

도시에 있는 로열스나 오리올스에 비해 관중 수를 더 많이 확보하는 것을 목표로 했다. 양키스나 레드삭스와 관중수를 비교하면서 걱정하지는 않았다. 그들은 2008년 시즌부터 2010년 시즌까지 메이저리그의 어떤 구단보다 더 많은 콘서트를 개최했다.

콘서트는 효과가 있었다. 다른 팀들로부터 어떻게 하느냐는 문의 전화를 받기도 했고 이제는 많은 팀들이 레이스를 따라 하기 시작했다. 2008년 콘서트를 실시한 8게임에 평균 관중수는 32,697명이었다. 반면 그 해 전체 게임당 평균 관중 수는 22,000명을 조금 웃도는 수준이었다. 2009년에는 콘서트가 열린 9게임의 관중은 33,350명이었던 반면 시즌 전체 게임 당 평균 관중 수는 23,000명을 조금 넘었다.

콘서트는 대부분 토요일 저녁에 열렸으며, 금요일 저녁에도 간혹 개최됐다. 주말이라는 점을 감안하더라도 콘서트가 관중 수나 매점 수익에 큰 도움이 된다는 사실이 증명됐다. 레이스는 콘서트가 열린 게임에서는 이상하게도 뛰어난 성적을 거뒀다는 점 역시 주목할 만하다. 레이스는 2008년, 2009년, 그리고 2010년의 첫 다섯 달 동안 콘서트가 열린 게임에서 23승 4패라는 경이적인 승률을 기록했다. 우연히 레이스와 타이거즈 간의 경기를 보러 온 관중이 극적인 홈런으로 레이스가 승리하는 것을 본 뒤 36,000명가량의 다른 관중들과 함께 유명가수 LL 쿨 J(LL Cool J)의 노래에 맞춰서 춤을 췄다면? 우연히 경기장을 찾았던 이 관중은 아마도 다음 주 화요일이나 수요일 저녁 게임에도 트로피카 필드를 찾아올 것이다.

관중의 숫자는 증가했지만 수익은 그다지 나아지지 않았다. 콘서트를 개최하는 비용이 수만 달러에 달했기 때문이다. 하지만 부대적인 혜택 덕분에 노력한 만큼의 가치는 얻을 수 있었다. 특히 35,000명 이상을 끌어 모았던 가장 성공적인 콘서트 동안에는 더더욱 그랬다.

콘서트를 성공적으로 개최한 덕분에 스턴버그와 실버맨은 야구 이외에 다양한 활동을 통해 돈을 벌 수 있다는 사실을 깨달았다. 몇몇 다른 스포츠 팀들이 좀 더 많은 매출을 올리기 위해 이벤트를 주최하거나 다른 기업의 투자를 관리하는 등의 부업을 시작했다. 라이벌인 레드삭스는 2004년에 펜웨이 스포츠 그룹을 분사한 뒤 자동차 경주대회인 나스카(NASCAR), 마이너리그 야구, 콘서트 프로모션, 레드삭스 중심의 여행 벤처, 그리고 스포츠 이벤트 사진에 특화된 상품 등에 투자했다.〈패스트 컴퍼니〉는 2008년 펜웨이 스포츠 그룹이 한 해에 2억 달러 이상을 벌어들였다고 보도했다.

2009년 여름에 레이스는 선버스트 엔터테인먼트 그룹을 만들면서 같은 길을 걸었다. 선버스트 덕분에 레이스는 야구 팀의 활동이나 대차대조표와 뒤섞이지 않으면서도 다른 벤처들을 더 잘 운영할 수 있게 됐다. 선버스트는 개발 및 비즈니스 업무 담당 수석 부사장인 마이클 칼트를 비롯한 레이스 경영진들이 운영했다. 레이스는 짧은 기간 동안 거대하면서도 다양한 여러 프로젝트들을 수행했다.

레이스는 2009년에 연합풋볼리그(UFL) 소속으로 올랜도에 터를 두고 있는 플로리다 터스커스의 지분 50%를 취득했다. 그들은 미국에서 인기를 누리고 있는 풋볼 열기를 따라잡은 뒤 언젠가 트로피카나필드에서 터스커스의 경기를 열고자 했다. 언젠가, 그리고 만약 레이스가 마침내 새로운 경기장을 만들게 되면 프로풋볼 경기와 축구 시합, 라크로스¹ 토너먼트를 비롯한 여러 경기를 유치할 수 있었다. 이렇게 1년 365일(혹은 그에 근접하도록) 운영함으로써 매출을 올릴 계획이었다. 그러나 선버스트는 결국 터스커스 지분을 매각했다. UFL의 잠재력이 한

계가 있기 때문에 갖고 있을 가치가 없다는 사실을 깨달았기 때문이었다. 하지만 선버스트는 좀 더 많은 콘서트나 자선 이벤트, 고등학교 야구 토너먼트, NCAA 농구 토너먼트 게임, 그리고 심지어 태양의 서커스(Cirque du Soleil)까지 다양한 거래를 성사시켰다. 선버스트 덕분에 트로피카나는 이제 대학 미식축구 선발경기(college football bowl game)인 비프 오 브래디스 볼 세인트피터즈버그도 유치했다.

선버스트는 또 컨설팅 서비스도 제공하고 있다. 지역에 있는 기업들은 레이스 경영진들에게(수년 동안 패배에 찌든데다가 나이몰리 시절의 잘못된 행동을 감안하면) 단순히 좀 더 많은 승리를 거두는 것 외에 어떤 방법으로 공동체 내에서 팀의 평판을 바꿀 수 있었는지에 대해 묻곤 했다. 레이스 입장에서는 스포츠 및 엔터테인먼트 컨설턴트 역할을 하는 것이 논리적으로 자연스러운 다음 행보였다.

"우리는 늘 스포츠 팀 이상이 되길 원했습니다." 비즈니스 운영 담당 수석 부사장인 브라이언 올드의 말이다.

그들은 실제로 탬파베이가 스포츠 팀 이상이 되길 원했다. 디즈니에서 마케팅 전문가로 활동하다가 레이스 임원으로 자리를 옮긴 톰 후프의 영향력을 이용해 레이스는 2007년에 올랜도에 있는 디즈니 와이드 월드 오프 스포츠 콤플렉스에서 정규 시즌 경기를 했다. 매년 한 팀과의 3연전을 올랜도에서 여는 아이디어는 1년 쯤 전에 나왔다. 당시 레이스는 봄철 훈련을 할 새로운 구장을 물색하고 있었다. 디즈니 구장은 3월에는 사용할 수 없었다. 애틀랜타 브레이브스가 그곳에서 훈련

---

**1_**    각 10명의 선수로 이뤄진 두 팀이 그물채 같은 것으로 공을 던지거나 잡으며 하는 하키 비슷한 경기.

했기 때문이다. 하지만 레이스는 여전히 트로피카나필드에서 160킬로미터 가량 떨어져 있는 중부 플로리다의 중심지역에서 아직 개발되지 않은 잠재력을 봤다. '올랜도와 인근 지역에 있는 팬들을 감동시키자!' 그러면 그들이 팀 상품을 좀 더 많이 구매하고, TV와 라디오 그리고 컴퓨터로 레이스 경기를 더 자주 접할 뿐 아니라 더 자주 세인트피터즈버그까지 직접 경기를 보러 올 것이다.

실버맨은 당당하게 포부를 밝혔다. "지역 전체의 클럽이 되는 것이 우리 성공의 핵심 열쇠입니다. 우리가 전체 지역을 잡는다고 해봅시다. 그곳에는 300만, 400만, 500만 명이 있습니다. 우리는 좀 더 큰 미드마켓 팀 중 하나가 될 수 있을 겁니다. 그럼으로써 우리는 경쟁력을 유지하는 데 필요한 자원을 확보할 수 있습니다."

실버맨의 거대한 계획이 이뤄지려면 시간이 걸릴 것이다. 이 계획이 성공하려면 탬파베이 바깥에 있는 미디어들이 레이스 관련 기사를 취급하도록 유인해야 한다. 상대적으로 올랜도에서 가까이 있었음에도 불구하고 〈올랜드 센티널〉은 레이스를 다루지 않았다. 이런 관심 부족을 뉴잉글랜드와 비교해보라. 그 곳에서는 캐나다부터 코네티컷 주에 이르는 많은 미디어들이 레드삭스에 대해 꾸준히 보도하고 있다.

여전히 관리가 필요했다. 북동쪽으로 노력을 확대해나가는 한편 레이스는 탬파베이 남쪽으로도 영향력을 키워나갈 방도를 찾아야 했다. 그들은 2009년에 그 소망을 이뤘다. 세인트피터즈버그 시내에 있는 프로그레스 에너지 파크에서 개최하던 봄철 시범 경기를 해안 쪽으로 한 시간 반 량 떨어져 있는 포트 샬럿으로 옮겼다. 27,00만 달러를 들여 샬럿 스포츠 파크 개보수 작업을 완료한 데다 2008년 레이스 팀의 성공적인 시즌 성적이 결합되면서 봄철 시범 경기 티켓 판매량이 천정부지로 치솟았다. 세인트피터즈버그에서 열리는 봄철 시범 경기의 시즌 티켓 보유자는 300명이었지만 포트 샬럿에서는 3,000명으로 껑충 뛰었다. 그곳에서 맞은 레이스의 첫 시즌 훈련 경기 티켓이 모두 매진 됐다.

레이스는 영향력을 키울 수만 있다면 아무리 사소한 방법이라도 찾아나섰다. 경영진들은 펜실베이니아 주 헤이즐톤(인구 23,000여 명)에 있는 야구 팬들이 지역 출신인 조 매든 감독을 응원하기 위해 인근에 터를 잡고 있는 양키스, 필리스, 그리고 오리올스를 버렸다는 사실을 알게 됐다. 탬파베이 레이스의 라디오 네트워크는 즉시 헤이즐톤 쪽으로 방송 범위를 확대했다. 덕분에 그곳 야구팬들은 이제 펜실베이니아 주의 평화로운 여름밤에 소파에 앉아서 레이스의 모든 경기 중계를 라디오로 들을 수 있게 됐다.

브랜드를 알리기 위해 각종 선전, 좀 더 많은 지역에 영향력을 미치려는 노력을 메이저리그 야구팀보다 더 많이 하는 기업들을 찾아보기는 힘들다. 그 중에서도 레이스는 메이저리그의 다른 어떤 팀보다 더 강력한 노력을 했다. 2009년에 레이스 팀은 눈부신 포스트시즌 성적을 이용할 필요가 있었다. 그 해 일정 중 거의 모든 홈경기에는 어떤 형태로든 팬들을 유인하는 행사가 있었다. 그리고 네 명의 서로 다른 선수들에게 영원한 생명을 부여해주는 버블 인형도 전시되었다. 카를로스 페냐 로봇, 2루수인 이와무라 아키노리를 기념하는 일본 야구 형식의 리틀 드럼, 아메리칸리그 챔피언십 트로피 모조품, 그리고 리그를 이끌었던 콘서트 예정표가 있었다. 그리고 악명높은 소의 방울 소리.

레이스의 소 방울은 스턴버그의 엉뚱한 아이디어에서 시작됐다. 스턴버그는 〈새터데이 나잇 라이브〉 쇼 프로그램에서 록밴드인 블루

오이스터 컬트의 패러디물을 인상적으로 봤다. 그 장면에서 나팔바지를 입은 헝클어진 모습의 윌 페렐은 밴드의 히트곡인 '돈 피어 더 리퍼(Don't Fear the Reaper)'를 부르는 도중에 뛰어올라갔다. 그리고 소 방울을 흔들기 시작했다. 가공의 음악 제작자 브루스 디킨슨 역을 맡은 크리스토퍼 월켄은 밴드에게 음악을 중단하라고 명령하고 나서 이렇게 요구했다. '좀 더 많은 소 방울 소리를.' 이 장면은 이후 곳곳의 캐치프레이즈로 발전하고, 수만 장의 티셔츠에 새겨지기도 했다. 스턴버그도 그 장면을 좋아했다. 그는 거기서 한 발 더 나아가기로 했다. 팬들에게 소 방울을 나눠주자! 그래서 경기 내내 시끄러운 소리를 내도록 하자. 그렇게 하면 아마도 레이스가 홈그라운드의 이점을 누릴 수 있을 것이다.

이 계획은 제대로 먹혀들었다. 선수들과 다른 도시에서 온 기자들은 소 방울 소리가 부시-리그(bush-league)[2]에서나 하는 산만한 짓이라고 불평했다. 하지만 이런 반응은 팬들을 더 열광시켰다. 보잘 것 없는 물품을 나눠준 뒤 브랜드에 대해 거창한 용어로 이야기하도록 만드는 것은 꽤 괜찮은 전략이다. 소 방울은 에인절스의 랠리 몽키[3]처럼 레이스 팀의 특징을 나타내는 트레이드마크가 됐다. 어떤 제품이나 의식

---

**2** 　메이저리그에 미치지 못하는 3류 리그를 가리킬 때 흔히 '부시 리그'라는 표현을 쓴다. 변변한 야구장도 없이 덤불(bush)로 덮인 곳에서 경기를 한다는 조롱의 의미를 담고 있다.
**3** 　애너하임 에인절스의 홈구장에서 에인절스가 뒤지고 있는 경기의 후반부에 전광판에 등장하는 원숭이. 랠리 몽키(Rally Monkey)는 경기 중 짐 캐리 주연의 영화 〈에이스 벤추라〉를 보고 있던 전광판 담당직원이 뒤지고 있던 6회말에 에인절스가 주자를 내보내자 관중의 응원을 유도하기 위해 영화 속 원숭이 장면을 야구장 대형 전광판에 그대로 내보내면서 시작됐다. 우연히도 당시 뒤지던 에인절스는 극적으로 역전승을 거뒀다. 그후 '랠리 몽키'는 에인절스의 수호신으로 떠받들어졌고 역전승을 부르는 행운의 캐릭터가 됐다. 특히 2002년 월드시리즈에서 극적인 역전승을 얻어내면서 인기가 높아졌다. 2005년 팀의 이름이 LA 에인절스로 변경되었다.

에 대해 이 정도로 열광하도록 만드는 것은 하버드 비즈니스 스쿨 졸업생들이 꿈꾸는 전략이다.

시즌 티켓을 갖고 있는 레이스의 광팬 캐리 스트루켈은 매 게임마다 레이스 저지를 입고 밝은 청색 가발에 구슬 꾸러미를 두르고 바이킹 나팔을 불면서 응원한다. 관중들은 기념으로 스트루켈과 사진을 찍기 위해 멈춰서기도 한다. 팀에서 등 떠민 적도 없지만 그는 자연스럽게 레이스의 비공식 마스코트가 됐다. 그는 소 방울을 흔들면서 매 경기마다 오른쪽 외야 스탠드에서 응원의 불을 지핀다. 그는 자신이 자랑스럽다는 듯 이렇게 말했다. "이곳은 자유롭고, 흥분되며, 즐거운 분위기입니다. 나는 외야 오른쪽을 WWE 레슬링 경기장 같은 분위기로 만들기 위해 노력하고 있습니다."

레이스는 2010년 시즌 동안 바넘&베일리(Barnum & Bailey) 서커스단을 계속 활용했고 '노인들을 위한 실버 무도회'를 도입했다. 이것은 메이저리그 광고에서 나온 아이디어인데, 에반 롱고리아가 농담으로 그 아이디어를 자니 데이먼에게 제안하면서 시작됐다. 또 대학생과 20대를 트로피카나필드로 유인하기 위해 금요일 저녁에는 '야구 나이트클럽(Baseball Nightclub)'도 개최했다. 이 행사는 경기가 끝난 뒤 댄스 음악을 틀어주고 '나는 롱고리아를 사랑한다'는 글이 새겨진 여성용 티셔츠를 나눠주기고 하고 불꽃놀이도 곁들이면서 축제 같은 분위기를 연출했다.

레이먼드는 뉴욕타임스와의 인터뷰에서 이렇게 말했다. "사람들은 트로피카나필드로 쇼를 구경하러 옵니다. 전통을 중시하는 일부 야구팬들에게는 감정 과잉으로 보일 수도 있습니다. 그러나 감정적인 체험이 없다면 트로피카나필드는 야구팬을 위한 곳이 아닙니다."

사람들은 이처럼 피나는 레이스의 노력에 주목했다. 2010년 ESPN 닷컴은 레이스를 모든 메이저리그, NBA, NFL, NHL 팀 중 팬들과 친근한 여섯 번째 팀으로 선정했다. 야구 팀 중에서는 에인절스에 이어 두 번째로 팬 친화적인 팀이었다.

이런 찬사와 소 방울 소리에도 불구하고 엄청난 문제가 여전히 남아 있었다. 2009년에는 레이스의 아메리칸리그 페넌트레이스 관중이 겨우 3% 증가했다. 그리고 2010년에는 아메리칸리그에서 가장 성적이 좋았음에도 불구하고 관중 수가 오히려 줄었다. 새로운 구장 건립 문제로 지역 정치인들을 압박하면서 협상을 진행하긴 했지만 레이스는 우선 낡은 구장으로 팬들을 유인할 방법을 찾아야만 했다.

그러나 여전히 나이몰리의 전성기에 비해서는 전망이 훨씬 밝았다. 나이몰리 시절 가장 기억할 만한 마케팅은 2002년 시즌 중에 있었다. 외야수인 제이슨 타이너는 그 전해 타율 2할8푼에 31개의 도루를 기록했지만 홈런을 하나도 기록하지 못했으며, 게임에 매일 출장하는 야수로는 최악의 선수 중 한 명이기도 했다. 나이몰리 시대의 데블레이스에는 재능 있는 젊은 선수는 고사하고 재능 있는 선수 자체가 굉장히 부족했다. 그래서 2002년에 데블레이스 팀은 제이슨 타이너를 위한 '버블헤드 데이'를 계획했다. 자그마한 타이너 인형 10,000개가 중국에서 제작됐다. 하지만 6월 2일로 예정된 행사일이 다가올 무렵 타이너는 트리플A 팀인 더램으로 밀려나 있었다. 빅 리그에서 고작 2할1푼4리의 타율에 장타가 3개에 불과한 끔찍한 성적을 기록했던 것이다. 데블레이스의 프로모션 재료로 유망하게 마련됐던 제이슨 타이너의 버블헤드 데이는 무산됐다.

1만 개에 달하는 버블헤드 인형은 어떻게 됐을까? 한 동안 재고로 쌓여 있다가 피넬라스 카운티 교육재단에서 교육 프로그램용 소품으로 최후를 맞이했다.

# 차익 거래

8장

전년도 시즌에 최악의 성적을 기록했던 팀이 어떻게 다음 시즌에 아메리칸리그의 페넌트레이스 우승을 차지했을까? 역사상 가장 기억할 만한 대반전의 성적을 올린 원동력은 무엇일까? 그것은 바로 끝없는 패배였다. 이기려고 애쓰지 않고 어쩌면 고의로 저지른 패배.

2007년 탬파베이는 1919년의 블랙삭스[1]가 아니었다. 떳떳치 못한 갱단이 선수들에게 지라고 종용하지 않았다. 조 매든은 주어진 선수들을 가지고 마지막 승리까지 짜내기 위해 할 수 있는 모든 일을 했다. 아무도 스프링 캠프 기간 동안 데블레이스가 96게임이나 질 것이라고 상상하지 못했다. 하지만 앤드류 프리드먼은 자기 팀이 경쟁할 준비가 돼 있지 않다는 사실을 알고 있었다. 가장 뛰어난 재능을 가진 선수들은

---

1_　1919년 월드시리즈에서 시카고 화이트삭스는 신시내티 레즈를 상대로 고의로 경기를 졌다. 그 당시 화이트삭스 선수들이 도박사들과 연루되어 돈을 받고 일부러 경기에 졌다는 의혹이 크게 번지면서 그들은 법정에 서야 했다. 화이트삭스 소속 8명의 선수들이 야구계에서 영구제명됐다. 고의로 경기를 지고 도박사들의 검은 돈을 받았기 때문에 화이트삭스를 비틀어 블랙삭스 스캔들이라고 함.

대부분 아직 마이너리그 팀에 있었다. 그들은 메이저리그에서 잘할 준비가 되어 있지 않았다. 강팀들이 즐비한 아메리칸리그 동부지구에서는 더욱 그랬다. 아메리칸리그 동부지구는 가장 경쟁이 심한 지구이며, 어떤 스포츠의 어떤 팀이든 가장 넘기 힘든 큰 장벽이 있는 곳이다.

그래서 데블레이스는 한 가지 계획을 꾸몄다. 재능 있는 선수를 찾느라 진을 빼거나, 팀이 단지 몇 게임을 더 이기기 위해 도움이 될 만한 선수를 영입하는 데 수백만 달러를 쓰는 대신 그냥 질 경기는 지도록 내버려둔다는 전략이었다.

프리드먼은 말했다. "66승을 거두나 71승을 거두나 우리에겐 큰 차이가 없었습니다. 문제는 92승 이상을 올릴 수 있도록 팀을 재정비하는 것이었죠." 지금 당장 그렇게 할 수 없다면 말이다.

2007년 트로피카나필드를 밟고 선 선수들 모두가 그렇게 형편없었던 것은 아니었다. 그 해 공격라인은 실제로 괜찮은 편이었다. 득점은 리그 8위를 기록했으며, 조정 득점생산력(일반적인 출루율과 비슷한 규모로 진행되긴 하지만 장타율을 비롯한 다른 요소들을 고려한 통계)은 리그 4위였다. 1루수인 카를로스 페냐와 중견수 B. J 업튼은 자기 포지션에서 메이저리그 최고 성적을 올리면서 전성기를 구가했다.

하지만 투수와 수비가 문제였다. 데블레이스는 2007년 평균 자책점 5.53을 기록했다. 메이저리그에서 최악의 성적은 결코 아니었다. 제임스 쉴즈와 스캇 캐즈미어는 로테이션 맨 앞에서 효과적인 (그리고 젊은) 쌍두마차를 형성했다. 하지만 그 해 선발을 맡았던 나머지 6명의 선수들은 불가능할 정도로 끔찍한 성적을 기록했다. 서재응은 52이닝 동안 104명을 출루시켰으며, 11개 홈런을 허용하고 8.13의 평균 자책점을 기록했다. 케이시 포섬은 76이닝 동안 109개 안타와 15개 홈런을 맞으면서 7.70의 평균 자책점을 기록했다. 쉴즈와 캐즈미어를 제외하면 팀내 선발투수 중 가장 낮은 평균 자책점을 기록했던 에드윈 잭슨은 161이닝을 던지는 동안 195개의 안타와 88개의 볼넷을 허용하면서 5승 15패의 성적을 올렸다. 9이닝 기준 평균 자책점은 5.76이었다.

데블레이스는 제대로 된 로테이션을 그럭저럭 꾸려나가느라 애쓰는 모습이 역력했다. 잭슨은 다저스와의 트레이드를 통해 얻은 선수로 굉장히 주목받던 우완 투수였다. J. P 하윀은 로열스가 1라운드 픽으로 선발한 선수로 프리드먼은 그가 캔자스시티에서 신뢰를 잃은 뒤 새롭게 되살아나길 원했다. 앤디 소넨스타인은 이미 성공 스토리를 써가고 있었다. 정교한 제구력에 힘입어 메이저리그에서 자기 영역을 개척하고 있던 그는 팀이 게임을 계속 유지해나갈 수 있도록 받쳐주는 4, 5선발로 떠올랐다.

불펜투수들은 선발투수들보다 상태가 더 안 좋았다. 평균자책점 6.16을 기록하면서 다른 어떤 팀보다 더 아낌없이 점수를 퍼줬다. 드러난 숫자만으로 모든 이야기를 다 알 수는 없다. 그 해 불펜의 과부하를 처리하기 위해 동원된 투수들은 그야말로 가관이었다. 메이저리그에 드래프트 되지 않은 자유계약 선수, 마이너리그에서 전전하던 선수, 그리고 그다지 인상적이지도 않았던 전성기를 이미 지나버린 퇴물 투수들이 포함되어 있었다. 불펜투수 중 두 명은 한 해 전에는 메이저리그에서 단 한 개의 공도 던진 경험이 없었다. 그들이 그렇게 무기력하지 않았더라면 결과는 꽤 고무적이었을지도 모른다.

2007년에 양키스에게 21대 4로 패배한 경기가 있었다. 그 경기에서 숀 캠프는 1과 3분의 1이닝을 던지면서 9안타를 맞고 5실점을 기록했다. 그는 6회에 홈런, 루킹 삼진, 2루타, 인정 2루타, 홈런, 안타, 인정

2루타 순서로 난타당했다. 블루 제이스에게 12대 11로 패배한 경기도 있었다. 그 경기에서 탬파베이는 초반에 8대 1로 앞섰고, 9회말까지 11 대 6으로 승리를 눈앞에 두고 있었는데 결과는 패배였다. 무엇보다 말 린스에게 14대 8로 진 경기가 가장 걸작이었다. 그날 불펜투수 중 가장 잘 던진 선수는 유격수인 조시 윌슨이었다. 윌슨은 세 명의 투수가 앞 서 2이닝 동안 8점을 내주고 난 뒤 9회를 무실점으로 막았다.

2007년 팀의 구원 투수들 중에 재능 있는 선수가 부족했던 이유를 설명할 방법은 두 가지 밖에 없다. 앤드류 프리드먼과 그를 보좌하는 사람들이 10년 동안 재능 있는 불펜 투수들을 끌어모으는 데 실패했을 수도 있다. 혹은 몇 게임 더 승리를 지키는 것이 별 다른 차이를 나타내 지 못하기 때문에 다음 시즌을 대비해 자원을 최대한 아끼고 그 해 불 펜 투수 보강에 관심이 없었다고 볼 수도 있다.

2007년 탬파베이의 투수진만큼이나 그 해 팀에 부정적 영향을 깊 숙이 전염시킨 문제가 있었다. 미리 예방하는 것이 힘들기도 했지만 데 블레이스가 앞으로 이기길 원한다면 반드시 고쳐야 할 문제였다. 바로 야구 역사상 끔찍했던 수비 실력이었다.

데블레이스는 모든 수비 영역에서 메이저리그에서 꼴찌거나 거 의 꼴찌 수준이었다. 예전 통계를 기준으로 할 경우 그 해 데블레이스 의 수비율 9할9푼은 야구 역사상 두 번째로 최악의 수준이었다. 새롭 게 선보인 통계를 이용할 경우 더 끔찍한 결과가 나온다. 미첼 리트만 의 UZR(ultimate zone rating)[2]에 따르면, 데블레이스의 수비진은 그 해

---

**2_** 현재 메이저리그에서 가장 많이 사용되는 수비 지표로 야수가 자신의 능력을 통해 팀의 실점을 줄이는 정도를 나타낸다. 보살, 병살 능력, 평균 이상 수비 능력, 평균 이하 수비 능력 등 네 가지 척도 를 이용해 수비 기여도를 계산하는 방식이다.

47.5점(거의 5승)을 헌납한 것으로 나오는데, 이는 메이저리그 역사상 두 번째로 나쁜 기록이다. 존 듀완의 '플러스/마이너스' 시스템[3]은 그 해 데블레이스에 -107이란 낙제점을 부여했다. 즉, 탬파베이가 평균적인 팀에 비해 수비 플레이를 107회 적게 했다는 의미다. 이 기록은 2006년부터 2008년 사이 팀들이 기록한 점수 중 최악이었다.

하지만 어떤 수치도 '수비 효율성 지표'보다 끔찍하지는 않았다. 빌 게임스가 고안한 수비 효율성 지표는 인플레이 된 공 중 실제 아웃된 것이 몇 퍼센트나 되는지 측정한다. 〈베이스볼 프로스펙터스〉는 지난 1954년까지 모든 팀들을 대상으로 '수비 효율성 지표'를 추적했는데, 2007년의 데블레이스보다 더 나쁜 수준을 나타낸 팀은 없었다. 2007년에 탬파베이는 인플레이 된 공 중 65.6%만 아웃시켰다. 이 말은 상대팀이 레이스 투수들의 공을 칠 경우 3할4푼4리라는 엄청난 타율을 기록할 수 있다는 얘기다.

데블레이스는 2007년이 자신들의 최악의 시즌임을 알고 있었다. 팀의 더블플레이 콤비네이션만 해도 데블레이스 팬들에게는 굉장한 고통거리였다. 데블레이스는 브렌던 해리스를 유격수 자리에 박아놓았다. 다이아몬드 내에서 가장 중요한 포지션을 수비 범위가 제한적인 내야수에게 맡긴 셈이다. 일부 게임에서 유격수로 출전한 조시 윌슨은 상태가 훨씬 안 좋았다. 그리고 남부럽지 않은 파워를 가졌지만 수비 범위가 더 좁은 105킬로그램의 거구 타이 위깅턴이 2루를 맡았다. 여전히 위깅턴은 자기보다 앞서 2루를 맡았던 선수에 비해서는 훨씬 나았다. 괜찮

---

**3_**　존 듀완이 고안한 '플러스/마이너스' 시스템은 경기 중 나온 타구를 모두 분석해 위치와 형태를 컴퓨터에 기록한 뒤 같은 타구가 다시 나올 경우 아웃시킬 가능성을 산출한다. 따라서 수치가 0이면 평균이며, 마이너스이면 평균 이하의 수비력을 가진 팀이란 의미가 된다.

은 팀은 실책과 수비율이 수비 능력을 측정하는 수단으로 바람직하지 않다는 사실을 알고 있지만 통계를 철저하게 신봉하는 사람들은 B. J 업튼이 2루수로 뛴 48경기에서 12개의 실책을 범한 것을 용납할 수 없었다. 유격수와 3루수로 뛰었던 업튼은 결국 중견수로 낙찰됐다.

끔찍한 불펜과 마찬가지로 수비 능력이 떨어지는 데블레이스의 미들 인필더(middle infielder, 2루수와 유격수)는 연봉 낮은 선수들이 단순히 자리만 지키고 있는 수준이었다. 따라서 프런트 오피스에서는 데블레이스의 한 부분을 구성할 재능 있는 선수들을 꾸준히 물색했다. 그 선수들이 기대보다 훨씬 나쁜 플레이를 하더라도 팀에게는 반드시 나쁜 일만은 아니었다. 탬파베이는 창단 이후 첫 8년 동안 의도하지 않게 계속 패배를 하다보니까 높은 드래프트 선발권을 대거 확보할 수 있었다. 조금 더 나은 선수들이 있었더라면 2007년에 몇 경기 더 승리할 수는 있었겠지만 프리드먼은 크게 개의치 않았다. 데블레이스가 메이저리그에서 꼴찌를 하면서 2008년 드래프트에서 전체 1번 픽을 확보할 수 있었기 때문이다.

"최상의 25인 로스터를 구성하는 차원의 문제가 아니었습니다." 프리드먼은 2007년 시즌에 대해 이렇게 말했다. "우리가 2007년에 승리만을 위해 뛰지 않은 덕분에 시즌이 끝난 뒤 원하는 선수를 얻을 수 있었습니다."

2007년 시즌 동안 형편없는 수비진이 투수들에게 가한 엄청난 충격 때문에 데블레이스 두뇌 집단들은 자신들이 갖고 있던 강한 신념을 다시 확인할 수 있었다. 그들은 2007년 대붕괴 이전부터 이미 수비 부문에 대한 분석에 들어갔다. 데블레이스의 야구 담당 부서에는 오랜 기간 수비가 실점 방지와 승패에 미치는 영향을 추적하는 넘버 크런처(복잡한 계산 업무를 주로 하는 사람)들로 가득 차 있었다. 팀의 연구개발 책임자인 제임스 클릭은 데블레이스에 합류하기 2년 전에 자신만의 진화된 수비 통계 기법을 개발했다. 경기장에 맞춘 수비 효율 혹은 PADE가 바로 그것이었다. 나쁜 수비가 팀의 한 시즌을 철저하게 망친다면, 반대로 위대한 수비수들로 라인업을 채울 경우 어떤 일이 일어날까?

프리드먼은 나중에 이렇게 말했다. "우리는 확실히 수비와 피칭이 어떤 관련이 있는지에 대해 깊이 통찰했다." 하지만 여기에는 더 생각해야 할 부분이 있었다. 애슬레틱스, 레드삭스, 그리고 다른 여러 팀들은 저평가된 야구 선수들을 찾을 때 출루율을 우선순위로 판단했다. 특히 뛰어난 볼넷 비율을 통해 높은 출루율을 만들어내는 선수들을 선호했다. 볼넷을 잘 골라내는 방법을 알고 있는 선수들로 로스터를 채워놓으면 더 많은 점수를 올리고, 상대편 투수를 좀 더 빨리 지치게 만들 수 있기 때문이다. 그리고 무엇보다 연봉 총액을 높이지 않고서도 이 모든 일을 할 수 있다는 점이 그들의 구미를 당겼다.

하지만 출루율이 높은 선수들만 찾다 보면 수비는 소홀하게 취급되는 수준을 넘어 완전히 뒷전으로 밀려나게 된다. 한때 많은 삼진 아웃 숫자로 비판받았던 거구의 애덤 던 같은 강타자들은 파워와 인내심의 조합을 중요하게 생각하는 세이버메트릭스(sabermetrics, 빌 제임스가 창시한 야구의 통계학적 분석방법론) 계열에서는 거의 신적인 존재로 추앙받았다. 하지만 매년 40개의 홈런과 100개의 볼넷을 얻어낼 수 있는 능력에도 불구하고 던은 좁은 수비 범위와 빈약한 수비 본능 때문에 공격을 통해 얻은 가치의 많은 부분을 갉아먹었다. 애덤 던뿐만이 아니었다. 도루 능력이 뛰어나며, 여러 포지션을 커버하고, 수비 능력도 뛰어난(그리고 아마도 출루하려고 애를 쓰는) 멀티 플레이어는 어떤 부문에서는 구식으로 여겨졌다.

야구의 역사를 감안하면 이것은 놀라운 일이었다. 스포츠 전문 작가인 헨리 채드윅은 1870년에 수비에 대해 다음과 같이 썼다. "9명 중 가장 훌륭한 선수는 경기에서 가장 좋은 플레이를 하는 사람이다." 1954년 월드시리즈에서 어깨 너머로 넘어가는 빅 워츠의 타구를 홈 플레이트에서 약 137미터 떨어진 지점까지 달려가 잡아낸 윌리 메이스부터 1986년 월드시리즈 6차전에서 무키 윌슨의 느린 타구를 알까기한 빌 버크너의 괴로운 에러까지 야구 역사상 가장 유명한 선수들은 뛰어난 수비 능력과 관련이 있었다. 하지만 홈런 수가 대폭 늘어난 데다 1루까지 90걸음 만에 달려간다는 사실을 새롭게 발견함에 따라 수비에 대한 많은 팀들의 관심이 일시적으로 불펜 투수들을 채워넣는 문제에 밀리게 됐다.

"5년 전에 수비는 여전히 매우 불투명한 주제였습니다." 베이스볼 인포솔루션즈(BIS)의 스티브 모이어 사장의 말이다. BIS는 각 투구별 데이터를 비롯해 타격 방향과 투구를 차트화한 데이터를 생산한다. 이런 데이터들은 투구와 수비의 효과를 분리해 투수와 야수의 가치를 별도로 평가하는 데 도움이 된다. 모이어는 2005년과 2010년 사이에 수비의 가치를 바라보는 팀의 시각 변화가 엄청났다고 말했다. "이전에는 수비의 가치는 입에 올리지조차 않았습니다."

플레이 장면을 분석할 수 있는 영상자료가 늘어나면서 이런 모든 것들이 변화하기 시작했다. 애널리스트들은 타자들이 타격을 한 이후 어떤 일이 일어나는지를 볼 수 있었다. 어떤 야수가 그 공을 처리할 위치에 자리잡고 있으며, 그들이 어떻게 처리할 수 있는지를 면밀히 관찰할 수 있게 된 것이다. 많은 팀들은 진화된 수비 통계를 무시하고 여전히 스카우트의 눈을 더 신뢰하고 있다. 몇몇 구단은 이제 막 발을 들여놓기 시작했다. 최소한 선수들에 대한 결정을 할 때는 몇몇 수치를 흘끗 살펴보는 정도는 된 것이다.

하지만 데블레이스처럼 일찍, 그리고 열정적으로 수비 분석을 수용한 구단은 없다. 다른 사람들의 작업에 의존하는 대신 그들은 자신들의 데이터베이스를 직접 구축했다. 조직 내 모든 선수들의 스카우팅 정보부터 마이너리그와 메이저리그 통계를 통합했다. 다른 팀에서의 기록도 물론 함께 넣었다. 리트만, 듀완, 톰 탱고, 〈베이스볼 프로스펙터스〉, 그리고 다른 여러 애널리스트들의 진화된 통계를 이용해 데블레이스 자신들만의 타격, 베이스러닝, 투구, 그리고 수비 척도를 만들어냈다. 이런 작업을 통해 그들은 적은 노력으로 짧은 시간 안에 구단을 엄청나게 향상시킬 수 있다는 확신을 갖게 됐다.

〈다이아몬드 달러스〉의 저자인 빈스 제나로는 다음과 같이 썼다. "최근 몇 년간의 WAR⁴ 같은 통계를 곰곰이 살펴보고, 특히 공격과 수비 공헌도 간의 격차를 분석해보면, 좀 더 뛰어난 수비 가치를 가진 선수들이 불이익을 당했다는 사실을 발견하게 될 것이다. 수비를 저평가하는 관행은 앞으로 개선되어야 한다."

데블레이스가 비효율적인 시장 상황을 이용하고, 적은 예산으로도 효율적인 경쟁을 하기에 앞서 비슷한 상황에 처해 있는 다른 팀들의 성공사례에서 위안을 얻어야 했다. 연봉 총액이 낮았던 애슬레틱스, 트윈스, 그리고 말린스 같은 팀들은 구식의 선수 평가 방법부터 고급 통

---

**4_** win above replacement의 약어. 어떤 선수가 메이저리그 최저 수준의 선수보다 한 시즌 동안 몇 승을 더 팀에게 안겨주었는지를 나타내주는 통계 수치다. 연봉 산정 등에서 중요한 역할을 한다.

계 시스템까지 다양한 접근 방식을 이용해 승리를 거뒀다.

데블레이스는 프리드먼이 수년 동안 월스트리트에서 배운 교훈을 가져와 다른 방식으로 접근했다. 데블레이스의 접근 방식에는 차익 거래로 알려진 관행이 자리잡고 있었다. 차익 거래는 하나를 사는 동시에 다른 하나를 파는 모든 금융 거래를 의미하는데, 사는 것이 파는 것보다 저렴하기 때문에 수익을 올리게 된다. 차익 거래를 하는 사람은 주식, 채권, 파생상품, 생활용품, 그리고 통화 같은 금융 지표를 이용해 거래를 완성한다. 차익 거래를 하는 사람들은 늘 다른 사람보다 더 좋은 정보를 갖고 있다고 확신하며, 따라서 재산이든, 금이든, 혹은 클린업 트리오가 될 수 있는 타자건 간에 최상의 거래를 할 수 있다고 믿는다.

로이터의 금융 전문 블로거로 활동하고 있는 펠릭스 살먼은 다음과 같이 설명한다. "기본 아이디어는, 내가 어떤 제품을 산 뒤 그걸 파는 겁니다. 이때 장기적으로 어떤 일이 생기는지는 상관하지 않습니다. 어떤 제품의 가격이 어느 정도 오를 것으로 믿고 베팅을 하는 것입니다. 그리고 돈을 벌고 난 뒤 거래를 끝내는 거지요."

비금융 영역에서 차익 거래란 용어는 단순히 어떤 제품을 내재가치보다 싼 값에 매입한 뒤 그 가치보다 비싸게 판다는 것, 즉 보다 광범위한 의미를 갖게 된다. 모든 팀들은 이런 차익 거래로 효과를 극대화하기 위해 온갖 노력을 기울인다. 데블레이스는 이 부분에 있어서는 거의 병적이었다. 매년 꼴찌를 도맡아한 팀을 인수한 뒤 리그의 조롱거리가 되고 있을 때, 그것을 단숨에 극복하기란 쉬운 일이 아니다. 프리드먼은 뛰어난 분석적인 스카우팅 마인드를 갖고 있는 사람을 모두 끌어모아야 한다는 사실을 깨달았다. 그들의 능력과 자신의 거래 협상 능력을 결합한 뒤 좀 더 밝은 미래를 위해 몇 년 동안 차익 거래를 해야만 했다. 보스턴, 뉴욕과 경쟁해야 한다는 점을 감안하면 이런 도전은 갑절로 힘들 수밖에 없었다.

여러분이 양키스에 몸담고 있다면, 값싼 재간둥이를 긁어모으거나 사소한 거래를 성사시키기 위해 귀중한 시간과 노력을 쏟아부을 필요가 없다. 슈퍼스타들에게 접대성 제안을 하지도 않을 것이다. 설령 그 선수가 과대평가돼 있고, 그런 거래를 할 경우 몇 년 뒤에나 효과를 본다고 할지라도 상관하지 않을 것이라고 살먼은 말했다. "그들은 매년 월드시리즈 우승을 하려고 애쓰고 있습니다. 만약 여러분이 뉴욕 양키스에 있다면, 어떤 제안을 받더라도 최고의 유격수인 데릭 지터를 팔아치우지 않을 겁니다."

어떤 면에서 야구 선수를 싼 값에 영입한 뒤 그 선수의 가치가 올라갈 때까지 보유하고 있는 것은 프리드먼처럼 사모펀드 쪽에서 일한 배경이 있는 사람에게는 익숙한 전략이다. 사모펀드 투자자들이 어떤 회사를 손에 넣는 가장 좋은 시기는 그 회사가 바닥을 칠 때이다. 마찬가지로 어떤 선수가 메이저리그에서 한 경기도 뛰지 않았을 때가 그 선수에게 투자할 최적기이다. 그 단계에서는 선수의 기량이 앞으로 더 향상되기 마련이며, 따라서 나중에 구현될 상품 가치보다 훨씬 저렴하게 살 수 있기 때문이다. 메이저리그에서 6년 간의 기간을 채우고 자유계약선수 자격을 획득할 때에 비하면 훨씬 저렴하지 않겠는가? 그 자산이 돈이든 승리든 간에 적정 주가수익률을 유지하는 동안만 보유하는 것이 가장 좋다. 그 회사의 주식을 갖고 있을 경우 배당금을 받을 수 있거나, 그 선수가 리그 우승을 차지하는 데 도움을 줄 수 있다면 좀 더 오래 보유해도 된다.

야구 구단의 성공적인 경영자들은 선수를 언제 사고파는지 판단하는 데 늘 뛰어난 능력을 발휘한다. 그것은 단장들이 프리드먼처럼 월 스트리트에서 일한 경력이 없을 때도 마찬가지였다. 하지만 프리드먼이 탬파베이에서 실행한 새로운 접근 방법은 초기 야구계의 위대한 인물인 브랜치 리키[5]가 사용한 방법과 많이 닮았다. 리키의 유명한 격언 중 하나는 '선수를 트레이드할 때는 한 해 늦게 하는 것보다 일찍 하는 것이 낫다'는 말이다. 탬파베이가 2007년에 최악의 성적을 기록하면서 대대적인 트레이드를 할 여건이 마련됐다. 워낙 과감하게 했던 터라 몇몇 사람들은 데블레이스가 어떤 선수를 5년이나 너무 일찍 팔아치웠다고 우려했을 정도였다.

2007년 시즌이 끝나자마자 프리드먼은 먼저 트윈스의 빌 스미스 단장에서 접근했다. 그리고 이렇게 물었다. "우리 선수 중 델몬 영에게 관심 있나요?" 그 순간 스미스가 바로 전화를 끊었다고 하더라도 프리드먼은 그를 나무랄 수 없었을 것이다. 그 당시 영보다 더 많은 비난을 받은 유망주는 없었기 때문이다.

2003년 전체 드래프트 1번으로 선발된 델몬 영은 그대로 사그라질 판이었다. 더블A 팀인 몽고메리에서 뛰던 2005년에 영은 13대 0으로 지던 게임에서 벼랑 끝으로 내몰렸다. 그 게임에서 세 번째로 스트라이크 아웃을 당한 뒤 영은 홈플레이트에 있는 심판에게 그대로 달려든 덕분에 퇴장을 당했다. 그는 심판 얼굴에 바짝 다가간 뒤 가슴으로 부딪쳤다. 경기가 끝난 뒤 클럽하우스로 나가면서도 한참 동안 심판에

---

**5_** 메이저리그 초기에 혁신적인 조치를 여럿 도입하면서 야구 발전에 크게 기여한 인물이다. 그는 첫 흑인 선수인 재키 로빈슨, 첫 히스패닉계 슈퍼스타인 로베르토 클레멘테와의 계약을 성사시키면서 메이저리그에서 인종 차별의 벽을 무너뜨렸다. 또 마이너리그 팜시스템 구조를 만들고 타자 헬멧을 고안해낸 것으로도 유명하다. 이런 공로를 인정받아 1967년 명예의 전당에 헌액됐다.

게 소리를 질러댔다. 그 소동으로 세 게임 출장 정지를 당했다. 하지만 이건 시작에 불과했다.

다음 시즌 트리플A 소속인 더램에 올라간 뒤에 영은 미래의 메이저리그 스타플레이어가 될 자질을 갖고 있는 뛰어난 외야수 엘리야 듀크스와 한 팀이 됐다. 영이 가끔 이성을 잃긴 하지만 기본적으로 착한 선수이자 충실한 팀메이트 역할을 하는 반면 듀크스는 심각한 문제아였다. 그는 2003년부터 2006년 사이에 네 명의 여자로부터 5명의 아이를 낳았다. 나중에는 17살짜리에게 사생아를 임신시킨 혐의로 고소당하기도 했다. 듀크스는 2007년 4월에 엄청난 미친 짓을 벌이면서 유명세를 더했다. 당시 그는 자기 아내가 가르치고 있는 중학교 교실에 난입했다. 생명의 위협을 느낀 그녀는 교장에게 달려갔으며, 교장은 듀크스를 건물에 들어오지 못하게 했다. 그녀가 겁먹은 데는 그만한 이유가 있었다. 듀크스는 그녀의 휴대폰으로 권총 사진을 보낸 뒤 이런 협박 음성 메시지를 남겼기 때문이다. "넌 죽었어, 이 X같은 XX! 거짓말 아냐. 네 애도 마찬가지야."

"클럽하우스에 있는 모든 사람들은 이렇게 생각했지요. 한 눈은 듀크스를 주시하고, 다른 눈은 자기 물건을 지켜보고 있어야 한다고요." 더램에서 듀크스가 뛴 게임 대부분을 취재했던 〈베이스볼 아메리카〉의 존 매뉴얼 기자의 말이다. "만약 듀크스가 당신을 엿 먹이기로 작정했다면, 그것을 막을 방법은 없습니다. 그는 워낙 덩치가 컸거든요."

"넌 죽었어, 이 X같은 XX"이 인터넷 유행어가 되기 전에 듀크스는 더램 클럽 하우스를 물들이고, 다른 선수들에게 나쁜 영향을 끼쳤다. 영이 마이너리그에서 몇 차례 이성을 잃긴 했지만 2006년 4월 26일 발생한 사건에 비할 바는 아니었다. 포투킷과의 경기에서 영은 삼진 아웃을 당했다. 이번에는 단순히 얼굴을 들이미는 선에서 끝나지 않았다. 심판을 노려본 뒤 몇 초 동안 타석에서 떠나지 않았다. 이후에 발생한 사건은 인터넷에서 논란을 불러 일으켰다. 영이 마침내 벤치로 걸어 돌아간 뒤 방망이를 뒤로 휙 집어던지는 장면을 중견수 뒤에 있는 카메라가 잡았다. 방망이는 주심 쪽으로 휙 날아가서 뺨과 팔을 때렸다. 다음날 영은 그 사건에 대해 사과했다. 하지만 제재가 가해졌다. 50게임 출장 정지라는 비교적 가벼운 처분을 받았다.

그 사건으로 촉발된 적의에도 불구하고 젊은데다 재능과 생산성이 뛰어났던 영은 여전히 매력적인 상품이었다. 더블A에서 시즌의 절반을 조금 더 뛰었음에도 불구하고 영은 2005년 남부리그 MVP를 차지했다. 〈베이스볼 아메리카〉는 그를 마이너리그 올해의 선수로 선정했다. 〈베이스볼 아메리카〉는 또 2006년에는 델몬 영을 유망주 랭킹 1위에 올려놨다. 그는 2004, 2005년, 그리고 2007년에는 유망주 랭킹 3위였다. 메이저리그 첫 풀 시즌 때 영은 162게임을 모두 뛰면서 2할8푼8리의 타율에 93타점을 기록했다. 그 시즌이 끝났을 때 영의 나이는 겨우 22살이었다.

영처럼 어리면서 연봉도 낮고, 재능과 잠재력이 뛰어난 선수는 거의 트레이드가 되지 않는다. 하지만 다른 사람들이 미래의 슈퍼스타 자질을 보는 바로 그 지점에서 프리드먼은 과대 평가된 상품을 발견했다. 루키이던 2007년 시즌에 델몬 영은 삼진을 127회나 당하는 동안 볼넷은 겨우 26개만 얻어냈다. 그는 데블레이스가 기대했던 것 같은 파워를 보여주지 못했고 뛰어난 운동신경에도 불구하고 형편 없는 실력을 가진 끔찍한 수비수였다. 배트를 집어 던지고, 얼굴을 들이대는 사건은 논외로 치더라도 데블레이스는 델몬 영에게서 현재 인식된 가치가 실제 가치보다 높다는 사실을 발견했다.

영은 프랜차이즈 스타로 꽃을 피울 수도 있었다. 하지만 새롭게 이름을 바꾼 레이스는 그 잠재력을 최고 선발투수와 바꾸는 동시에 수비력을 획기적으로 향상시킬 수 있는 기회로 삼았다. 2007년 11월 28일에 레이스는 영, 브렌던 해리스, 그리고 마이너리그 외야수 제이슨 프라이디를 트윈스로 트레이드했다. 그 대가로 그들은 우완 선발투수 맷 가르자, 유격수 제이슨 바틀렛, 그리고 마이너리그 투수인 에두아르도 모란을 받았다. 이 거래가 성사되자 야구계는 깜짝 놀랐다. 각 팀이 스타로 클 잠재력 있는 두 선수를 메이너리그 경력 초기에 맞바꾸는 모험적인 트레이드를 하는 경우는 거의 없었기 때문이다.

프리드먼과 레이스에게 이번 일은 저매출 팀을 리빌딩한다는 차원을 뛰어넘을 수 있는 훌륭한 기회였다. 영의 생활 태도 문제는 거론하지 않더라도 레이스에는 젊은 외야수들이 넘쳐났다. 반면 에이스가 될 잠재력이 있는 선발투수는 턱없이 부족했다. 가르자는 특유의 물음표를 안고 왔다. 수년 동안 장타를 허용한 뒤 마운드에서 화를 내는 모습 때문에 주변에서는 그가 역경을 헤쳐 나갈 수 있을지 의구심을 나타냈다. 하지만 가르자의 실력이 향상되고, 바틀렛이 매끄러운 수비를 선보이면서 레이스는 이 트레이드 한 건으로 실점을 대폭 줄일 수 있는 기회를 잡았다. 이 트레이드에 대해 라이벌 팀 관계자들은 저주를 퍼부었을 정도였다.

레드삭스 단장 출신으로 샌디에이고 구단을 책임지게 된 제드 호이어가 말했다. "체격 문제가 있긴 했지만 우린 늘 가르자를 갈망했습니다. 바틀렛을 얻기 위한 노력도 했고요. 영과 가르자를 맞바꾸는 것은 이해할 수 있습니다. 그런데 그들이 바틀렛까지 얻었다니요?"

라인업에서 영을 빼내면서 수비력이 향상됐다. 게다가 (150경기를 기준으로 2007년 유격수 평균에 비해 12점이 미달된) 유격수 브렌던 해리스 자리를 수비 능력이 뛰어난 바틀렛으로 메웠다(트윈스 역시 그 트레이드로 큰 혜택을 봤다. 영이 2010년에 최고 성적을 올렸고 그해 미네소타는 우승을 다투는 팀이 됐다).

레이스 수비진에 가장 많은 변화를 초래한 것은 팀에 몸담고 있던 기존 선수들이었다. 2008년 시즌 개막 직후 레이스는 3루수이자 1라운드 지명 선수인 에반 롱고리아를 불러 올렸다. 타격 잠재력에다 리그 최고 수준의 3루 수비력을 지닌 롱고리아는 곧바로 스타로 부상했다. 롱고리아를 라인업에 넣으면서 이와무라 아키노리를 2루수로 옮길 수 있게 됐다. 이와무라는 일본에서 3루수로 뛰면서 6번이나 골든 글러브를 받은 선수였지만 프로에서 2루수로 뛴 경험이 거의 없었다. 그러나 이와무라는 바틀렛과 짝을 이뤄 팀 역사상 최고의 더블플레이 콤비가 됐다. 좀 더 미묘한 변화 역시 도움이 됐다. 마이너리스 팜 시스템과 빅리그 경력 초반에 여러 포지션을 두루 거쳤던 B. J. 업튼을 개막전에 중견수로 출전시킨 뒤 그 자리에 고정했다. 그 결과 중견수 자리에서 수비점수가 11점이나 향상됐다.

그런 시절이 오리라고 생각한 사람은 거의 없었다. 하지만 레이스는 이제 아메리칸리그 동부지구에 거대한 위협이 되기 시작했다.

"영과 가르자/베틀렛의 트레이트에 당혹스러워하긴 했지만 레이스가 그토록 경쟁력을 발휘할 것이라고는 생각지 못했습니다. 불펜이 상대적으로 약했기 때문입니다." 호이어가 2008년을 회상하며 말했다. "아메리칸리그 동부지구는 늘 양키스와 보스턴이라는 두 강팀이 지배했습니다. 그리고 와일드카드는 매년 우리 지구에서 나오는 것으로 알고 있었습니다. 그런데 그 구도가 완전히 바뀌었습니다. 야구계에서 가장 뛰어난 세 팀 중 한 팀은 플레이오프에 진출하지 못한다는 비극이 시작된 것이죠."

레이스는 전혀 있음직하지 않은 곳에서 가치 있는 선수를 발견함으로써 불펜에 대한 라이벌 팀의 의구심 그리고 자신들의 불안에 대해 답했다. 탬파베이는 2005년부터 2008년 시즌 개막일까지 22건의 트레이드를 성사시켰다. 이 중 상당수는 불펜투수 트레이드였다. 이 트레이드 중 몇몇 건은 성사 당시에는 그다지 효과를 보지 못했다. 하지만 몇몇 선수들은 레이스가 2008년에 처음으로 승리하는 팀으로 탈바꿈했을 때 핵심적인 선수가 됐다.

2006년 6월 20일 탬파베이는 외야수 조이 개스라이트와 내야수인 페르난도 코레테즈를 캔자스시티로 보내고 대신 좌완 선발투수인 J. P. 하웰을 받아왔다. 텍사스 대학을 졸업하고 1라운드에서 로열스에 선발된 하웰은 마이너리그에서 128이닝을 던지는 동안 138명의 타자를 삼진아웃으로 돌려세우면서 프로야구를 지배했다. 2005년 6월 11일 메이저리그로 승격된 하웰은 첫 선발 경기에서 뛰어난 성적을 기록했다. 애리조나와의 경기에서 5이닝을 1실점으로 막으면서 삼진 8개를 잡아낸 것이다. 하지만 나머지 시즌은 끔찍했다. 다음 68이닝 동안 하웰은 삼진 46개를 기록했지만 볼넷 37개, 안타 69개, 홈런 9개를 허용했다. 그는 시즌을 평균 자책점 6.19로 끝마쳤다.

어떤 야구 선수가 슬럼프에 빠지게 되면 팀에서는 부정적인 쪽으로 시선이 고정되는 경향이 있다. 그 해 하웰을 지켜본 사람들은 그의 빈약한 체격을 주목했다. 키 183센티미터에 몸무게 80킬로그램으로 등록돼 있는 그는 실제로는 178센티미터에 몸무게가 72킬로그램에 불과했다. 페드로 마르티네스처럼 덩치가 작으면서도 성공을 거뒀던 투수들이 패스트볼의 속도를 내기 위해 채찍과 같은 동작을 사용했다면, 하웰의 구속은 평균 140킬로미터에도 미치지 못했다. 로열스 팀은 1번 드래프트에서 뽑은 선수가 일종의 신기루 같은 존재는 아닌지 의구심을 갖기 시작했다. 중간 정도의 체격으로는 허약한 마이너리그 경쟁에서는 위력을 발휘할 수 있었지만, 메이저리그의 거물들과 맞서기에는 적합하지 않다고 결론지었다.

그러나 데블레이스는 하웰의 긍정적인 부분에 초점을 맞췄다. 그들은 대학과 마이너리그에서 성공적인 피칭을 했던 더 많은 표본들과 23살짜리 신인으로 메이저리그에서 선발로 미덥지 못하게 던졌던 15 경기를 비교했다. 그들은 하웰의 첫 번째 선발 경기 뿐 아니라 두 번째부터 마지막 선발경기에서 인상적인 결과를 발견했다. 안타를 맞지 않은 5이닝 동안 7명의 트윈스 타자들을 삼진으로 잡았던 것이다. 확실히 그는 패스트볼을 강하게 던질 능력이 없었지만 커브볼은 환상적이었다. 하웰은 자신이 원하는 어느 곳에나 정확하게 낙차 큰 커브를 던져 넣으면서 왼손 타자뿐 아니라 오른손 타자들까지 꽁꽁 묶어버렸다. 반대쪽 타자들을 제압할 수 있는 투구를 해야 한다는 중요한 조건을 갖춘 셈이다.

트레이드된 이후 하웰은 트리플A에서 던진 뒤 탬파베이로 승격됐다. 하지만 메이저리그에서 그는 다시 허우적거렸다. 2006년 평균자책점 5.10을 기록한 뒤 2007년에는 평균 자책점 7.59란 납득할 수 없는 성적을 냈다. 하지만 레이스는 여전히 인내심을 갖고 기다렸다. 하웰은 두 시즌 모두 뛰어난 삼진 대 볼넷 비율을 기록했다. 경기 지배력이 훌륭하다는 신호였다. 수비 무관 수치[6]로 따질 경우 하웰은 4.00 언저리의 꽤 괜찮은 평균 자책점을 기록할 수 있는 능력을 갖춘 투수라는 점을 보여주고 있었다.

하웰이 2008년에 좋은 성적을 올리는 데는 그를 불펜으로 돌린 경영진의 공도 컸다. 그 이후 모든 것이 잘 맞아 돌아가기 시작했다. 하웰은 그 해 89.1이닝을 던지는 동안 삼진을 많이 잡는 대신 피홈런은 극히 적었으며, 위기상황을 잘 막아줬다. 무엇보다 평균자책점은 2.22였다. 2009년에도 하웰의 성공은 계속됐다. 이번에는 팀에서 사실상 마무리투수로 활약했다. 하웰의 보직을 변경하고 수비가 뒷받침되면서 탬파베이는 지구상에서 가장 뛰어난 불펜투수 중 한 명을 만들어냈다. 하웰 사례를 통해 야구든 비즈니스든 간에 환경을 바꾸는 것이 어떤 사람의 능력을 극대화하는 데 얼마나 도움이 되는지에 대한 교훈을 얻을 수 있었다.

히트 상품 행렬은 계속 됐다. 2007년 트레이드 마감시한 때 탬파베이는 불같은 강속구를 보유한 거구의 오른손 투수 세스 맥클렁을 밀워키로 보내고 호주 출신 불펜투수 그랜트 볼포어를 데려왔다. '볼포어'란 이름이 투수에겐 굉장히 불운한 이름이란 것을 증명이라도 하듯 볼포어는 선수 생활 내내 흔들리는 제구력 때문에 마이너리그를 들락날락했다. 많은 투수들을 은퇴로 몰아넣었던 연이은 부상은 그의 상황을 더 악화시켰다. 팔뚝, 팔꿈치, 그리고 어깨 부상과 수술로 다섯 번이나 부상자 명단에 이름을 올렸다. 덕분에 그는 2005년 시즌 전부와 2006년 시즌의 대부분을 날렸다. 볼포어가 레이스로 트레이드됐을 때는 이미 서른 살이었다. 그가 메이저리그에서 유망한 모습을 보여준 것은 아주 오래 전 일이었다.

---

**6** 안타 확률에 큰 영향을 끼치는 요소, 즉 운이나 팀 수비능력, 구장 효과 같은 것들을 배제하고 투수의 능력과 관계 있는 홈런, 삼진, 볼넷만으로 계산하여 투수의 능력을 수치화하는 방법이다.

하지만 프리드먼은 볼포어가 몇 차례 수술 뒤 구속을 회복했다는 스카우트의 말을 신뢰했다. 또 볼포어가 오랜 기간 마이너리그에서 올린 성공적인 성적에 주목한 뒤 잠재돼 있던 몇몇 재능이 꽃을 피우려고 한다고 평가한 팀내 분석 전문가들의 말도 믿었다. 프리드먼은 볼포어의 이점이 리그 최저 수준의 연봉계약에 따라올 미미한 위험 요소보다 훨씬 크다는 사실을 알았다. 2008년 5월 31일 메이저리그의 부름을 받은 볼포어는 하웰과 함께 그 해 리그에서 가장 강력한 불펜 투수진을 구축했다. 그 해에 볼포어는 정규 시즌 58.1이닝을 던지면서 1.54의 평균자책점을 기록하면서 82명을 삼진아웃시켰다.

그 해 볼포어에게 가장 기억할만한 순간은 팀 역사상 첫 플레이오프 경기였던 아메리칸리그 디비전 시리즈 1차전이었다. 투아웃 주자 만루의 긴박한 순간에 볼포어와 화이트삭스 유격수 올랜도 카브레라가 맞붙었다. 카브레라가 마운드 쪽으로 흙을 확 차버리자 화가 난 볼포어는 홈 플레이트 위로 공을 강하게 던졌다. 큰 의미 없는 경기에서도 서로 격렬하게 경쟁하던 사이였던 터라 볼포어는 빠른 공 세 개로 카브레라를 삼진아웃으로 처리했다. 그리고 그에게 손짓하면서 이렇게 소리쳤다. "빌어먹을, 그 자리에 앉아!(Sit The Fuck Down)" 이 장면이 워낙 인상적이었기 때문에 레이스의 블로그인 드레이스베이는 재빨리 티셔츠에 볼포어의 실루엣을 그려넣은 뒤 'STFD'를 새겨 넣었다. 볼포어와 하웰이 이끄는 레이스의 불펜투수진은 2008년 시즌 평균자책점이 이전 해보다 2.5 이상 낮아진 3.55를 기록했다. 덕분에 한 해 전 메이저리그에서 꼴찌 수준이었던 불펜투수 평균자책점은 리그 5위로 올라섰다.

레이스가 2008년 시즌에 퇴물이나 다름없던 불펜투수와 낮은 연봉의 재능 있는 선수들을 데려와 짭짤한 성공을 거뒀음에도 불구하고 그 해의 성공은 연이어 높은 순번의 드래프트 선발권을 확보했기 때문에 가능했다. 높은 순번 드래프트 선발권은 대부분 나이몰리 시절에 행사됐다. 탬파베이는 1999년부터 2008년까지 매년 상위 10번 이내 선발권을 행사했다. 1라운드 선발 선수 명단에는 직간접적으로 2008년 아메리칸리그 우승에 기여한 선수들이 여러 명 있다. 2006년 전체 3번으로 선발된 에반 롱고리아는 2008년 신인상을 수상했다. 2007년 전체 1번인 데이비드 프라이스는 2008년 플레이오프에서 마무리로 등판하기도 했으며, 그해 후반기 들어 리그 최고 수준의 선발투수였다. 2003년 1번 선발 선수인 델몬 영은 맷 가르자 및 제이슨 바틀렛과 맞바꾸는 카드로 활용됐다.

이런 요소들 중 가장 크게 작용한 것은 바로 거래를 유리한 쪽으로 성사시키는 프리드먼의 묘한 재주였다.

프리드먼과 함께 사모펀드 회사에서 근무했던 웨인 크레빈저는 이렇게 말했다. "우리 삶의 절반은 협상이죠. 그리고 그는 협상에 타고난 재능을 갖고 있습니다. 그는 어떤 것은 되고, 어떤 것은 안 되는지에 대한 탁월한 감각을 갖고 있습니다."

단장이 해야 할 일 중 가장 중요한 임무는 우승을 노릴 수 있는 팀을 만들 능력 있는 선수를 찾아내는 것이다. 많은 팀들이 그 첫 걸음부터 제대로 떼질 못했다. 유망주를 과대평가하는가 하면, 전성기가 지난 자유계약 선수를 쫓아다니며, 통계적으로 나타나는 경고 신호를 포착하지 못한다. 그 결과 패배를 밥먹듯 하게 되고, 결국은 해고 통보를 받게 된다. 재능 있는 선수를 찾는 초기 단계를 넘어서면 팀의 필요에 걸맞은 적정 가격과 시점에 여러 선수들과 계약을 해야 한다. 물론 다른 부분에도 쓸 수 있을 만큼 충분한 돈을 남겨놔야 한다. 양키스라면 어떤 선수를 과대평가하는 실수를 했더라도 고액 연봉을 받는 다른 슈퍼스타들에 대한 지출을 조정하는 방식으로 그 실수를 벌충할 수 있다. 그러나 레이스에게는 그런 여유 공간이 없다.

프리드먼이 2004년 월스트리트를 떠나 탬파베이로 왔을 때 팀의 메이저리그 로스터에는 장기적으로 보유할 만한 가치 있는 선수가 칼 크로포드를 빼고 거의 없었다. 데블레이스에서 세 번째 시즌을 보내던 2004년에 크로포드는 타율 2할9푼4리를 기록했으며, 도루와 3루타 부문에서는 리그 1위를 기록했다. 그는 그 해 처음으로 올스타 게임에 출전했다. 수비 지표에 따르면 크로포드는 또한 최고 수비수인 것으로 나타났다.

프리드먼은 처음에 선수개발 담당 이사로 데블레이스에 합류했다. 명목상으는 척 라마가 팀의 단장으로 야구 운영 부문을 책임지고 있었다. 하지만 스턴버그는 처음부터 프리드먼이 고삐를 잡도록 했다. 그래야만 팀의 소유권 이전이 완료됐을 때 유능한 새 단장이 자리를 지킬 수 있었기 때문이다. 그때 이후 데블레이스는 양대 파벌로 나뉘어졌다. 라마와 구질서 수호자들이 한 쪽에 자리 잡았으며, 프리드먼을 비롯해 비록 소수이긴 하지만 점점 늘어나고 있는 비즈니스와 야구 마인드를 두루 갖춘 세력이 반대쪽에 있었다. 데블레이스가 크로포드와 장기 계약 가능성을 검토했을 때 그 작업을 책임진 것은 라마가 아니라 프리드먼이었다.

메이저리그는 1970년대 중반 자유계약(FA) 제도를 도입함으로써 경력에 따라 돈을 벌 수 있는 선수들의 능력이 굉장히 달라질 수 있는 시스템을 고안했다. 이후 30년 동안 매출이 폭발적으로 늘어나면서 선수들의 연봉도 가파르게 치솟았다. 이에 따라 메이저리그 팀들은 경력 3년 미만의 유망주를 가능한 많이 보유할 유인이 커지게 됐다. 왜냐고? 그런 선수들은 거의 전부 메이저리그 최저 수준의 연봉만 줘도 되기 때문이다. 그 선수들은 연봉조정신청 권리를 아직 갖지 못한 데다 자유계약 자격을 얻기까지는 몇 년이 더 필요하다. 양키스처럼 더 부유한 팀과 데블레이스처럼 더 빈곤한 팀 간의 매출 격차가 넓어짐에 따라 매출 규모가 적은 팀은 선수들이 자유계약 시점에 도달하기 전에 공격적으로 트레이드하기 시작했다. 앞을 미리 내다보는 팀이라면 자유계약 자격을 얻으려는 선수를 더 많은 유망주들과 바꿀 수도 있기 때문이다.

프리드먼은 다른 경로를 모색했다. 크로포드는 브레이크아웃 시즌이던 2004년 말에 23살이었다. 빌 제임스와 다른 분석 전문가들의 연구에 따르면, 야구 선수들은 20대 중후반에 전성기를 맞는 경향이 있다. 크로포드가 장기 계약에 사인을 하지 않을 경우 데블레이스는 27번째 생일을 막 지나 파워가 절정기에 달할 때 그를 잃어버릴 우려가 있었다. 그를 트레이드할 경우에는 더 일찍 잃을 수도 있었다. 따라서 프리드먼 입장에서는 과다 지출로 곤란을 겪는 일을 피하면서도 최고 절정기에 크로포드를 잡기 위해서는 위험부담과 선수에 대한 보상 사이에서 적절한 균형을 찾을 필요가 있었다.

크로포드 입장에서는 수지맞는 계약을 체결하는 최적기가 바로 지금이 될 수도 있었다. 연봉조정신청 권리를 얻으려면 1년이 더 남은 데다 자유계약 자격까지는 4년이 남았기 때문에 그 시점에 다다르기 전에 성적이 하락하거나 심각한 부상을 입을 경우에는 큰돈을 챙길 기회를 상실할 수도 있었다. 데블레이스는 크로포드에게 재정적으로 일생

동안 걱정이 없을 만큼 충분한 금액을 제시할 수도 있었다. 그 대가로 탬파베이는 크로포드의 기량이 기대하는 만큼 발전할 경우 탄탄한 수익을 낼 수 있는 장기계약을 체결할 수 있었다. 이것은 완전히 새로운 개념이 아니었다. 1990년대 당시 클리블랜드 인디언스의 단장이던 존하트는 연봉조정신청 권리를 얻을 시점이 된 선수에게 장기계약을 자주 제안하곤 했다. 그렇게 함으로써 케니 로프턴, 앨버트 벨, 그리고 짐 토미 같은 젊은 스타들에게 재정적인 안정을, 구단주에겐 안정적인 팀 운영을 보장해줄 수 있었다.

데블레이스의 접근법이 이전과 다른 점은 구단이 옵션을 선호했다는 것이다. 야구 선수는 세 가지 다른 유형의 옵션이 있는 계약에 사인할 수 있다. 선수 옵션으로 할 경우 선수들이 계약을 해지한 뒤 자유계약 시장에서 몸값을 테스트해보는 권리를 갖게 된다. 선수들이 성공적인 성적을 낸 뒤 자유경쟁 시장에서 더 많은 돈을 받을 수 있다고 생각할 경우에는 거의 이 옵션을 행사한다. 상호 옵션으로 할 경우에는 양쪽이 모두 계약을 해지할 수 있다. 하지만 그런 일은 거의 일어나지 않는다. 선수가 자유계약 시장에서 좀 더 많은 돈을 받아야겠다고 생각하면, 선수가 계약을 거부한다. 어떤 선수가 부진했거나 부상을 당했을 경우에는 구단이 그 선수를 내보내기 십상이다. 하지만 구단 옵션으로 계약할 경우에는 구단이 모든 권력을 행사한다.

40홈런을 친 타자를 얻었다고? 계속 보유하면 된다. 멘도사 라인[7]에 들어갔다고? 즐겁게 내보내면 된다. 늘 제한된 매출 흐름 때문에 힘

---

**7_**　투수를 제외한 야수들의 타율이 규정 타석을 채우고도 2할 언저리에 머무는 것을 지칭하는 말. 메이저리그 유격수 출신인 마리오 멘도사에게서 유래한 말로 1980년 캔자스시티 로열스의 강타자 조지 브렛이 처음 이 말을 쓴 뒤 널리 확산됐다.

들어하는 팀을 이끌게 된 스턴버그와 프리드먼은 장기 계약을 할 때는 가능한 적극적으로 구단 옵션을 갖도록 했다. 그렇게 함으로써 최소 비용을 투자해서 위험부담을 떠안지 않으면서도 수익을 낼 수 있게 됐다. 이것이 바로 야구에서의 차익 거래다.

양측은 2005년 4월에 계약의 정점에 달했다. 크로포드는 자유계약 자격을 얻기 전 4년, 즉 2005년부터 2008년까지 1,525만 달러를 벌 수 있었다. 당시 그 계약은 크로포드가 자유계약 선수가 되는 첫 해인 2010년에는 1,000만 달러를 받을 수 있도록 했다(각종 연봉인상 요인에 따라 최대 1,150만 달러까지 받을 수 있었다). 크로포드는 연봉조정 이전 한 시즌과 조정 가능한 세 시즌, 그리고 자유계약(이 가능한) 두 시즌 등 총 6년 동안 최대 3,500만 달러를 받을 수 있었다. 크로포드가 어떤 성적을 낼지는 아무도 알 수 없었다. 데블레이스는 젊은 유망주 좌익수인 크로포드가 선수 경력에 종지부를 찍는 부상을 당하거나, 돌이킬 수 없을 정도로 기량이 쇠퇴할 위험 부담을 떠안을 수 있었다. 하지만 데블레이스가 엄청난 수익을 올릴 잠재력은 여전했다. 결과는 데블레이스의 예측대로 그렇게 됐다.

야구 분석 사이트인 팬그래프스(FanGraphs)는 타격과 수비 능력(혹은 투수의 피칭 능력)을 측정한 뒤 그 해 자유계약 선수들과 비교하는 공식을 토대로 매년 모든 선수가 벌어들일 수 있는 가치를 보여준다. 계약 첫 4년 동안 크로포드의 가치는 5,570만 달러로 집계됐다. 그 기간 동안 그가 받은 연봉의 거의 4배에 달하는 수준이었다. 크로포드는 2009년에는 탬파베이에 5.5승을 안겨주면서 공개 시장에서 2,490만 달러의 가치를 지닌 것으로 평가받았다. 역시 그 해 연봉의 3배 수준이었다. 2010년에 들어서도 6월 말경에 이미 크로포드가 벌어들인 가치는 그 해 연봉을 넘어섰다. 크로포드는 결국 계약 기간 동안 레이스에 1억 890만 달러를 벌어다줬다. 반면 그 기간 동안 그가 받을 수 있는 연봉의 상한선은 3,500만 달러였다.

프리드먼은 2008년 1월 선발투수인 제임스 쉴즈와 장기 계약을 체결하면서 또 한 차례 큰 성공을 거뒀다. 크로포드의 수익 잠재력 중 일부가 결실을 맺는 것을 확인한 프리드먼은 쉴즈에게 좀 더 공격적으로 접근했다. 겨우 52번의 선발 출장을 했을 뿐이지만 쉴즈는 레이스 팀이 다년 계약 제안을 하기에 충분한 가치가 있었다(그는 2007년에 12승 8패에 평균 자책점 3.85란 대단한 성적을 거두었다). 쉴즈는 2008년부터 2011년까지 1,125만 달러를 받도록 돼 있었다. 리그 최고 수준의 선발투수를 발굴했다고 믿고 있는 레이스 팀 입장에선 그 정도만 해도 엄청나게 싼 값으로 보유한 셈이다.

하지만 4년 계약이 끝난 뒤에 뜻밖의 결말이 기다리고 있었다. 레이스 팀이 하나도, 둘도 아닌 세 개의 팀 옵션을 갖고 있었기 때문이다. 어떤 야구 구단도 그토록 완벽하게 팀 옵션을 확보하거나, 계약 기간이 만료된 뒤 그 정도 수준의 권리를 확보하기 위해 애쓴 적은 없었다.

쉴즈는 크로포드가 계약할 때에 비해 경력이 1년 정도 적었다. 투수인 쉴즈에게 투자하는 것은 위험 부담이 더 큰 일이기도 했다. 야수에 비해 투수들의 감손 비율이 더 높았기 때문이다. 게다가 쉴즈가 2002년에 경미한 통증을 없애기 위해 어깨 수술을 한 점은 더 큰 걱정거리였다. 수술 이후 쉴즈의 패스트볼 속도가 떨어졌을 뿐 아니라 그가 계속 투구를 할 수 있을지도 의문이었다. 하지만 쉴즈는 그때부터 가장 무시무시한 체인지업 중 하나를 개발하면서 자신의 가치를 입증했다. 게다가 레이스는 쉴즈의 결점을 이용해 협상에서 좀 더 주도권을 쥘

수 있었다. 현재까지 그 계약은 큰 성공을 거뒀다. 쉴즈는 2010년 기록한 엉뚱한 성적에도 불구하고 계약 3년 동안 4,440만 달러(시장가치)의 가치를 창출했다. 쉴즈가 구단의 세 차례 옵션 시즌을 포함해 총 7년의 계약 기간 동안 활약할 경우 전체 연봉은 최대 4,400만 달러에 이른다. 계약 기반의 절반도 채우기 전에 레이스 팀은 이미 투자한 돈을 회수한 셈이다.

메이저리그 경력이 2년 이상, 혹은 1년 남짓한 선수와 계약을 한다? 프로 세계에서는 어느 시점에서 마이너리그로 떨어질지 모를 정도로 미래가 불투명하다. 마이너리그 선수들 절대 다수는 메이저리그 냄새도 맡아보지 못한다. 그리고 그들 중 극소수만이 나중에 어느 정도 성공을 하게 된다. 어떤 선수든, 도저히 놓칠 수 없는 유망주라 할지라도 메이저리그라는 거대한 쇼에 초대받는 것은 엄청나게 축하할 일이다. 만약 어떤 팀이 메이저리그의 문턱에 있는 특급 유망주에게 8, 9년 계약으로 그 불안감을 날려주고 확신을 심어줄 수 있다면 어떻게 될까? 10대나 20대 초반의 유망주들은 빅 리그 게임에 처음 출전하기도 전에 수천만 달러를 고정적으로 확보하길 원하지 않을까?

야구팀에서 새로운 역할을 맡은 직후인 2004년에 프리드먼은 바로 그 아이디어를 갖고 B. J 업튼에게 접근했다. 연봉조정신청 권리를 포기하고 자유계약을 조금만 더 보류하면, 즉시 수백만 달러를 보장해주겠다면서 말이다. 2002년 드래프트에서 전체 2번으로 선발됐던 업튼은 이미 5년 계약으로 460만 달러의 계약금을 챙겼다. 그는 또 〈베이스볼 아메리카〉가 평가한 유망주 순위에서 2위를 기록했다. 하지만 업튼은 이제 막 트리플A에 도달한 19살짜리 풋내기에 불과했다. 엄청나게 많은 불확실 요소가 앞에 도사리고 있었다.

크로포드와 그렇게 했던 것처럼 새로운 왕조가 열리자 곧바로 논의에 들어갔다. 척 라마는 이런 모습을 멀리서 지켜봐야만 했다. 라마는 이렇게 말했다. "그것은 주도면밀하게 만들어진 혁신적 아이디어라고 생각합니다. 위험 부담을 떠안긴 하죠. 하지만 계획대로 잘 될 경우에는 돈을 절약할 수 있습니다. 좋은 성적을 올릴 경우에 또 다른 대형 계약이 기다리고 있다는 사실을 알고 있는 젊은 선수들에게는 거부할 수 없는 제안이죠. B. J 업튼은 정확하게 그들이 계약하길 원했던 유형의 선수였습니다."

업튼은 데블레이스의 제안을 거절했다. 프리드먼은 팀내 최고 유망주와 장기 계약을 맺겠다는 아이디어를 여전히 포기할 생각이 없었다. 그는 다음으로 적합한 후보자를 찾아내야 했다. 에반 롱고리아 같은 선수 말이다.

롱고리아와 다년 계약 체결 가능성을 살펴볼 때 프리드먼은 사모펀드에 있던 시절 개발했던 방식을 택했다. 당시 어떤 회사에 투자할 때면 그 회사의 운영뿐만 아니라 경영진의 실력과 위험 감내 수준, 관련 업계의 현재 추세, 그리고 거시경제의 흐름 같은 것들도 함께 고려해야 했다. 롱고리아와의 다년 계약 가능성에 대해 생각할 때도 프리드먼은 선수의 능력 뿐 아니라 다른 요인들도 고려했다. 크로포드와의 계약을 비롯해 다른 비슷한 거래를 성공적으로 이끌어내면서 양호한 선례를 만들어냈지만 레이스의 현금 흐름은 빠듯했다. 그리고 롱고리아의 에이전트 문제도 있었다.

로스앤젤레스에 있는 TWC 스포츠 소속으로 양키스 2루수인 로빈슨 카노, 브레이브스 투수 팀 허드슨과 로키스 유격수 트로이 투로우이츠의 에이전트인 폴 코헨은 롱고리아도 맡고 있었다. 2007년 시즌 동안 더블A를 평정한 롱고리아는 트리플A에서는 성적이 살짝 내려갔다. 31게임에 출전해 2할6푼9리의 타율, 3할9푼8리의 출루율, 4할9리의 장타율에 29개의 삼진을 당했다. 코헨은 투로우이츠를 위해 6년간 3,100만 달러에 마지막 해에는 구단이 1,500만 달러 옵션을 갖는 계약을 막 마무리한 참이었다. 이는 메이저리그 경력 1년 남짓한 선수 입장에서는 사상 최대 규모였다. 〈베이스볼 아메리카〉가 2008년 유망주 랭킹 2위로 평가한 롱고리아는 메이저리그에 단 한 경기도 뛰지 않은 상태에서 투로우이츠보다 더 긴 장기 계약을 체결하려고 할까?

롱고리아는 장기 계약으로 가족들을 재정적으로 안정시킬 수 있다면, 그렇게 하는 데 관심이 있었다. 그는 이렇게 말했다. "내 건강에 이상이 생기거나, 성적이 하락할 경우에 나와 가족들에겐 어떤 일이 일어날까요?"

코헨은 롱고리아와 여러 시나리오를 놓고 논의했다. 만약 롱고리아가 장기 계약 대신 1년씩 계약을 연장하는 쪽을 택하면 어떨까? 그리고 매 시즌마다 3할 타율에 40홈런을 기록한다면? 반대로 2할5푼에 고작 10홈런만 친다면?

코헨은 레이스가 롱고리아의 메이저리그 경력을 어떻게 처리할지 설명했다. 만약 롱고리아가 계약서에 서명하지 않을 경우에 레이스는 충분한 경쟁력을 갖췄다는 확신을 갖기 전까지는 그를 메이저리그로 승격시키지 않을 것이다. 그렇다면 그들은 연봉조정신청과 자유계약까지 좀 더 오래 기다릴 수 있기 때문에 돈을 절약할 수 있다. 반면 계약서에 서명하면 레이스 팀은 롱고리아가 준비가 됐다고 판단하는 순간 바로 메이저리그로 불러올릴 가능성이 높다. 그럴 경우 실력을 발휘할 수 있는 무대를 갖게 된다. 롱고리아는 모든 경우의 수를 고려했다.

20살을 갓 넘은 다른 유망주들처럼 롱고리아 역시 부유한 집안 출신이 아니었다. 2006년 드래프트 직후 받은 계약금 300만 달러로는 부족했다. 롱고리아는 프로 스포츠 선수의 수명이 짧다는 사실도 잘 알고 있었다.

롱고리아는 부정적인 요소보다는 긍정적인 측면에 더 무게를 뒀다. 그 동안 어떤 선수도 레이스가 제안한 것과 같은 계약에 동의한 적이 없었다. 그는 첫 번째 사례가 될 터였다. 2008년 시즌 개막 직후 윌리 아이버가 며칠 동안 부상을 당하자 레이스는 곧바로 롱고리아를 메이저리그로 불러올린 뒤 3루수 자리를 맡겼다. 더 이상 인위적으로 메이저리그에서 뛰는 시간을 줄일 필요가 없게 된 것이다. 빅 리그에서 6경기를 뛰고 난 뒤 롱고리아와 레이스 팀은 계약 체결 사실을 공식 발표했다. 롱고리아는 6년 동안 1,750만 달러를 받기로 계약했다. 쉴즈와의 계약 때와 마찬가지로 레이스는 계약이 끝날 무렵에 3개의 팀 옵션을 확보했다. 팀이 옵션 3개를 모두 행사할 경우 롱고리아 계약은 총 9년에 4,800만 달러 규모에 이르게 된다.

계약을 체결한 뒤 3년 만에 롱고리아는 코헨의 예언을 실현했다. 그는 스타가 됐다. 그리고 그런 계약에 서명한 데 대해 비판이 쏟아졌으며, 일부 사람들은 조롱하기도 했다. 팬그래프의 승리 가치에 따르면, 롱고리아는 2010년까지 탬파베이에 거의 8,500만 달러를 벌어다 줬다. 탬파베이가 3개의 옵션을 모두 행사할 경우에는 앞으로도 6년 동안 더 계약 기간이 이어지게 된다. 그 사이에 엄청난 사건만 없다면, 탬파베이는 팀 옵션을 행사할 것이다. 롱고리아는 2008년 신인상을 수상했으며, 메이저리그 경력 3년 동안 올스타 팀에 선발됐다. 그리고 최우수선수(MVP) 후보로도 떠올랐다. 팬그래프의 데이브 캐머런은 매년 선수의 능력, 나이, 그리고 계약 조건들을 고려한 뒤 트레이드할 때 가장 많은 가치를 갖는 야구 선수 50명을 선정하는 'MLB 트레이드 가치' 칼럼을 발표한다. 그는 이 칼럼에서 롱고리아를 메이저리그에서 몸 담은 3년 동안 리그에서 가장 상품 가치가 뛰어난 선수로 선정했다.

캐머런은 2008년에 이렇게 썼다. "물론 롱고리아가 이제 메이저리그 시즌의 절반 정도만 보냈다는 점을 알고 있다. 그리고 메이저리그에서 300타석 이상 들어선 선수들은 포함하지 않았기 때문에 지나치게 과장된 결론을 이끌어냈다는 점도 고려해야 한다. 하지만 롱고리아의 능력이 워낙 뛰어난 데다 계약 조건 자체가 탬파베이 팀에 엄청나게 유리하기 때문에 탬파베이는 롱고리아를 다른 어떤 선수와도 트레이드하지 않을 선수로 분류했다."

프리드먼은 롱고리아가 빅 리그에서 6게임만을 뛴 뒤(2014년에 가능한 바이아웃 조항[8]을 포함해) 2,050만 달러를 지불했다면서 터무니없는 계약은 아니었다고 해명했다. 그러나 레이스가 거의 도적질하듯이 롱고리아와 계약한 것은 분명하다.

"이런 조건으로 계속 뛸 바에야 차라리 그를 은퇴시켜야만 할 정도다. 왜냐하면 그가 부상을 당하거나, 기량이 급격하게 감퇴하지 않는 한 향후 5년 동안 어느 누구도 그를 능가하긴 힘들어 보이기 때문이다."

캐러먼은 2009년 한 칼럼에서 롱고리아에 대해 안타까운 심정을 이렇게 토로했다.

"경기장에서 롱고리아가 갖는 가치는 엄청나다. 하지만 계약 조건

---

**8**   상대 구단이 지정한 금액 이상의 이적료를 지급하면 구단의 동의 없이도 개인 협상을 할 수 있도록 한 조항을 말한다.

은 워낙 팀에 유리하도록 돼 있기 때문에 구단 내 선수 중 어느 누구도 롱고리아의 전체 가치에 필적하기 힘들 정도다. 명예의 전당에 들어갈 잠재력을 가진 선수가 리그 중간 이하 수준의 선발투수만큼 연봉을 받고 있다. 에이전트여, 이것은 당신의 최고 고객에게 하지 말아야 할 계약의 표본이다."

# 대반전

**9**장

탬파베이 데블레이스는 8년 동안 지옥 같은 야구팀 생활을 했다. 빈스 나이몰리가 이끌던 시절 데블레이스는 아메리칸리그 동부지구 꼴찌였다. 게다가 구장 관리도 엉망이었고 지역 커뮤니티와 적대적인 관계였으며 여론에도 신경을 쓰지 않고 팬들을 쫓아냈다.

그런 다음 데블레이스는 2년 동안 연옥(가톨릭 교의 중 하나로 천국과 지옥 사이에서 죽은 자의 영혼이 머무는 곳) 생활을 했다. 새로운 경영진은 나이몰리 시절의 모든 것들을 갈아치웠다. 마케팅 활동은 좀 더 집중적이고 창의적이며, 성공적으로 바뀌었다. 새로운 넘버 크런처들이 잠재력 있는 새로운 자원을 찾는 방법을 연구하기 시작했다. 하지만 경기장에서 드러난 결과는 여전히 형편없었다. 탬파베이는 2년 더 꼴찌를 했다. 그 기간 동안 이긴 경기보다 진 경기가 197개나 더 많았다.

2008년이 되자 모든 것이 달라졌다. 가장 눈에 띄는 변화는 팀 명칭이었다. 10년 동안 데블레이스라는 거대한 박쥐처럼 생긴 물고기(가오리) 이름을 사용해왔던 팀은 '데블'이란 단어를 이름에서 떼어냈다.

이제 그들은 탬파베이 레이스로 불리게 됐으며, 새로운 유니폼과 로고 작업도 마무리했다. 선수들은 유니폼 가슴 부분만 쳐다봐도 레이스가 만들어낸 변화를 알 수 있었다. 그 해 오프 시즌 동안 단행된 변화가 브랜드 변경과 유니폼 수정뿐만은 아니었다. 2년 동안 팀 내 재능 있는 선수들의 가치를 평가한 뒤 앤드류 프리드먼과 참모들은 그 해 겨울에 로스터를 새롭게 선정했다.

드래프트 전체 1번 지명 선수로 경박하기 이를 데 없던 델몬 영은 팀을 떠났다. 주전 유격수 브랜던 해리스, 지명타자 그렉 노턴, 그리고 대다수 후보 선수들도 떠났다. 불펜의 변화는 더 컸다. 2007년에 활동하던 6명의 불펜투수 중 4명이 2008년 시즌에 참가하지 못했다. 곳곳에 새로운 얼굴들이 들어왔다. 노장인 클리프 플로이드는 윌리 아이바와 에릭 힌스케라는 신규 영입 선수들과 함께 개막전 라인업에 이름을 올렸다. 맷 가르자는 선발투수로 승격됐다. 트로이 퍼시벌과 트레버 밀러 같은 선수들로 불펜진을 새롭게 정비하면서 J. P. 하웰과 그랜드 볼포어 같은 기존 선수들이 좀 더 중요한 역할을 맡게 됐다. 레이스가 그동안 계속 추진해왔던 젊은 선수 선호 경향이 완벽하게 실현됐다. 대학 슈퍼스타로 드래프트 전체 1번 선수인 에반 롱고리아는 시즌 시작 전에 이미 주전 3루수 자리를 꿰찼다. 새로운 선수들이 레이스 팀의 성적을 눈에 띄게 향상시킬 수 있을지는 아무도 몰랐다. 하지만 2008년의 레이스 팀이 달랐다는 점만은 의심할 여지가 없었다.

워낙 미묘해서 대부분의 전문가와 팬들이 알아채지 못했지만 레이스의 접근 방식이 달라진 점은 또 있었다. 전통적으로 리빌딩하는 팀들은 자산을 비축하는 경향이 있다. 그들은 일반적으로 베테랑을 내보내는 대신 유망주를 받아들인다. 그리고 몸값이 싼 선수들에게 모험을 건다. 유명한 자유계약 선수들은 좀체 잡지 않는다. 베테랑 자유계약 선수에게 엄청난 돈을 쏟아 부은 뒤 그 보상으로 드래프트 선발권을 포기하는 것은 하위권 팀들에게는 올바른 전략이 아니다. 하지만 레이스는 2007-2008년 오프 시즌 동안 우승을 다투는 팀들에게서 기대함직한 움직임을 보였다.

다양한 각도에서 살펴보면 이런 새로운 접근방식은 설득력이 있었다. 젊은 유망주로 넘쳐나는 팀이 제 아무리 강한 인내심을 갖고 있다고 하더라도 단순히 요술 방망이를 휘두르는 것만으로 바닥에서 챔피언으로 뛰어오르진 못한다. 패배에 찌든 팀들도 결국은 우승을 다투는 팀들과 같은 움직임을 보일 필요가 있다. 그렇게 함으로써 우승을 다툴 만한 팀으로 만들어야 하는 것이다. 그렇다고 해서 레이스가 젊은 핵심 선수들을 끌어 모은 뒤 플레이오프 진출을 다투는 데 필요한 자유계약 선수와 1억 달러짜리 계약을 한 것은 아니다.

경기장 바깥에서 그들은 여러 가지를 고려했다. 2006년에 출간된 〈숫자로 보는 야구〉의 저자인 네이트 실버는 팀이 한 경기를 더 이길 때마다 티켓, 구내매점, 상품 판매, 기타 매출로 120만 달러를 추가로 벌어들인다는 사실을 보여줬다. 이 계산대로라면 2007년 66승을 했던 레이스가 2007년에 71승만 하더라도 최고 선수를 구성하는 데 600만 달러를 더 부담할 수 있다는 얘기가 된다.

레이스는 봄철 전지훈련을 한 주 정도 남겨두고 두 개의 계약을 더 발표했다. 트레버 밀러가 팀의 좌완 스페셜리스트로 활약하기 위해 1년간 160만 달러에 계약을 했다. 또 신인왕 출신이지만 이젠 이 팀 저 팀 떠돌아다니는 저니맨 신세가 된 외야수 에릭 힌스케와 80만 달러에 계약을 맺었다. 힌스케는 우익수 자리를 놓고 경쟁할 예정이었다.

이 외에도 오프 시즌 동안의 움직임들 중에는 몇 가지 주목할 만한 것이 있다. 레이스는 후보 투수인 제프 리지웨이를 브레이브스로 보내고 내야 포지션 중 어디든 소화할 수 있는 페이스 폰테인과 윌리 아이버를 영입했다. 폰테인과 리지웨이는 기대한 만큼 좋은 결과를 얻지는 못했다. 아이버 역시 실패할 선수처럼 보였다. 2007년에 아이버는 약물 남용으로 3개월 동안 재활을 했으며, 그 이후에는 오른손 갈고리 뼈가 부러지면서 시즌 전체를 날려버렸다. 2008년 1월에 레이스는 아이버의 영입 계약을 체결했다. 그리고 몇 주 뒤, 아이버는 도미니카 공화국에서 가정 폭력 혐의로 체포됐다. 확실히 레이스는 아이버에게서 뭔가를 봤다. 그렇지 않다면 왜 그토록 사연 많은 계약을 체결했겠는가?

아이버를 트레이드한 것이 어떤 이득이 있었는지 살펴보려면 한 발 물러서서 바라볼 필요가 있다. 경기에 출전할 경우 아이버의 성적은 대단했다. 다저스와 브레이브스에서 활약하던 두 시즌 동안 아이버는 안정적인 타격 솜씨(383 타석에 등장해서 3할8푼4리를 기록했다)와 함께 여러 포지션을 소화할 수 있는 다재다능한 재주를 보여줬다. 그렇다. 그의 삶과 경력은 나락으로 떨어졌지만 헐값에 영입하면서 레이스는 아이버 영입 계약에서 위험요소보다는 보상이 더 클 것으로 판단했다.

거의 10년 동안 드래프트 상위 선발권을 행사한 데다 이후 2년 동안 적절한 트레이드와 선수 선발을 한 덕에 레이스의 로스터는 꽉 차게 됐다. 레이스는 칼 크로포드와 B. J. 업튼을 통해 스피드와 수비를 강화했다. 카를로스 페냐는 가장 무시무시한 파워를 갖춘 타자 중 한 명으로 성장했다. 선발 로테이션은 모두 26살 미만의 유망주 다섯 명으로 채웠다. 후보 선수(7번에서 9번까지 마지막 순번 타자, 불펜, 그리고 벤치 멤버 등)도 완전히 면모를 일신했다.

이제 눈에 두드러지는 약점이 없는 균형 잡힌 팀이 됐다. 야구계는 이런 사실을 아직 알아채지 못했다. 하지만 프리드먼과 보좌진들은 재능 있는 젊은 유망주를 대거 영입한 뒤 그들을 팀에 녹여냈다. 레이스의 연봉 총액은 2007년 2,400만 달러(메이저리그에서 꼴찌)에서 2008년에는 4,400만 달러(여전히 아메리칸리그 꼴찌이며, 메이저리그 전체 중 뒤에서 두 번째)를 조금 넘는 수준으로 늘어났다. 연봉 총액 1억 3,300만 달러인 레드삭스의 3분의 1이며 2억 700만 달러인 양키스의 5분의 1에 불과한 저렴한 가격에도 불구하고 이제는 해볼 만한 전력을 갖추게 된 것이다.

프리드먼이 말했다. "그제서야 우리는 공격적으로 앞으로 나아갈 수 있는 재능 있는 선수들을 보유했다고 느꼈습니다. 2008년이 됐든, 2009년이 됐든 성공할 수 있는 가능성을 갖춘 셈이지요."

매든은 팀의 모습을 흡족하게 생각하고 81승은 충분히 올릴 수 있을 것이라고 예측했다. 언뜻 보기엔 소박한 전망 같지만, 만약 달성된다면 2007년에 비해 15승이나 더 올리게 된다. 〈베이스볼 프로스펙터스〉의 페코타(PECOTA) 예상 시스템[1]은 좀 더 낙관적이었다. 레이스가 2008년 88승을 올릴 것으로 예상한 것이다. 하지만 여전히 레이스가 플레이오프에 진출할 것이라고 용기 있게 전망한 선수는 스캇 캐즈미어 뿐이었다.

봄철 훈련 기간 동안 쏟아져 나온 모든 낙관적인 전망들에도 불구하고 레이스는 2008년 시즌을 시작할 때 그다지 나은 모습을 보여주지

---

**1_** 〈베이스볼 프로스펙터스〉가 매년 발표하는 성적 예측 보고서. 다음 시즌의 예상 데이터를 발표하기 위해 이제까지 있었던 거의 모든 자료를 패턴화해서 사용한다. 페코타 시스템은 선수의 다음 시즌 성적을 예측하는 방법 중 가장 높은 권위를 인정받고 있다.

못했다. 탬파베이는 개막전에서 오리올스에게 6대 2로 인상적인 승리를 거둔 뒤 다음 16경기에서 10번이나 졌다. 늘 그랬듯이 팬들의 관심은 보잘 것 없었다. 시애틀 매리너스와의 홈 개막전에는 36,048명이 왔다. 그 다음 날 저녁 경기의 티켓 판매량은 12,106장에 불과했다. 통상적으로 관중들이 눈에 띄게 늘어나는 주말 시리즈에도 크게 나아지지 않았다. 볼티모어 오리올스와의 2008년 시즌 첫 주말 홈경기 시리즈를 찾은 관중은 48,189명에 불과했다. 게임 당 16,000명을 겨우 넘는 수준이었다.

오리올스와의 3연전에서 2승을 챙기면서 5할 승률에 올라선 레이스는 4월 14일과 15일 이틀 동안 홈에서 양키스와 경기를 벌였다. 양키스의 타선은 레이스의 선발투수 앤디 소낸스타인을 마구 두들겨 3과 3분의 1이닝 동안 7점을 냈다. 탬파베이도 반격을 가해 7회말에 5점을 냈다. 하지만 결국 양키스가 8회 한 점을 더 내면서 리드한 뒤 8대 7로 경기를 끝냈다. 다음 날은 에드윈 잭슨 차례였다. 그 역시도 양키스 타선에 뭇매를 맞으면서 5점을 헌납했다. 최종 스코어 5대 3으로 양키스 승리. 뉴욕 양키스가 2연전을 쓸어담았다.

2연전을 모두 내주면서 레이스는 6승8패로 떨어진데다가 관중들의 숫자도 현격히 줄었다. 양키스의 봄철 훈련 근거지인 탬파베이에는 뉴욕 팬들로 넘쳐났다. 그들 중 일부는 열정적으로 하워드 프랭크랜드 다리를 건너와 양키스가 인근 세인트피터즈버그에 있는 이웃 팀을 물리치는 광경을 지켜봤다. 양키스, 레드삭스와의 경기에 관중들이 늘어나긴 했지만, 여전히 경기장에는 텅 빈 좌석들이 많았다. 그 해 팀의 일곱 번째와 여덟 번째 홈경기인 양키스와의 2연전에서 레이스가 유치한 관중은 경기당 20,000명을 밑돌았다.

하지만 그 시리즈에서 긍정적인 전망을 할 수 있었다. 에반 롱고리아가 세 번째 경기 만에 메이저리그 첫 홈런을 친 것이다. 레이스는 그해 유틸리티 맨인 윌리 아이버에게 3루를 맡겼다. 하지만 아이버가 곧바로 부상을 당하게 되자 4월 12일 롱고리아를 불러 올렸다. 2006년 아마추어 드래프트 전체 3번으로 선발된 롱고리아는 이미 가장 뛰어난 유망주로 입지를 굳혔다. 하지만 대부분의 전문가들은 롱고리아가 빅리그를 평정하기까지는 시간이 걸릴 것으로 예상했다. 누구도 알지 못했지만 롱고리아와 그의 에이전트는 이미 탬파베이 팀과 9년 계약의 골격을 만들어놓은 후였다.

계약서의 잉크가 채 마르기도 전에 롱고리아는 아메리칸리그를 뒤흔들기 시작했다. 롱고리아의 빅 리그 두 번째 홈런은 4월 22일 토론토 블루제이스와의 경기에서 역전승을 이끌어내는 솔로포였다. 이틀 뒤 롱고리아는 네 번의 타석에서 2루타, 3루타, 볼넷, 그리고 희생 플라이를 각각 기록하면서 토론토와의 경기를 승리로 이끌었다. 메이저리그에서 첫 달 경기를 끝냈을 때 롱고리아는 3루에서 눈부신 수비 실력을 과시하면서 타율 2할7푼3리, 출루율 3할8푼8리, 그리고 장타율 5할2푼7리를 기록했다.

레이스는 4월말 블루제이스와 레드삭스 홈 3연전을 연이어 쓸어담으면서 6연승을 내달렸다. 이 기간 동안에는 주전들뿐만 아니라 후보 선수들도 큰 기여를 했다. 보스턴과의 홈 3연전 첫 게임에서 레이스는 경기를 연장전으로 끌고 갔다. 연장 11회말 노아웃 주자 1, 2루 상황에서 경기에 자주 출전하지 않던 나단 헤인스가 타석에 등장했다.

대부분의 감독들이 따르는 야구계의 관행에 따르면 이 상황에서는 번트를 대는 것이 정석이었다. 원아웃에 주자를 3루까지 보내면 희생 플라이이나 깊숙한 내야 땅볼, 와일드 피칭, 패스볼을 통해서도 경기를 끝낼 수 있기 때문이다. 안타가 아니더라도 수많은 방법이 있었다. 하지만 늘 그래왔던 것처럼 조 매든은 야구의 관행을 무시했다. 그도 여러 상황을 고려했을 때 번트를 성공시키는 것이 더 현명한 선택이란 사실은 알고 있었다. 하지만 매든은 또한 희생타도 장담할 수 없다는 점을 고려했다. 야수 정면으로 번트 타구를 보내 선행 주자를 포스 아웃시킬 수도 있었다. 번트 타구를 허공에 띄워서 주자를 진루시키지 못한 채 아웃카운트만 늘릴 수도 있었다. 최악의 경우 두 번 연속으로 번트를 실패해서 투 스트라이크에 몰린 다음 안타를 칠 가능성이 낮아질 수도 있었다. 보스턴 팀이 번트 타구를 막기 위해 1루수와 3루수를 앞으로 전진시킬 수 있다는 사실을 감안해 매든은 헤인스에게 강공을 지시했다. 좌타자인 헤인스는 오른쪽으로 안타를 쳤고, 크로포드가 홈을 밟으면서 5대 4로 승리했다.

"첫 해에 난 티셔츠에 이렇게 새겼습니다. '네가 들은 얘기 말고, 네가 생각하는 것을 말해 달라.'" 조 매든이 말했다. 야구 관습에서 벗어난 매든의 모험적인 결정 중에는 주자 만루 상황에서 조시 해밀턴에게 고의 사구를 지시한 것을 비롯해 9대 0으로 지고 있는 상황에서 타자를 걸러보내고, 예외적일 정도로 공격적인 수비 시프트를 이용한 것, 그리고 변칙적으로 투수들과 같은 쪽 타자를 내보낸 것(좌투수에게 좌타자, 우투수에게 우타자) 등을 꼽을 수 있다. 그는 오랫동안 무의식적으로 받아들여져 온 통념을 거부하며 이렇게 말했다.

"나도 야구의 기본을 사랑합니다. 하지만 그 기본을 실행할 때에는 관련된 모든 신기술을 이용하지 못할 이유가 있을까요? 그게 비디오 장비가 됐건, 아니면 숫자나 통계적인 부분이 됐건 말입니다. 그런 것들을 이용하지 않기로 했다면, 여러분은 뒤쳐지게 됩니다."

4월을 15승 12패로 선두에 한 게임 뒤진 채 끝냈던 레이스는 5월이 시작되자마자 힘든 행보를 시작했다. 그 해 레드삭스와의 첫 원정시리즈가 열린 펜웨이파크에서 탬파베이는 무참하게 당했다. 보스턴은 세 게임을 모두 가져가면서 탬파베이를 26대 10으로 압도했다. 블루제이스와의 다음 번 시리즈에서 1승1패를 기록하면서 탬파베이는 5할 승률에서 두 게임을 더 앞선 상태였다. 대부분의 지구에서는 이 정도면 괄목할 만한 성적이었다. 하지만 살인적인 경쟁이 벌어지는 아메리칸리그 동부지구에 속한 레이스는 선두에 세 게임 반 차로 뒤졌다.

그들이 또 다시 등수에서 밀려난 경주마 같은 신세로 치달을 것처럼 보인 바로 그 때에 레이스는 시즌 두 번째로 6연승을 내달렸다. 연승 행진이 놀라웠던 것은 양키스와의 재대결에서 나왔기 때문이다. 선발투수인 에드윈 잭슨과 왕첸밍이 7회까지 팽팽한 대결을 이끌었다. 잭슨이 5안타 무실점으로 역투하자 레이스는 8회에 1대 0으로 리드를 잡았다. 댄 휠러가 8회에 양키스 타자를 돌려세우면서 트로이 퍼시벌에게 세이브를 올릴 수 있는 기회를 만들어줬다. 그러나 9회 원 아웃 상태에서 양키스의 마쓰이 히데키가 깊숙한 동점 홈런을 날리면서 두 팀은 결국 연장 승부에 돌입했다.

2008년 레이스의 선수 대부분은 적은 연봉을 받으면서도 기대하지 않았던 굉장한 배당을 만들어내면서 제대로 작동했다. 2년간 800만 달러를 받았던 퍼시벌만이 유일한 실패 사례였다. 연봉만큼 성적을 내지 못했던 것이다. 양키스나 레드삭스에게 800만 달러 정도를 먹어치우는 계약은 반올림 오차(rounding error)[2]이다. 제대로 된 성적을 내지 못한 데다 부상까지 겹치면서 퍼시벌은 2008년 시즌이 끝나기 전에 마무리투수 자리에서 밀려났다. 이것은 세이버메트릭스의 잘 알려진 진실 중 하나를 깨우쳐주는 유용한 사례였다. '검증된 마무리투수'라는 과대평가된 개념에 돈을 쏟아 붓지 말고, 성과대로 지급하라.

새로운 경영진이 비용대비 효과적으로 뽑은 J. P. 하웰은 연장전에서 양키스의 타자 6명만을 상대했다. 볼넷 하나를 허용했지만 마쓰이를 상대로 초구에 병살타를 이끌어내면서 1루 주자까지 잡아냈다. 하지만 결승타는 훨씬 더 눈에 띄지 않게 트레이드 해온 선수로부터 나왔다. 프런트 오피스는 가베 그로스를 예의 주시했다. 브루어스의 후보 외야수였던 그는 출장 금지 중이던 마이크 캐머런이 돌아오면 자리를 잃을 판이었다. 출장금지 기간이 끝날 때가 되자 레이스는 그로스를 싼 값에 잡을 수 있을 것이란 점을 알고 있었다. 브루어스 입장에서는 그에게 맡길 자리가 없었기 때문이다.

4월22일에 탬파베이는 마이너리그 투수인 조시 버틀러를 내주고 그로스를 받았다. 레이스는 시즌 후반부에 그로스를 우익수 자리에 왼손 플래툰 선수로 배치했다. 그로스는 탁월한 수비 실력과 공격력을 겸비했다. 이날 그로스는 경기 후반에 에릭 힌스케를 대신해 우익수로 나섰다. 그리고 11회말에 야구 역사상 가장 위대한 구원 투수인 마리아노 리베라와 맞닥뜨렸다. 그로스가 중견수 앞 안타로 대주자 조니 곰스를 불러들이면서 레이스에게 극적인 2대 1 승리를 안겼다.

5월13일 승리는 레이스가 2008년 시즌에 거둔 11번의 끝내기 승

---

**2_** 유효숫자의 계산 과정에서 발생하는 오차. 계산 과정에서 유한한 자리 수의 부동 소수로 표현하여 계산하므로 이 과정에서 기수를 넘는 것은 반올림을 하거나 버림을 한다. 이 때 발생하는 오차를 마무리 오차라고 한다. 즉, 그다지 큰 오차가 아니라는 의미를 담고 있다.

리 중 하나였다. 11번의 끝내기 승리는 메이저리그 공동 선두였다. 그 경기에서 이기면서 레이스는 1위로 올라섰다.

하위권에 처져 있는 로열스와 데블레이스에서 3년 간 뛰면서 대부분의 메이저리그 선수들보다 더 많은 패배를 목격했던 하웰은 이렇게 말했다. "경기에 지고 난 뒤 동료를 바라보는 것은 정말 힘든 일입니다. 그 동료를 한 대 쥐어박고 싶은 생각이 든다는 말은 하고 싶지 않습니다. 하지만 그런 생각이 들 겁니다. 한 동안 사람들을 지켜보고 있는 게 싫어집니다. 오히려 이겼을 때 서로에게 냉정하게 대하는 것이 훨씬 쉽습니다."

그 후 레이스는 15경기에서 9번을 승리했다. 그리고 트로피카나필드에서 중부지구 선두팀인 화이트삭스와 맞닥뜨렸다. 레이스 선발투수인 제임스 쉴즈는 평소와 다름없는 모습을 보여줬다. 6이닝 동안 삼진 6개에 볼넷 하나만을 허용하면서 1실점으로 막았다.

문제는 득점 지원이었다. 팀은 9회말까지 화이트삭스와 1대 1로 맞섰다. 마침내 9회말 공격에서 클리프 플로이드가 화이트삭스 구원투수인 스캇 라인브링크를 상대로 끝내기 홈런을 날렸다. 시즌이 두 달 정도 지나면서 플로이드는 팀의 리더 역할을 떠맡았다. 그는 매든과 마찬가지로 팀내 많은 젊은 선수들과 이야기하는 방법을 찾아냈다. 플로이드는 또한 메이저리그에서 가장 젊은 선수로 구성된 팀 중 하나인 탬파베이에 많은 경험을 전수해줬다. 그의 페넌트레이스 첫 경험은 1994년으로 거슬러 올라간다. 당시 그는 21살 신인 선수로 몬트리올 엑스포스에서 뛰었다. 레이스와 마찬가지로 엑스포스 역시 몇 년 동안 헛된 노력을 한 끝에 재능 있는 젊은 선수들로 탄탄한 전력을 구축했었다.

스캇 라인브링크와 맞선 클리프 플로이드는 볼 카운트 원스트라이크 원볼에서 우중간 담장 너머로 공을 넘겨버리면서 레이스에게 승리를 안겨줬다. 동료들은 팀이 승리한 데다 승리의 주역이 플로이드란 사실에 무척 기뻐했다. 이들이 홈 플레이트에서 벌인 세레모니는 마법 같았던 2008년 시즌에 레이스의 상징이 됐다. 이와무라 아키노리는 쭈그리고 앉아서 홈 플레이트를 가리켰다. 조니 곰스는 왼손으로 방망이를 꽉 잡은 뒤 플로이드를 정신 못 차리게 때릴 듯이 바라봤다. 기쁨에 겨운 B. J 업튼은 스크럼을 짠 선수들 위로 뛰어올랐다.

레이스는 35승 22패를 기록하면서 팀 역사상 시즌 개막 이후 가장 뛰어난 성적을 기록했다. 하지만 뜨거운 연승 행진에도 불구하고 팀 순위에서는 조금도 안정적인 위치를 차지하지 못했다. 원정 9경기를 앞두고 레이스는 치열한 경쟁이 벌어지고 있는 아메리칸리그 동부지구에서 겨우 한 게임 차 선두를 지키고 있었다. 그때 이 모든 것들이 물거품처럼 사라져버릴지도 모른다는 위협을 느꼈다.

팬웨이파크에서 다시 원정 경기를 했을 때 레이스의 공격력은 시들해졌다. 레이스는 레드삭스와의 3연전에서 고작 6점만 얻은 끝에 보스턴에서 두 번째 싹쓸이 패배를 당했다.

하지만 이것은 예전에 당했던 3연패와는 달랐다. 두 팀간 대결의 역사는 몇 년 전으로 거슬러 올라간다. 2000년 8월 29일 레드삭스 선발투수 페드로 마르티네스가 던진 공이 데블레이스 외야수 제럴드 윌리엄스의 왼쪽 손을 맞혔다. 그 때문에 두 팀은 벤치 클리어링을 벌이게 됐다. 그 경기에서 8명의 탬파베이 선수가 퇴장 당했으며, 4명이 고의 사구를 맞았다. 그리고 보스턴 선수 두 명이 병원에 후송됐다. 페드로 마르티네스는 퇴장 당하지 않았다. 그는 피안타 한 개로 완봉승을 거둔 뒤 윌리엄스에게 복수하겠다고 선언했다. 수년 동안 두 팀 간의 나쁜 감정과 라이벌 의식이 계속됐다.

이제 레이스가 팀 역사상 처음으로 우승을 노리고 있는 데다, 두 팀이 선두 자리를 다투면서 긴장감은 이전보다 훨씬 더 고조되었다. 경기장에 있는 선수들 사이에도 으르렁대는 소리가 여기저기서 들렸다. 스튜어트 스턴버그도 사석에서 레드삭스 구단주인 존 헨리를 비꼬았을 정도였다. 두 사람 모두 월스트리트에서 경력을 쌓은 뒤 양키스를 누르고 아메리칸리그 동부지구를 평정하기 위해 서로 충돌했다.

레이스는 3연전의 첫 두 경기를 패한 뒤 격앙됐다. 이런 감정은 레드삭스 외야수 코코 크리스프가 이와무라 아키노리에게 심하게 슬라이딩하면서 더욱 증폭됐다. 코코 크리스프는 이전에 자신이 2루 도루를 시도할 때 레이스 유격수인 제이슨 바틀렛과 충돌하면서 엄지손가락 부상을 당한 보복으로 이런 행동을 했다. 그러자 매든은 레드삭스 덕아웃 쪽으로 돌아선 뒤 크리스프에게 소리를 질렀다. 그는 경기가 끝난 뒤에 크리스프가 이와무라를 고의로 부상시키려고 했다고 비난했다.

마지막 경기에서는 2회에 감정이 폭발했다. 제임스 쉴즈가 크리스프의 오른쪽 엉덩이를 맞히면서 크리스프가 투수 마운드로 뛰어갔다. 양팀 선수들은 모두 뛰어나와 그라운드에서 추악한 싸움을 벌였다. 무리에 뛰어든 첫 번째 선수는 예상대로 팀에서 기이하게 거친 플레이를 하는 곰스였다. 크리스프가 쉴즈에게 도달하기 전에 다이오너 나바로가 붙잡고 난 뒤 곰스가 크리스프에게 달려들어 주먹을 몇 대 날렸다.

이 싸움으로 레이스의 명성은 높아졌지만, 1등자리에서는 밀려났다. 레드삭스가 3연전을 싹쓸이하고 난 뒤 레이스는 레드삭스에 한 경기 반차로 뒤지게 됐다. 뒤이어 레인저스와 에인절스를 상대한 6게임에서 반타작을 하면서 탬파베이는 지구 1위인 레드삭스에 두 경기 차로 떨어졌다. 그 이전에는 레이스 팀의 어느 누구도 본격적으로 플레이오프 진출에 대한 열망을 가져본 적이 없었다. 그리고 선수들은 패배에 절어 있던 시절보다 훨씬 더 집중력을 갖고 매 경기에 임했다.

사흘 뒤 일요일 34도를 웃도는 텍사스 주 알링턴에서 열린 레인저스와의 경기에서 부글부글 끓어오르는 감정이 다시 폭발했다. 4회말 레이스가 1대 0으로 리드하고 있는 가운데 레인저스의 라몬 바즈케즈가 원아웃에 안타를 치고 나갔다. 그리고 9번 타자인 저먼 듀란이 등장했다. 오른손 타자로 비주류 유망주 신인인 듀란은 그다지 위협적인 존재는 아니었지만 투스트라이크 스리볼에서 맷 가르자의 공을 받아쳐 가운데 담장을 훌쩍 넘어가는 홈런을 쳤다.

캘리포니아 출신으로 거구에 강력한 볼을 던지는 가르자는 선발 출전하기 전에 클럽하우스에 있는 의자에 앉을 때부터 어느 투수보다 많이 긴장을 했다. 심지어 경기 중에도 큰 플라이를 허용하고 나면 멍한 상태로 빙빙 도는 버릇이 있었다. 그 볼이 담장을 넘어가기라도 하면 자신에게 저주를 퍼부어댔다. 그날 듀란의 공이 센터 담장을 넘어가자마자 가르자는 이성을 잃었다. 마운드 위를 돌아다니면서 큰 소리로 욕설을 해대는 등 좀체 진정하지 못했다.

이번에는 포수인 나바로가 그걸 받아들이지 못했다. 나바로는 이전에도 가르자가 경기를 지배하다가 한 순간에 집중력을 잃고 무너져 내리는 것을 봤다. 가르자가 저먼 듀란 따위에게 큰 것을 허용할 정도로 실력 없는 투수가 아니라는 사실은 나바로나 가르자도 알고 있었다. 나바로는 마운드로 걸어가 가르자에게 불평을 그만 늘어놓고 경기에 집중하라고 말했다. 대화는 곧바로 고함으로 이어졌다. 둘은 글러브로 상대방의 얼굴을 떠밀었다. 투수 코치인 짐 히키가 두 선수를 떼어냈다. 하지만 그 이닝이 끝난 뒤 상황은 더 악화됐다. 둘은 얼굴을 맞대고 싸우더니 급기야는 덕아웃 바닥에 널부러졌다. 감독과 코치 그리고 다른 사람들이 달려들어 겨우 두 선수를 떼어냈다.

매든은 좀체 선수들을 비난하는 법이 없다. 그는 자랄 때 좋아했던 감독, 코치들, 그리고 마이너리그의 젊은 감독 시절 가장 존경했던 역할 모델들에게서 배웠듯이 긍정적으로 격려하는 쪽을 훨씬 더 좋아한다. 그는 선수들에게 개입할 때 절대 공개적으로 하지 않는다. 그 사건 이후에 매든은 나바로나 코칭 스태프 중 누구도 타이르지 않았다. 대신 매든과 코치들은 가르자를 감독 사무실로 불러서 얘기를 나눴다. 그 자리에는 아무도 배석하지 않았다. 하지만 전달하고자 하는 주된 메시지는 명확했다. 가르자가 자신을 다스리는 법만 배울 수 있다면 최고 투수 중 한 명으로 성장할 수 있을 것이다.

히키가 말했다. "우리는 뒤에서 가르자를 위해 여러 가지 작업을 했습니다. 대단한 일을 한 것은 아니고 그저 이런저런 이야기를 나눴을 뿐입니다. '잘 들어, 다음번에 또 이런 일이 생기면 넌 이렇게 해야 돼. 통제할 수 있는 건 통제하자고.' 아무리 에너지가 넘치더라도 그것이 부정적인 방법, 비생산적인 방법으로 사용된다면 낭비일 뿐입니다. 우린 늘 얘기했죠. '가르자가 에너지와 감정을 생산적으로 집중시킨다면 상상을 뛰어넘는 선수가 될 텐데.'"

가르자는 그 사건을 대수롭지 않게 여겼다. 우연인지는 몰라도 나바로와 한 바탕 소동을 벌인 뒤부터 가르자의 시즌 성적은 곧바로 좋아졌다. 여기서 다시 가르자의 태도가 달라진 데 대해 레이스의 브레인들이 기여한 부분을 결정적으로 수량화할 수는 없을 것이다. 하지만 6월 8일 경기까지 가르자의 성적과 그 이후 성적은 확연하게 달라졌다.

| | 평균자책점 | 9이닝당 볼넷 | 9이닝 당 삼진 | 소화 이닝 |
|---|---|---|---|---|
| 개막일~6월 8일 | 4.38 | 3.7 | 5.0 | 5.6 |
| 나머지 시즌 | 3.37 | 2.5 | 6.9 | 6.5 |

　　레이스는 홈 9연전과 인터리그 15경기를 시작하기 전에 마지막으로 열린 원정 6연전에서 반타작을 했다. 아메리칸리그 팀들은 수년 동안 인터리그에서 내셔널리그 팀들을 압도했다. 탬파베이 역시 내셔널리그와의 18경기 중 12경기를 이겼다. 레이스가 인터리그에서 성공적으로 치른 경기 중에는 1위 팀인 시카고 컵스와의 한 판 승부도 있었다. 레이스는 불펜진의 뛰어난 활약에 힘입어 3연전을 모두 이겼다. 레이스 불펜진은 11이닝 동안 단 두 점만 허용했다. 스튜어트 스턴버그와 맷 실버맨에게는 성적보다도 관중 수가 더욱 고무적이었다. 시카고 컵스와의 3연전 동안 트로피카나필드에는 약 98,000명의 관중이 운집했다. 시카고 팬들이 그 지역에 많이 살고 있긴 했지만 이 정도 관중 수준은 주중 3연전에서는 꽤 괜찮은 편이었다. 레이스가 그 동안 동원한 관중 수의 두 배에 이르는 수치였다.

　　레이스는 7월 들어 레드삭스를 상대로 한 홈경기 3연승을 포함해 7게임을 내리 이겼다. 탬파베이는 7월 6일까지 55승 32패로 놀라운 성적을 거뒀다. 그때까지 레이스는 5게임 앞선 아메리칸리그 동부지구 선두였다. 하지만 그 후 레이스는 올스타 휴식 기간까지 7경기를 내리 지면서 2위로 떨어졌다. 과정을 신뢰하고 작은 표본 크기에 일희일비하지 않는 팀 입장에서 연패 행진은 당혹스럽긴 했지만 공포의 대상은 아니었다.

올스타 휴식 기간이 끝난 뒤 첫 게임에서 토론토 블루제이스 선발 투수인 A. J. 버넷이 레이스와의 트로피카나필드 경기에서 6이닝 동안 점수를 한 점도 내주지 않았다. 그때까지 토론토는 탬파베이에 1대 0으로 앞서고 있었다. 빠르게 투 아웃이 되고 난 뒤 힌스케가 볼넷을 얻어냈다. 그리고 벤 조브리스트가 타석에 들어섰다. 마이너리그에서 올라온 조브리스트는 뛰어난 선구안을 바탕으로 한 슬랩히터(slap hitter)[3]로 명성이 자자했다. 가장 낙관적인 시나리오는 그가 선발 2루수나 유격수 자리를 차지한 뒤 몇 년 동안 자기 자리를 지키는 것이었다. 하지만 더 그럴듯한 시나리오는 내야 각 포지션을 소화하는 유틸리티 선수로 잠시 동안 활약한 뒤 기억 속으로 사라지는 것이었다. 마이너리그에서 1,642번 타석에 들어서는 동안 고작 23개의 홈런만 친 야구 선수에게는 있음직한 운명이었다.

하지만 조브리스트는 오프 시즌 동안 변신을 시작했다. 조브리스트는 야심 있는 타격 인스트럭터인 자임 세발로스와 팀을 이뤘다. 세발로스는 조브리스트가 타석에서 스윙하는 모습을 찍은 뒤 다양한 각도에서 뜯어보면서 분석했다. 그리고 나서 간명한 메시지를 전달해줬다. '좀 더 크게 스윙하라.' 수년 동안 코치와 인스트럭터들은 조브리스트에게 빅 리그에서 살아남기 위한 가장 좋은 방법은 스프레이 타자(공을 자유자재로 밀어치거나 당겨치면서 타구를 다양한 방향으로 보낼 수 있는 타자)가 되는 것이라고 가르쳤다. 경기장 곳곳으로 안타를 칠 수 있어야만 한다는 것

---

**3**_    짧고 간결한 스윙을 하면서 종종 필드 반대쪽으로 밀어치는 데 능한 왼손 타자를 일컫는다.

이 그들의 가르침이었다. 세발로스는 조브리스트가 체중 이동을 좀 더 많이 한 뒤 공을 후려치도록 지시했다.

하지만 조브리스트에게는 아직 밴조히터(banjo hitter)**4**란 명성이 더 앞섰다. 버넷은 레이스의 9번 타자를 빨리 처리하기 위해 조브리스트에게 칠 테면 쳐보라는 식으로 빠른 볼을 던졌다. 조브리스트는 그 볼을 그대로 날려버렸다. 게임을 승리로 이끄는 2점 홈런이었다. 그 스윙 한 방으로 레이스는 다시 1위 자리를 되찾았다. 그들은 시즌이 끝날 때까지 1위에서 밀려나지 않았다. 그 해 조브리스트는 겨우 198번 타석에 들어서서 12개의 홈런과 5할5리의 장타율을 기록했다.

레이스가 1위 자리를 되찾았지만 매든의 마음은 마냥 편하지만은 않았다. 레이스 팀의 선장인 매든은 전략을 짜거나, 혹은 단순히 돌파구가 필요한 선수들과 솔직하게 이야기하는 감독으로 유명했다. 하지만 매든도 어떤 선수가 최선을 다하지 않고 있다고 느낄 때는 불만을 품곤 했다. 그리고 이런 반응은 종종 과열된 대결이나 훈계성 행동으로 이어지기도 했다. 무더운 여름이 시작되면서 매든은 몇몇 선수들이 안일한 태도를 보이기 시작했다는 사실을 감지했다. B. J 업튼보다 더 매든의 성격을 건드린 선수는 없었다.

매든을 격노하게 만든 이유 중 많은 부분은 업튼의 잘못이 아니었다. 업튼은 메이저리그 경력 동안 여러 번 파워(2007년 24홈런)와 정확성(2007년 3할. 마이너리그에서는 여러 번 3할을 웃도는 타율 기록), 도루(마이너리그에서 세 차례 40도루 이상 기록), 수비(레이스는 그에게 다른 어떤 중견수보다 더 얕은 수비를 하도록 했다) 그리고 송구(2008년 16어시스트로 메이저리그 전체 2위를 기록했다. 다

---

**4**___ '밴조'는 현악기를 퉁기듯 엉성한 소리를 뜻하는 말이다. 따라서 밴조히터는 엉성한 스윙 또는 우연한 타구나 날리는 약한 타자를 일컫는 데 쓰인다.

음 해에 상대팀 주자들은 업튼의 송구 능력을 감안해 추가 진루를 자제했다) 능력을 보여줬다. 그는 타석이나 경기장, 그리고 주루 등에서 자기 역할을 잘해 내는 사려 깊고 지적인 선수였다. 적어도 24번째 생일을 맞이하기 전까지는 그랬다.

업튼은 종종 집중력을 잃는 모습을 보여주기도 했다. 그는 가끔 땅볼과 팝업 플라이를 친 뒤 1루 베이스로 천천히 뛰어가곤 했다. 그렇게 터무니없는 행위는 아니었지만 매든이 그런 모습 때문에 호되게 설교하는 유형의 감독은 아니었다. 하지만 업튼이 8월 5일 인디언스와의 경기에서 땅볼을 친 뒤 전력을 다해 1루까지 뛰어가지 않자, 매든은 다음 경기에서 중견수인 업튼을 경기에 출전시키지 않고 벤치에 앉혀 놨다. 매든 감독은 젊은 업튼에게 굉장한 기대를 갖고 있었다. 따라서 업튼이 집중력 없는 모습을 보였을 때 냉정하게 그를 다뤘다. 마치 학교 선생님이 시험을 통해 자랑하려고 하는 스타 학생을 다루는 것처럼 말이다.

업튼을 왜 벤치에 앉혀 놨냐는 질문을 받았을 때, 매든은 꾸밈없이 솔직하게 말했다. "개인적인 노력이란 측면에서 보면, 업튼은 매일 열심히 노력하고 성실히 경기에 임하려는 자세를 전혀 보이지 않았습니다. 단순한 잘못이나 정신적인 실수와는 다릅니다. 내가 용납하지 못하는 것은 통제할 수 있는 부분에서의 잘못입니다. 그것은 각자 노력해야 할 몫입니다. 야구에서 노력하지 않아도 되는 순간은 없습니다. 늘 노력해야만 합니다."

업튼이 최선을 다하지 않는 모습을 보였던 경기에서 레이스는 승리했다. 최근 일곱 경기 중 여섯 번째 승리였다. 매든 감독은 긴 시즌 동안 팀을 통솔하면서 경기에 패하고 난 뒤에는 격려의 말을 했고 승리한 뒤에는 최선을 다하지 못한 선수들을 엄하게 훈계했다. 업튼이 8월 15일 텍사스와의 경기에서 6회에 또 다시 땅볼을 친 뒤 최선을 다해 뛰지 않자 그를 다시 선발 명단에서 제외했다. 그 경기도 레이스는 7대 0으로 승리했다.

매든이 팀의 분위기를 다잡는 동안 프리드먼은 출전 선수 명단을 재구성할 방법을 모색했다. 프리드먼 단장은 팀 전력 향상을 위해 트레이드 시장을 면밀하게 살폈다. 하지만 아무 제한 없이 트레이드를 할 수 있는 시한인 7월 31일까지 아무런 거래도 이끌어내지 못했다. 프리드먼은 파이어리츠의 거포 외야수인 제이슨 베이를 데려오려고 마음먹었다. 하지만 트레이드 마감시한 몇 분 전에 라이벌인 레드삭스가 3각 트레이드를 통해 베이를 가로채가고 말았다. 이 트레이드를 통해 보스턴은 매니 라미레스를 내보내고 베이를 받아들였다(탬파베이가 그 거래를 성사시키지 못한 것은 훗날 행운이란 사실이 드러났다. 레이스는 그 트레이드를 성사시키기 위해 떠오르는 젊은 오른손 투수 제프 니먼과 유격수 유망주인 레이드 브리그낙을 포기하려고 했다. 재능이 뛰어나고 자유계약까지 기한이 많이 남아 있던 두 선수는 탬파베이처럼 연봉총액이 낮은 구단에서는 잃어선 안 되는 선수였다).

레이스가 곧바로 팀 출전선수 명단을 업그레이드 하려고 했다면 기존의 방식을 따라서 공짜로 얻을 수 있는 재주 있는 선수와 꽉 찬 팜 시스템에서 보강하면 된다. 프리드먼과 경영진들은 페넌트레이스 경쟁을 위해 팀 자체 내에서 해답을 찾고자 했다.

사람들은 여전히 9월 9일에 무슨 일이 일어날지를 전혀 예상하지 못했다. 그 해 4월, 레이스는 오클랜드로부터 웨이버 공시된 1루수 댄 존슨을 받았다. 존슨은 2007년 오클랜드에서 나름 괜찮은 시즌을 보낸 뒤 2008년이 되자마자 버림을 받았다. 레이스는 댄 존슨에 대해 대

단한 기대를 품지는 않았다. 그들은 단지 마이너리그를 좀 더 탄탄하게
할 방법으로 그를 택했을 따름이다. 댄 존슨은 그해 레이스에서 단 한
번도 타석에 들어서지 못할 수도 있었다.

레이스는 9월에 첫 번째 7경기 중 6경기에서 지면서 클럽하우스에
는 검은 그림자가 드리워졌고, 플레이오프 진출 축하 준비를 하기 위해
들떠 있던 팬들을 뒤흔들었다. 그 시점을 감안하면 당시의 연패는 충격
적이었다. 레이스는 8월의 마지막을 5연승으로 마감했고 오리올스와
의 경기에서 3연승하는 동안 34점을 얻었으며 마지막 두 경기에서는
트로피카나필드가 완전히 매진됐다. 레이스는 아메리칸리그 동부지구
에서 5경기 반 차로 1위를 질주했다. 하지만 이후 8경기에서 레드삭스
가 맹추격하면서 선두 레이스와의 승차를 반 경기로 줄였다.

가장 가슴을 쓸어내리는 패배는 토론토에서 있었다. 9월 7일 레이
스는 막판까지 토론토 블루제이스에 3대 0으로 끌려가다가 9회에 극
적으로 3점을 얻으면서 경기를 연장전으로 끌고 갔다. 그리고 13회초
에 한 점을 얻으면서 승리를 눈앞에 두는 듯했다. 하지만 트로이 퍼시
발이 블루제이스의 베테랑 포수 그렉 자운에게 끝내기 만루홈런을 맞
으면서 승리를 날려버렸다. 그 지점에서부터 상황이 악화되면서 토론
토에 이어 보스턴이 레이스를 셧아웃시켜버렸다. 게다가 탬파베이는
업튼과 롱고리아가 부상으로 빠진 상태였다. 비관론자들은 레이스가
와일드카드조차 제대로 얻을 수 있을지 의구심을 갖기 시작했다.

만신창이가 된 상태에서 레이스는 9월 9일 레드삭스와의 경기에
선발 출장시키기 위해 존슨을 불러 올렸다. 하지만 날씨조차 탬파베이
에 불리하게 작용했다. 펜실베이니아 주 스크랜턴(존슨이 몸담고 있는 더램
불스가 이곳에서 인터내셔널리그 챔피언 시리즈를 하고 있었다)에서 날아오려던 존

슨은 폭풍우로 인해 모든 비행기의 운항이 취소되는 바람에 발이 묶였다. 마침내 오후에 비행기에 탑승하는 데 성공했다. 그가 탄 비행기는 오후 4시 30분에 보스턴에 도착할 예정이었다. 하지만 그 비행기는 게임 시작 30분 전인 6시 30분에 착륙했다. 존슨은 게임 시작 직전에 펜웨이파크 라커룸이 겨우 도착했다.

레이스는 8회말까지 3대 2 리드를 지키고 있었다. 레드삭스 타자 두 명을 돌려세운 다음 휠러는 케빈 유킬리스를 볼넷으로 내보냈다. 매든은 볼넷 하나만으로 휠러를 교체할 수는 없었다. 레이스는 이미 볼포어를 이용했기 때문에 휠러만큼 오른손 타자를 잘 처리할 오른손 투수도 없었다. 휠러는 제이슨 베이와 맞닥뜨렸다. 타석에 선 베이는 세 번째 공을 높이 띄워 그린몬스터 깊숙한 곳을 훌쩍 넘어가는 2점 홈런을 날렸다. 덕분에 레드삭스가 4대 3으로 앞서게 됐다. 단 한 번의 스윙으로 레이스는 레드삭스를 한 게임 반차로 따돌릴 기회를 날려버렸고 올스타 휴식 기간 이후 처음으로 지구 1위 자리를 내놓을 위기에 처하게 됐다. 시즌이 진행되면서 그들의 사기는 조금씩 꾸준히 무너지기 시작해서 결국은 100패를 피하는 것이 달성 가능한 유일한 목표가 되어버릴지도 모를 일이었다.

레이스에게는 아직 9회 공격 기회가 남아 있었다. 탬파베이는 시즌이 끝날 때까지 전년에 비해 45승을 더 올릴 계획이었다. 이는 메이저리그 역사상 세 번째로 큰 도약 수치다. 하지만 홈런을 맞고 나자 그럴 가능성은 희박해 보였다. 불펜에서는 레드삭스의 마무리투수인 조너선 파펠본이 걸어 들어오고 있었다. 파펠본은 워낙 난공불락이었기 때문에 보스턴 팬들은 양키스의 전설적인 마무리투수인 마리아노 리베라와 비교할 정도였다. 파펠본은 야구 역사상 유일하게 등판할 때 두 개의 다른 음악을 요구한 선수였다. 그가 등판할 때면 영화 〈메이저리그〉에서 찰리 신이 연기했던 릭 본의 테마곡인 '와일드 싱'과 켈트족 펑크밴드인 드롭킥 머피스의 '아임 시핑 업 투 보스턴(I'm shipping up to Boston)'이 울려 퍼졌다.

여러분이 상대팀인데, 8회말에 39,928명의 보스턴 관중들이 '스윗 캐롤라인'을 음정도 박자도 맞지 않게 불러대는 한가운데 앉아 있다고 한번 생각해보라. 이어진 9회에 파펠본의 테마곡 두 곡이 울려퍼진다면 대개는 다음 두 가지 중 하나를 의미할 것이다. (1)그 게임에서 지거나 (2)펜웨이파크를 다 태워버리고 그곳에서 빠져 나올 방법을 궁리하고 있을 것이다.

9회초 레이스 공격의 첫 타자는 파펠본을 상대로 어떤 안타나 볼넷도 얻기 힘들 것 같은 선수였다. 하루 종일 여행한 끝에 경기 시작 전에 간신히 도착한 댄 존슨이 바로 그 주인공이었다. 긍정적인 측면이라면 존슨은 트리플A 팀인 더램의 스타였다는 점이다. 그는 트리플A에서 394타석에서 타율 3할7리, 출루율 4할2푼4리, 장타율 5할5푼6리에 25홈런을 기록했다. 하지만 존슨이 겪은 끔찍한 여행 일정을 감안하면 압박이 큰 경기에서 야구 역사상 최고의 마무리투수 중 한 명과 맞닥뜨려서 좋은 결과를 낼 것 같지는 않았다. 이런 부정적인 전망에 힘을 실어주듯 존슨은 타석에서 소극적인 자세를 보였다. 타석에서 다섯 개의 공을 맞이할 때까지 단 한 번도 스윙을 하지 않았던 것이다.

돌이켜보면, 정확하게 그 점이 중요했다. 레이스가 존슨을 좋아한 것은 그의 뛰어난 선구안 때문이었다. 그건 오클랜드 애슬레틱스뿐만 아니라 1990년대 왕조를 구축했던 양키스, 그리고 2003년 질주를 시작한 이래 성공적인 모습을 보여줬던 레드삭스 구단 모두의 트레이드마크였다. 존슨이 자기가 좋아하는 공을 골라내기 위해서는 파펠본의 투구를 좀 더 살필 필요가 있었다. 볼카운트가 투쓰리 풀카운트가 된 이상 원하는 공이 들어오길 바랄 뿐이었다. 파펠본은 패스트볼을 힘차게 뿌렸고 존슨이 받아쳤다. 높이 뜬 공은 멀리 날아서 우중간 담장에 있는 불펜 뒤쪽 관중석으로 떨어졌다. 3대 3 동점이 됐다.

모든 팀들은 선수층이 두텁다는 것이 얼마나 큰 장점인지에 대해 이야기한다. 하지만 존슨이 기쁨에 겨워서 베이스를 돌고 있고, 펜웨이 파크를 가득 메운 관중들이 망연자실한 채 그 장면을 보고 있을 때, 레이스는 그저 그런 팀이 아니란 사실이 분명해졌다. 레이스는 그날 레드삭스를 물리치고 아메리칸리그 동부지구 타이틀을 거머쥐었다. 그들은 이런 식의 승리 방정식을 플레이오프에까지 계속 이어갔다. 디비전 시리즈에서 화이트삭스를 일축한 뒤 아메리칸리그 챔피언십 시리즈에서 레드삭스를 물리쳤다.

역사적인 페넌트레이스 훨씬 이전에 그들은 다른 어떤 팀보다 더 부지런한 모습을 보였다. 그들은 불펜투수진을 두텁게 하기 위해 모든 팀의 불펜투수들을 샅샅이 살폈다. 퍼시발이 생각대로 잘 해내지 못했을 때 기쁘게 활용했던 보험 전략의 발판이기도 했다. 그들은 유틸리티맨을 구하기 위해 필사의 노력을 했다. 마이너리거들을 빅 리그로 승격시키는 과정을 잘 조정했으며, 일어날 수 있는 모든 사건들을 대비하고 체크했다.

심지어 레이스는 마이너리그에서 버림받은 왼손 타자 존슨을 불러올렸다. 그리고 파워 밖에 없었던 저니맨에게도 기회를 줬다. 2008년 시즌 중 긴박한 순간에 존슨이 타석에 설 가능성은 거의 없어 보였는데도 말이다. 물론 그날 이후 존슨이 100번 이상 더 파펠본과 맞닥뜨린다고 하더라도 존슨은 홈런을 치지 못할 가능성이 더 높다. 최악의 상태에서 최고의 팀으로 올라서는 레이스에게 도움을 준 것은 그저 행운뿐이었을까?

작고한 위대한 야구 설계자인 브랜치 리키는 그의 팀이 늘 행운을 잡았을 뿐이라는 식으로 이야기할 때마다 이런 대답을 준비해뒀다. "행운이란 디자인의 산물이다." 레이스의 경우에는 이렇게 표현할 수도 있지 않을까? 성실히 준비했다면 과정 그 자체를 믿어라.

# 데이터베이스, 통계, 확률

2008년 월드시리즈가 시작되기 이틀 전, 조시 콜크에게 흥미로운 이메일 하나가 도착했다. 탬파베이 레이스의 야구 연구개발 담당 이사인 제임스 클릭이 보낸 메일이었다. 몇 년 전 클릭이 야구 분석 사이트인 〈베이스볼 프로스펙터스〉에 기고한 글을 콜크가 읽은 적은 있지만 둘은 서로 직접 만난 적이 없었다. 콜크는 의아했다. 레이스가 프랜차이즈 역사상 처음으로 월드시리즈 경기를 벌이기 이틀 전에 왜 클릭은 자신에게 이메일을 보냈을까?

클릭이 궁금해 한 내용은 다음과 같다. "모이어의 릴리스 포인트에 대해 어떻게 생각하세요? 모이어는 패스트볼을 던질 때보다 커브볼을 던질 때 공을 놓는 지점이 높은 것처럼 보이더군요."

레이스가 월드시리즈에서 노장 왼손 투수인 제이미 모이어와 맞붙어야 한다는 점을 감안하면 클릭이 필라델피아 필리스 선발투수인 그에 대해 좀 더 많은 정보를 원하는 것은 당연하다. 놀라운 점은 클릭이 스카우팅 리포트를 작성하기 위해 외부 사람에게 자문을 구했다는 부분이었다. 레이스에는 메이저리그 구단에는 흔히 볼 수 있는 어드밴스 스카우트[1]들이 있다. 이들은 모이어의 투구 모습을 살펴본 뒤 소프트 토스[2] 훈련을 하고 있는 자기 팀 선수들에게 핵심 정보를 전달해줄 수 있을 것이다. 그들은 또한 앞으로 맞설 필리스에 대해 많은 통계자료들을 축적해놓았다. 클릭은 자신들만의 데이터베이스를 구축해서 관리하고 있었다. 그 데이터베이스에는 프로뿐만 아니라 아마추어 선수까지 수천 명에 관한 방대한 정보가 담겨 있다. 메이저리그에서도 레이스만큼 방대한 데이터베이스를 구축하고 있는 구단은 많지 않다. 잘 준비된 팀을 꼽으라면 단연코 탬파베이 레이스다.

사람들에게 회자될 만큼 성공한 회사는 어떤 곳이든 간에 자신들의 약점을 인지한 뒤에는 그것을 해결하기 위해 노력한다. 레이스의 약점은 투구추적 시스템(PITCHf/x) 분석이었다. 뉴스 코퍼레이션과 폭스 뉴스 간부 출신이 설립한 스포츠비전이 개발한 투구추적 시스템은 2006년에 첫 선을 보였는데, 팔의 각도와 투구 형태뿐만 아니라 투구한 공의 로케이션과 속도를 표시해준다. 야구 분석 전문가 중 몇 명이 투구추적 시스템 분석을 활용했지만, 클릭은 콜크보다 이 시스템을 잘 활용할 수 있는 사람은 없다는 사실을 알고 있었던 것이다.

물리학자이면서 수학 교수인 콜크는 개인 블로그에 올린 글들과 〈하드볼 타임스〉에 기고한 글을 통해 투구추적 시스템이 어떻게 작동하는지, 또 실제 상황에서 그것을 어떻게 활용할 수 있는지를 설명하면서 이 시스템에 대한 전문가로 명성을 떨쳤다. 제이미 모이어가 공을 던질

---

**1**_ 앞으로 맞붙을 상대 팀의 약점과 강점을 보고하는 스카우트
**2**_ 앵글 토스(Angle toss) 또는 토스 배팅(Toss Batting)이라고도 한다. 움직이는 공을 타격하는 연습 방법으로 피칭머신과 함께 가장 널리 사용하는 타격 훈련 중 하나이다.

때 아주 미세한 방식으로라도 차이가 있다면, 콜트가 그 부분을 알아낼 수 있을 터였다.

그는 클릭에게 그의 예상이 맞았다고 답했다. 실제로 모이어가 커브볼을 던질 때 공을 놓는 지점이 패스트볼을 던질 때보다 약간 높았던 것이다. 하지만 타자들이 눈치 챌 정도는 아니었다. 그것이 그들이 나눈 대화의 전부였다. 콜크의 분석뿐만 아니라 일상적인 스카우팅 정보로 무장한 레이스는 필리스와의 월드시리즈 3차전에서 모이어와 맞닥뜨렸다. 그들은 45세의 백전노장인 모이어를 맞아 6회까지 단 1점만 냈을 뿐이며, 7회 들어 모이어를 두들겨 두 점을 더 냈다. 필리스는 다섯 경기 만에 월드시리즈 우승을 차지했다. 콜크는 피드백을 보내준 대가를 받지 못했다. 그는 레이스로부터 어떤 말을 들을 수 있을지조차도 몰랐다. 하지만 몇 개월 뒤에 클릭한테서 또 다른 이메일이 왔다. "다음 주에 우리 구단으로 면접 보러 올 수 있을까요?"

콜크는 이전에도 이런 경험을 했다. 그는 2008년에는 클리블랜드 인디언스, 세인트루이스 카디널스 등과 면접을 본 적이 있다. 그리고 2009년 초에는 시카고 컵스의 스카우트가 접근해 왔다. 콜크는 학계에서는 굉장히 풍부한 경험을 갖고 있었지만 프로야구팀이 관심을 보인 적은 없었다. "클리블랜드에 면접 보러 갔을 때는 정장에 넥타이까지 쪽 빼 입었습니다. 그렇게 하는 편이 안전할 것 같았거든요. 클리블랜드 인디언스의 운영 책임자인 마이크 처노프는 티셔츠에 청바지를 입고 나타났습니다. 난 전혀 상황에 맞지 않는 복장을 하고 있었던 겁니다." 그는 또 자기 아디이어를 보호하는 데도 놀라울 정도로 서툴렀다. 중요한 분석을 인디언스와 컵스에 그냥 넘겨줬던 것이다. "내가 갖고 있는 모든 정보를 그들에게 넘겨줬습니다. 그들이 확실하게 나를 고용할 것으로 생각했기 때문입니다."

그래서 그는 레이스와 만날 때는 좀 더 약삭빠르게 행동하기로 마음먹었다. 수요일 저녁 강의를 간신히 다른 사람에게 맡긴 뒤 그는 레이스의 스프링 캠프 훈련장이 있는 포트 샬럿으로 날아가 클릭을 만났다. 콜크는 곧 레이스 팀이 자신을 오랫동안 주시해왔다는 사실을 알게됐다. 투구추적 시스템 전문가라면 어떤 투수가 비효율적이거나 피곤한 상황, 혹은 부상을 입을 가능성이 있다는 조짐을 일찍 알아채는 데도움이 될 것이다.

콜크는 클릭에 이어 프리드먼을 만났다. 급여 문제도 논의되기 시작했다. "교수 연봉을 맞춰줄 경우엔 레이스를 위해 일할 의향이 있는가?" 콜크는 그럴 생각이 있었다. 닷새 뒤 자신의 생일에 콜크는 정식제안을 받았고 그는 그 제안을 수락했다. 야구에서 토미 존 수술과 회전근개 파열이 얼마나 자주 일어나는지, 또 투수들에게 얼마나 많은 돈을 쏟아 붓는지를 감안하면 투구 자세의 미묘한 부분을 잘 잡아내는콜크의 능력을 활용할 경우 레이스 팀이 수백만 달러를 절약할 수 있을 것이다. 어쩌면 수천만 달러를 아낄 수 있을지도 모른다. 이 모든 것을 주립대학 교수 월급으로 해결할 수 있었다.

콜크는 새로운 보스가 자신에게 가장 인상적인 차익 거래를 제안했다는 사실에는 크게 신경 쓰지 않았다. 메이저리그 프런트 오피스에서 일한다는 꿈이 실현됐으니 말이다. 위스콘신 주 출신으로 겸손한 성품을 가진 콜크는 득의양양하게 이야기하는 유형은 아니다. 하지만 야구에 대해 이야기할 때면 마음속에서 엄청난 희열을 느끼곤 했다. "아무에게도 당신이 맡은 이 일을 말하지 마세요." 레이스는 새롭게 고용한 콜크에게 말했다. 원한다면 블로그 공간에서 간단한 작별 인사 정도는 괜찮다. 그걸로 끝이다. 콜크는 자신이 누구를 위해 일하게 됐는지 밝히는 일이 금지됐다. 그뿐만이 아니었다. 레이스는 한 발 더 나아가 프런트 오피스 명단에 콜크의 이름을 아예 올리지도 않았다. 투수진의 건강과 능력을 향상시키고 레이스 타자들의 투구 인식능력을 끌어올리는 막중한 과업을 맡은 뒤로 콜크는 그곳에는 없는 사람이 됐다.

콜크는 레이스가 자신들의 지적 재산을 얼마나 광적으로 보호하려고 하는지를 금세 알아챘다. 워낙 심하게 보호했기 때문에 또 다른 사람이 자신과 같은 일을 하고 있다 해도 그가 눈치 채지 못할 정도였다.

스튜어트 스턴버그의 배경을 감안하면 레이스가 콜크의 작업과 심지어 그의 정체까지 감추려 한 것은 결코 놀랄 일이 아니었다. 레이스 구단주인 스턴버그는 스피어, 리즈&켈로그 같은 특별한 회사에서 파트너로 일하면서 비밀을 유지하는 것이 얼마나 중요한지를 배웠다. 그의 이런 성향은 골드만삭스에 몸담고 있는 동안 더 강화됐다. 월스트리트에 있는 동안 스턴버그는 제 아무리 피해를 주지 않는 사소한 사항이라도 일단 새어 나가게 되면 경쟁우위를 유지하거나 대형 계약을 따내는 데 위험 요인이 될 수도 있다는 사실을 배웠다. '훗날 성공 자체만 이야깃거리가 되게 하자.' 어떻게 성공할 수 있었는지에 대해서는 그냥 추측하도록 내버려두자는 것이었다.

스튜어트가 레이스를 매입한 뒤 친구들인 맷 실버맨과 앤드류 프리드먼에게 운영 책임을 맡겼을 때 세 사람은 이런 원칙을 고수했다. 하지만 그들은 곧 야구는 최소한 월스트리트와는 여러 가지 면에서 다르다는 사실을 깨닫게 됐다. 비밀을 유지하는 데 첫 번째 장애물은 언론이었다. 투자은행들도 야구팀과 비슷하게 금융 전문 언론의 접근을 차단하기 위해 노력한다. 하지만 2월부터 10월까지 거의 매일, 그리고 오프 시즌 동안 야구 기자들을 다루는 것처럼 해야만 하는 것은 아니었다. 야구는 또 외부 사람들이 분석하기가 훨씬 쉽다. 예를 들어 어떤 팀이 수비가 뛰어난 선수를 연이어 영입하려고 할 경우 눈치 빠른 야구 분석가라면 금방 눈치 채고 그 사실을 기사나 블로그 포스트를 쓸 수 있다. 대형 은행들에겐 그런 일은 없다. 반면 미국 주택시장 붕괴와 엄청난 불황에 기여했다는 얘길 들을 정도로 대형은행들은 불투명하게 운영됐다. 단지 극소수 사람들만 너무 늦기 전에 위험 신호를 포착할 따름이다.

야구에서 지적재산을 보호하려고 할 때 더 큰 장애물은 바로 다른 팀들이다. 월스트리트에서는 다른 회사를 다룰 때 그들 역시 자기처럼 신중하게 행동할 유인이 있기 때문에 편안한 느낌을 가질 수 있었다. 그런데 야구에선 그렇지 않았다. 심지어 가장 기본적인 구장 건설 관련 협상을 한 뒤에 정부 관리가 언론으로 달려갈 수도 있었다. 트레이드 협상 때는 상대방이 정보를 누설할 수도 있었다. 친한 기자들에게 호의를 베풀기 위한 것이든, 앞으로 있을 거래를 자신들에게 유리한 쪽으로 몰고 가기 위한 것이든, 그도 아니면 단순히 엄청난 거래에 대해 자랑하고 싶은 심정에서건 간에 그럴 위험이 다분히 존재했다.

스턴버그, 실버맨, 그리고 프리드먼은 자신들의 비밀을 보호하기 위한 작업을 시작했다. 첫 단계는 생각보다 수월했다. 핵심 인력들에게 입을 다물도록 하기 위해 분명한 조건을 부여했다. 일단 조직 내 다른 사람들이 그 선을 밟게 되면, 월스트리트 출신 트리오는 자신들의 미디어 대응 전략을 고안해냈다. 야구 부문이든, 비즈니스 부문이든 핵심 프로젝트에 관한 비밀은 절대 공유하지 않았다. 경기 중에는 누군가에 의해 기록될 수 있는 말을 하지 않았다. 아무리 덕망 있는 기자라 하더라도 근처에 접근하지 못하도록 조심했다. 거래를 망칠 어떤 내부 정보도 새나가지 않도록 했다.

이런 접근 방식은 주로 실용적인 목적에서 나온 것이다. 레이스와의 트레이드 건은 성사되기 전에는 세부 내용들이 새어나오는 법이 거의 없기 때문에 막판 가격 경쟁을 피할 수 있었다. 다른 유인도 있었다. 《머니볼》이 출간된 이후 빌리 빈에 대한 존경과 경멸의 감정이 동시에 터져 나왔다. 이사회와 열정적인 야구 임원들은 오클랜드의 빌리 빈 단장을 칭송한 반면 어떤 사람들은 이런 저런 이유를 내세워 그를 헐뜯었다. 레이스의 책임자들은 자신들에게 엄청난 성공을 안겨줄 수 있는 2%의 이점을 유지하면서도 자신들의 작업이 평화롭게 계속되길 원했다.

〈세인트피터즈버그 타임스〉의 칼럼니스트인 마크 톱킨이 말했다. "칼럼니스트인 존 로마노가 레이스 팀의 탐사 보도를 시도한 적이 있습니다. 프리드먼에게서 뭔가 비밀스런 이야기를 듣기는커녕 그를 테이블로 끌어내기조차도 어렵습니다. 로마노는 프리드먼과 말 그대로 점심 식사를 함께 했습니다. 그 칼럼을 읽어보면 아시겠지만, 거기에는 대단한 내용이 들어 있는 것이 아니라 단지 두 개의 짧은 인용구만 있을 뿐입니다."

레이스의 경영진은 특히 팀의 수치 분석 전문가들에 관한 비밀을 유지하는 데 각별한 공을 들였다. 머니볼의 시대가 시작되면서 야구에도 어떤 추세가 빠른 속도로 진행되고 있었다. 지나치게 많은 권한을 부여받은 젊은 인력들이 프런트 오피스의 말단 사원으로 몰려들기 시작했다. 이제 대부분의 메이저리그 구단들은 전통적인 스카우팅과 선수 평가 인력들에 맞서 어떤 형태로든 풀타임 통계전문가를 고용했다.

제2의 빌리 빈, 테오 엡스타인, 그리고 앤드류 프리드먼을 꿈꾸는 이들 중 많은 사람들은 인상적인 배경을 갖고 있었다. 수학이나 통계학, 법학 석박사 학위를 갖고 있거나 콜크처럼 물리학적인 배경을 갖고 있는 경우도 있었다.

그들은 다른 곳에서라면 더 많은 돈을 벌고, 훨씬 더 높이 승진했을 것이다. 하지만 그들은 야구를 선택했다. 그들 중 많은 사람들은 천문학적인 확률에도 불구하고, 지구상에 있는 서른 명의 메이저리그 단장 중 한 명이 되겠다고 달려든 것이다. 이런 인력들이 기꺼이 감내하려고 하는 모든 희생에도 불구하고, 레이스는 이들이 하는 작업에 비해 저평가되어 있다는 사실을 알았다. 게다가 탬파베이의 두뇌집단은 다른 부자 구단들이 좀 더 많은 돈으로 자신들의 뛰어난 분석가를 쉽게 빼갈 수 있다는 사실을 알고 있었다. 그들이 조시 콜크 같은 사람들의 정체와 그들의 업무를 KGB처럼 비밀스럽게 감추려 한 것도 이런 이유 때문이었다.

제임스 클릭은 2000년 예일대학 역사학과를 졸업하자마자 메이저리그 프런트 오피스에서 일자리를 구했다. 그는 마침내 〈베이스볼 프로스펙터스〉에 자리를 잡았다. 그는 이곳이 빅 리그로 들어가기 위해 밟고 지나가는 디딤돌이 될 것이라고 생각했다. 그곳에서 클릭은 케이스 울너의 노하우를 빨아들였다. 울너는 야구에서 대체수준(replacement level) 재능[3]을 비롯한 수많은 연구로 유명한 야구 분석 전문가이다.

---

**3_** 야구에서 부상당한 주전 선수 대신 해당 포지션에 돌아가면서 기용되는 선수들이 집합적으로 올릴 것이라고 기대되는 성적 수준을 대체수준이라고 한다.

클릭은 울너 외에도 기상학자이면서 타격, 수비, 기타 기술들을 측정하는 새로운 방법을 개발한 클레이 데븐포트와 마이클 울버톤의 작업도 열심히 연구했다. 울버톤은 투구에 관한 연구를 통해 야구에서 운이란 요소를 제외한 통계를 도입함으로써 승패 기록에 의존하는 것이 잘못됐다는 것을 반박한 인물이다. 페코타(PECOTA) 프로젝션 시스템 개발자로 나중에 유명 정치작가 겸 애널리스트로 변신하는 네이트 실버에 대해서도 열심히 공부했다. 클릭은 〈베이스볼 프로스펙터스〉에서 이런 사람들과 함께 일하기 위해서는 세이버메트릭스의 세계에 중요한 기여를 해야 한다고 생각했다.

클릭이 한 일 중 가장 주목할 만한 것은 구장 특성에 맞춘 수비 효율(PADE)이다. 몇 년 전 빌 제임스는 야수들이 홈런이 아닌 타구를 잡아내는 빈도의 측정에 유용한 통계를 고안했다. 클릭은 펜웨이파크에서 뜬 공을 따라가는 것이 쿠어스필드의 넓은 외야를 지키는 것과는 굉장히 다르다는 사실을 깨달았다. 따라서 두 구장 간의 이런 차이를 조정하면 야수의 능력을 좀 더 잘 평가할 수 있을 것이라고 생각했다.

클릭은《숫자로 본 야구》라는 책의 탄생에도 기여했다. 예를 들어 '피터 잉카비글리아가 리키 헨더슨의 다리를 갖고 있었다면 어떻게 됐을까?' 같은 당돌한 질문을 던지면서 몇 가지 연구 결과를 제시했다. 그것은 베이스 러닝과 도루의 가치에 대해 좀 더 많이 배울 수 있는 생산적인 방법이었다. 다혈질인 수많은 구닥다리 야구인들은 베이스 러닝과 도루의 가치를 제대로 이해하질 못했다. 그러다 보니 야구 전문가들 중 이 주제를 깊이 있게 연구하는 사람은 드물었다. 클릭은 그 글에서 헨더슨처럼 도루를 굉장히 많이 하는 선수라 할지라도 도루를 시도하거나 한 베이스를 더 진루하려다가 아웃 당할 경우에는 잉카비글리아처럼 발이 느린 선수들과 다를 바 없다는 것을 보여줬다.

세이브메트릭스 공동체에서는 클릭의 작업과 그의 명성을 익히 알고 있었다. 하지만 많은 메이저리그 프런트 오피스들은 그렇지 못했다. 2006년 2월 탬파베이가 클릭을 정규 직원으로 고용하자 경영진들은 그에게 모든 메이저리그와 마이너리그 선수들을 추적할 수 있는 데이터베이스 구축 작업을 지시했다. 이 데이터베이스에는 스카우팅 보고서를 비롯해 통계 분석, 부상 정보를 비롯하여 다양한 요소를 기입하도록 했다. 이 작업이 성공할 경우에는 다용도로 활용될 수 있을 터였다. 이를테면 눈에 띄지 않는 자유계약 선수를 찾아낸 뒤 트레이드 협상을 하는 과정에서 신속하고 현명한 결정을 내릴 수 있을 것이다. 혹은 조 매든 감독을 비롯한 코치진들이 경기장에서 작전을 펼 때 맹목적인 감에 의존하는 대신 눈에 띄는 구체적인 정보를 이용할 수도 있을 것이다. 나중에 레이스의 야구 R&D 부문 공동 관리자가 된 에릭 니엔더와 공동 작업을 통해 클릭은 레드삭스, 말린스를 비롯한 다른 구단이 구축한 것들뿐만 아니라 인디언스가 걸핏하면 자랑했던 다이아몬드비전(DiamondVision)에 버금가는 데이터베이스를 구축했다.

"의사결정을 할 때 되도록 많은 단계를 끌어내고 전화와 마우스 클릭을 최소화하길 원했습니다." 시애틀 매리너스 단장의 특별 보좌역인 토니 블레지노가 말했다. 그는 탄탄한 데이터베이스를 갖고 있다는 것은 굉장한 일이라고 강조했다. 어느 정도로 굉장하냐고? 블레지노는 탄탄하게 구축된 중앙 집중적인 데이터베이스의 가치가 수백만 달러에 이른다고 생각했다. 하지만 데이터베이스 하나를 구축하는 데 필요한 전체 비용이 인력과 기술을 포함해서 50만 달러 정도면 충분하다고 추산했다. 모든 데이터를 한 곳에 저장하려는 수요가 급격하게 늘어남에 따라 금융업계의 거인인 블룸버그가 2010년 자체개발 상품을 갖고 이 시장에 뛰어들었다. 블룸버그는 데이터베이스를 자체적으로 구축하기보다는 구입하는 쪽을 선호하는 메이저리그 구단들에게 블룸버그 스포츠 프로 툴을 공급했다.

클릭은 양키스나 다른 많은 메이저리그 구단에 비해 규모가 훨씬 적은 레이스 야구 구단의 일원으로 일했다. 1년 중 언제나에 따라 클릭은 드래프트 준비 작업을 도와줄 수도 있으며, (드물긴 했지만) 니앤더가 연봉 중재를 위해 정보를 수집하는 작업이나, 다른 팀과의 대결을 준비하기 위해 콜크가 피칭 데이터를 수집하는 작업을 돕기도 했다. 그 외에도 야구 부문 담당 이사인 댄 파인스타인이 마이너리그 자유계약 선수들을 조사하는 작업과 프리드먼의 트레이드 협상에 힘을 보태기도 했다.

《머니볼》은 아트 휴부터 당시 오클랜드의 비디오 코디네이터였던 파인스타인까지 모든 사람들이 빌리 빈이 신봉하는 원칙을 어떻게 잘 도입했는지를 보여주고 있다. 파인스타인은 레이스에서 오클랜드 시절보다 좀 더 높은 위치(부단장)에서 유사한 문화를 주도했다. 어떤 날 저녁에, 특히 게임 후반 무렵에 조 매든은 자신이 신뢰하는 파일을 꺼내기도 한다. 매든은 그 안에서 스카우팅 보고서를 훑어볼 수 있다. 거기에는 콜크가 작성한 투수의 공 놓는 지점에서부터 클릭이 작성한 수비 경향, 그리고 파인스타인이 작성한 토막 정보들까지 다양한 것들이 담겨 있다.

파인스타인이 레이스에 기여하는 부분 역시 대중들에게는 잘 알려지지 않았다. 그는 중재 같은 미묘한 영역에서 뛰어난 능력을 발휘했다. 2010년 레이스가 B. J. 업튼과의 연봉중재에서 승리함으로써 새로운 왕조에서 이루어진 네 번의 중재 건에서 모두 승리하는 기록을 세우게 됐다.

그들은 엄격한 협상 정책을 갖고 있었다. 양측이 중재관에게 자신들의 제안을 제출하자마자 레이스는 그 건에 대한 대화를 곧바로 중단해버린다. 2009년 레이스의 포수였던 다이노어 나바로의 에이전트였던 켄달 알메리코는 요구 금액을 제출하고 난 뒤에는 대화 자체를 거부해버린 팀으로부터 아무런 얘기도 듣지 못했다. 그는 그렇게 작은 금액 차이에도 불구하고 선수와 팀이 중재 협상을 하는 일은 매우 드물다고 말했다. 레이스는 나바로가 2008년 부상으로 시즌을 끝내자 연봉 210만 달러를 제안했다. 알메리코는 250만 달러로 맞섰다. 대부분의 팀들은 저 정도 금액 차이면 서로 조금씩 양보하는 선에서 협상을 마무리한다. 양키스나 레드삭스 같은 팀에게 20만 달러 정도면 반올림 오차(rounding error)이다. 하지만 레이스는 단 1달러도 그냥 허비하지 않았고 자신들이 승리할 것으로 굳게 믿었다.

나바로는 타율 2할9푼5리에 도루 저지율 36%를 기록했으며, 올스타에도 선발됐다. 반면 로열스의 포수인 존 벅은 한 해 전에 타격 평균이 73포인트나 낮은 데도 불구하고 220만 달러에 계약했다. 파인스타인, 클릭, 그리고 다른 사람들이 수집한 자료, 잔인할 정도로 효과적일 뿐 아니라 탁월한 토론 방식 덕분에 레이스는 연봉조정 신청에서 승리했다. 덕분에 20만 달러를 추가로 은행에 적립해놓을 수 있었다.

콜크가 가세하면서 프런트 오피스는 투수 코치와 트레이너들을 좀 더 잘 보좌할 수 있는 분석 능력을 갖추게 됐다. 레이스가 콜크를 영입하기 전에 그는 〈하드볼 타임스〉에 '부상 부위(The Injury Zone)'라는 흥미로운 글을 게재했다. 그 글에서 그는 투구추적 시스템을 한 단계 더 멀리 밀고 나갔다. 투구를 하다가 공 몇 개를 더 던질 경우 부상당할 수 있는지 예측하는 도구로 활용했던 것이다. 레이스는 이 연구의 가치와 함의를 알아챘다. 투구추적 시스템의 입력물을 인공 신경망 알고리즘(좀 더 낮은 팔 위치부터 속도 변화, 그리고 투구시 움직임까지 주시하는 시스템)과 결합함으로써 콜크는 조기 경보 신호를 포착할 수 있었다. 그리고 언제 어디서나 레이스의 의사결정권자에게 전화한 뒤, 예를 들어 데이비드 프라이스가 부상당할 위험이 있다는 사실을 경고할 수 있었다.

조 매든과 짐 히키는 그 정보를 토대로 스타 투수의 부상을 미연에 방지할 수 있게 되었다. 역으로 생각하면 매든과 히키는 콜크의 연구를 토대로 젊은 선발투수 중 한 명에게 한 이닝을 더 맡길 때도 좀 더 확신을 가질 수 있다. 이런 일련의 조치 덕분에 투구 관리에 지나치게 조심스럽게 접근하는 경향이 나타나기도 했지만 프라이스, 맷 가르자, 제프 니먼, 그리고 웨이드 데이비스처럼 메이저리그 경력이 짧은 투수들을 상황에 따라 좀 더 길게 끌고 갈 수도 있게 되었다.

이런 인물들의 활약 덕분에 경기장에서 레이스의 또 다른 혁신 전략이 매력을 갖게 됐다. 통상적인 선발 출장 선수 명단에서 가장 신뢰할 만한 요소 중 하나는 그날 출전 투수에 따라 상대팀의 타석에 설 타자들이 결정된다는 것이다. 오른손 투수가 마운드에 올라올 경우에는 출장 선수 명단을 왼쪽 타자로 채우고, 왼손 투수가 올라올 경우에는 반대 방식으로 운영하는 것이다.

이런 불변의 법칙은 한때 〈심슨 가족〉이 조롱할 정도로 야구계에 뿌리 깊게 박혀 있었다. 9회말 만루 상황에서 스프링필드 뉴클리어 플랜트 팀은 왼손 투수에 맞서 왼손 타자인 대릴 스트로베리가 타석에 들어설 차례가 됐다. 스트로베리는 조(Joes)들로 가득 찬 팀에서 유일하게 남아 있는 쓸 만한 선수였다. 그는 실력이 엄청나게 떨어지는 경쟁자들을 압도하고 있는 지구상에서 가장 뛰어난 선수 중 한 명이었다. 하지만 번스 감독은 스트로베리를 대타로 교체했다. 스트로베리 대신 타석에 들어선 선수는 불운한(하지만 오른쪽 타자!) 호머 심슨이었다. 스트로베리가 "오늘 저는 홈런을 9개나 쳤다고요!"라면서 항의하자 번스 감독은 해머를 꺼내들었다. "이런 상황을 확률 게임이라고 하는 거야. 똑똑한 감독들이 경기에서 이기기 위해 쓰는 방법이지."

니앤더가 가장 두드러지게 기여한 부분 중 하나는 바로 이런 교조적인 믿음을 날려버린 것이었다. 그리고 그의 뒤에는 이런 방침에 전적으로 동조하는 매든이 있었다. 사실 지난 20년 동안 양키스의 오른손 투수 마이크 무시나는 오른손 타자보다 왼손 타자를 상대로 훨씬 더 뛰어난 성적을 기록했다. 그는 2008년 4월 7일에도 스위치 타자 한 명을 포함해 모두 5명의 왼손 타자들이 포진한 레이스를 상대로 안타 2개에 한 점만을 허용하면서 양키스의 6대 1 승리를 이끌었다. 그 해 5월 14일에는 왼손 타자 6명을 출전시킨 레이스를 상대로 6과 3분의 1이닝 동안 던지면서 1점 홈런 한 방만 허용하면서 2대 1 승리를 이끌어냈다. 9월2일에도 마찬가지였다. 레이스는 왼손 타자들을 잔뜩 출전시켰지만, 무시나는 6이닝 동안 2점만 내주면서 8개의 삼진을 잡아냈고 양키스는 이겼다.

그 해 무시나와 네 번째로 상대하게 된 레이스는 니앤더의 계획을 실행에 옮겼다. 9월 13일 경기에서 레이스는 선발 출장 명단에 8명의 오른손 타자를 출전시켰다. 그 중에는 오른손 타자인 포수 미셸 에르난데즈와 좀처럼 출전기회를 잡지 못했던 외야수 저스틴 루지아노도 포함돼 있었다. 오른손 투수를 상대로 출루율이 3할에도 미치지 못했던 로코 발델리가 클린업 트리오에 포진했다. 레이스는 이날 경기에서 5이닝 동안 안타 8개에 볼넷 2개를 묶어 5점을 내면서 무시나를 두들겼다. 결국 그날 경기에서 레이스는 7대 1로 완승을 거뒀다.

물론 그것은 단지 한 게임의 결과일 따름이었다. 그리고 레이스는 소수의 표본을 지나치게 신뢰해서도 안 된다는 것을 잘 알고 있었다. 야구와 인생 모두에서 그런 관행은 끔찍한 실수이다. 하지만 그들은 다음 시즌에 플래툰 시스템을 써야 할 정도로 뛰어난 상대팀 선발투수를 상대해야 하는 경우에도 투수와 같은 쪽 타자들을 출전시키기 시작했다. 레이스는 왼손 투수에 오른손 타자를 맞세우는 단순한 전략을 뛰어넘는 도구를 갖고 있었다.

그들이 보유한 데이터들은 타자들의 배트 스피드, 스윙 궤적, 그리고 모든 타구 방향을 보여줬다. 니앤더는 이 정보를 이용해서 좀 더 깊이 파고들 수 있었다. 같은 쪽 타자들로 가득 찬 라인업을 내세울 경우 공략하기 쉬운 투구 유형과 이용 형태를 갖고 있는 투수들을 찾아낸 것이다. 이런 방식을 적용한 사례는 보스턴의 투수 팀 웨이크필드이다. 웨이크필드는 선수로 뛰는 내내 왼손 타자를 잘 요리했다. 게다가 그는 예나 지금이나 야구 전문가들이 이구동성으로 같은 쪽 타자들이 훨씬 더 공략하기 쉽다고 주장하는 너클볼을 갖고 있었다. 물론 레이스는 무시나를 넘어 그 이론을 극단적인 너클볼 투수에게까지 적용할 준비가 되어 있지 않았다. 그러나 그때까지 무명이었던 왼손 투수 댈러스 브레이든과 맞붙은 이후 상황은 달라졌다.

정교한 제구와 체인지업에 의존하는 기교파 투수인 오클랜드의 브레이든은 2010년 5월 9일 레이스와 맞섰다. 그보다 1년 전에는 체인지업을 굉장히 많이 구사하는 화이트삭스의 왼손 베테랑 투수 마크 벌리가 야구 역사상 최상위급에 속했던 레이스 타선을 상대로 퍼펙트게임을 기록했다. 레이스 입장에서는 놀랍고 분하게도 브레이든 역시 벌리와 똑 같은 업적을 만들어냈다. 브레이든은 메이저리그 역사상 19번째로 퍼펙트게임을 달성했다. 한 번은 요행으로 치부할 수 있지만, 또 다시 그런 일이 있었다면 골치 아픈 일이다. 니앤더는 다시는 그런 희생양이 되고 싶지 않았다.

레이스는 몇 주 뒤 블루제이스의 오른손 투수 숀 마컴을 일주일 동안 두 번이나 상대한 적이 있었다. 숀 마컴은 그 어떤 선발투수보다 체인지업을 많이 던지는 선수였다. 그날 레이스는 타선을 오른손 타자들로 꽉 채웠다. 심지어는 스위치 타자들조차 오른쪽 타석에 들어섰을 정도였다. 마컴이 선발투수로 출전했던 두 경기에서 레이스의 선발 출전 선수 중 왼손 타자는 고작 5명에 불과했다. 레이스는 두 번 모두 토론토를 박살냈다. 두 경기 합계 스코어는 17대 4였다.

마컴과 두 번 연속으로 맞붙기 나흘 전에 레이스는 역시 체인지업에 많이 의존하는 화이트삭스의 왼손 투수 존 댕크스와 맞섰다. 로스터에 있는 선수 중 가동할 수 있는 모든 왼손 타자들을 출전시킨 레이스는 그 경기에서 댕크스가 마운드에 있는 4이닝 동안 안타 8개를 치면서 8점을 냈다. 결국 그 경기는 8대 5로 승리했다. 레이스의 블로그인 D레이스베이는 그것을 '댕크스 이론'이라고 불렀다. 하지만 아이디어 창안자를 감안하면 그것은 '니앤더의 신념'이라고 불러야 했다.

클릭과 니앤더가 만들어낸 아이디어들은 매든 감독의 개방적인 태도와 결합되면서 색다른 경기 전략을 도출해냈다. 이런 전략 중 하나로는 수비 시프트에 대한 레이스의 접근 방식을 꼽을 수 있다. 역사적으로 살펴보면 왼손 거포들이 타석에 들어설 경우에는 유격수를 2루 베이스 오른쪽으로 옮기긴 뒤 3루수에게 내야의 왼쪽 전부를 수비하도록 하는 것이 일반적이었다. 이런 수비 시프트는 테드 윌리엄스의 전성기인 수십 년 전까지 거슬러 올라간다. 그러나 이것 역시 핵심을 놓치고 있었다. 만약 스플렌디드 스프린터(splendid splinter)[4]나 데이빗 오티스(도미니카공화국 출신의 레드삭스 내야수)가 오른쪽 담장 너머로 공을 날려버리면 아무도 그 공이 떨어지는 곳까지 따라갈 수 없었다.

매튼과 클릭은 수비 시프트가 효과를 보려면 어떤 타자가 내야의 특정 지역으로 공을 굴려 보내는 빈도를 고려해야만 한다는 사실을 알았다. 따라서 레이스는 다른 레드삭스 타자인 J. D 드류를 상대로 자주 수비 시프트를 사용했다. 왼손 거포인 드류는 우익수와 좌익수 쪽으로 공을 날려보내는 비율이 높긴 했지만 동시에 오른쪽으로 땅볼을 굴리는 비율이 비정상적일 정도로 높았다. 드류를 상대로 규칙적으로 수비 시프트를 쓴 팀은 탬파베이가 처음이었다. 또 체이스 어틀리를 상대로 시프트를 쓴 것도 레이스가 처음이었다. 2008년 월드시리즈 당시 레이스가 필리스 2루수인 어틀리를 상대로 계속 수비 시프트를 하자 전문가들은 상대적으로 빠른 타자인 어틀리에게 왜 시프트를 쓰는지 의아해했다. 레이스가 주목한 것은 어틀리가 그 해 땅볼 타구의 72%를 오른쪽으로 보낸 점에 주목했다. 시프트를 쓰기에 이상적인 타자가 되려면 한 쪽으로 보내는 타구가 80%에 이르러야 한다는 일반적인 기준에는 약간 못 미치긴 했지만 그 정도면 시프트를 쓰기에 적격인 타자였던 셈이다.

---

**4_**  메이저리그의 마지막 4할대 타자인 테드 윌리엄스의 별명이다. 그의 방망이에서 나오는 안타가 '화려한 파편'을 연상시킨다고 해서 붙여졌다. ESPN이 꼽은 역대 베스트 닉네임 1위에 오르기도 했다.

레이스는 통상적인 시프트 방식을 훨씬 뛰어넘는 수비 재할당 개념을 적용했다. 그들은 발이 느리면서 뜬공을 많이 때리는 고전적인 유형의 타자인 클리블랜드의 트래비스 해프너를 상대로는 외야수를 4명 포진시키는 시프트를 쓰기도 했다. 데릭 지터를 상대할 때는 중견수인 B. J. 업튼을 자주 우중간 쪽으로 이동시켰다. 양키스의 캡틴인 데릭 지터는 공을 반대쪽 방향으로 날려보내는 인사이드-아웃 스윙[5]을 통해 명예의 전당에 들어갈 정도의 경력을 쌓았기 때문이다.

레이스는 경기 끝 무렵에는 가끔씩 도박을 했다. 다른 팀들이 일반적으로 사용하는 외야수를 전진시키는 방식 대신 매든은 한 번은 중견수인 업튼을 2루 베이스 위에 서 있도록 했다. 내야 땅볼만 잘 굴려도 곧바로 승리로 이어질 수 있는 상황에서 중견수에게 제5의 내야수 역할을 맡긴 것이다. 레이스는 또 다른 팀이 시프트를 시도할 경우에도 곧바로 해답을 내놓을 준비가 돼 있었다. 2010년 올스타 휴식 기간을 거치면서 몇 년 전부터 팀 내에서 가장 많은 시프트를 당한 선수인 카를로스 페냐는 번트 공격시 24타수 14안타를 기록했다. 그 중 대부분은 시프트를 깨뜨리는 공격이었다.

몇몇 개념들은 레이스가 제대로 활용하기까지 꽤 시간이 걸렸다. 2008년 페넌트레이스 우승을 차지하면서 성공을 거뒀음에도 불구하고 레이스는 베이스러닝에서 탁월하지 못했다. 베이스볼-레퍼런스에 따르면 레이스는 주자가 한 베이스를 더 진루하는(안타 때 1루에 있던 주자가 3루까지 달리는 것 같은) 비율이 40%로 메이저리그에서 공동 11위였다. 하

---

**5**　인사이드-아웃 스윙이란 타자가 배트헤드를 몸쪽에서 바깥쪽으로 이동시키면서 스윙하는 것을 말한다. 이렇게 하면 공을 밀어치는 방향으로 보낼 수 있다.

지만 그들은 주루 과정에서 68번이나 아웃됐다. 이는 두 번째로 높은 수치로 지나치게 공격적이라는 것을 보여주는 지표였다. 클릭이 리키 헨더슨과 피터 인카비글리아를 비교하면서 이야기한 것처럼 이런 결과는 아웃카운트 하나를 헌납하는 것과 같다.

레이스는 〈베이스볼 프로스펙터스〉가 만든 베이스러닝으로 뽑아 낸 득점합계 순위인 EqBRR이 메이저리그 25위였다. 이는 상당히 당혹스러운 결과다. 레이스는 칼 크로포드, B. J. 업튼, 그리고 제이슨 바틀렛 같은 발 빠른 선수들을 여러 명 보유하고 있었기 때문이다. 클릭을 비롯해 프런트 오피스에 몸담고 있는 여러 사람들은 성공적인 베이스러닝이 얼마나 가치 있는지에 대해 정확하게 꿰뚫고 있었다.

매든은 2009년 팀의 봄 훈련을 하면서 선수들에게 한 베이스를 더 가기 위한 공격적인 베이스러닝을 계속 하라고 주문했다. 하지만 그는 게임 상황을 좀 더 면밀히 감안하라는 말도 잊지 않았다. 선수와 코치들은 이 원칙을 어느 정도 이행했다. 희생 플라이 때 3루 주자를 홈으로 불러들이는 데 있어 레이스의 톰 폴리보다 더 공격적인 코치는 없었다. 하지만 2009년을 통틀어 레이스는 한 베이스를 더 진루하는 비율이 38%에 불과했다. 이 수치는 2008년보다 약간 낮았으며, 그 해 메이저리그 평균을 밑도는 수준이었다. 하지만 좋은 소식도 있었다. 베이스에서 아웃되는 경우도 10번이나 줄이면서 리그 평균 수준으로 향상된 것이다.

포착하기 어려운 레이스의 장점들 중 많은 부분은 데이터 분석보다는 옛날 방식의 선수 육성과 지시를 통해 달성했다. 베이스 러닝에 대한 레이스 팀의 접근방식은 그런 모형에 잘 들어맞았다. 2009년에 매든과 레이스의 코치진들은 팀의 전력을 향상시키기 위해 에인절스의 훈련방법을 도입했다. 메이저리그 내야수 출신으로 그 해 레이스와 함께 훈련 캠프에 있었던 모건 엔스버그는 레이스의 이런 접근 방법이 간단하면서도 흔치 않은 것이라고 평가했다.

"우리는 외야수가 어디에 있는지에 따라 1루에 있던 주자가 3루까지 가는 훈련을 했습니다." 엔스버그는 이렇게 말했다. "그 훈련은 외야에 공이 있을 때 내야수들은 어디에 있어야 할지에 관한 훈련이 아니었습니다. 중견수 쪽에 코치 세 명을 배치한 뒤 각 코치 앞에 공을 떨어뜨렸습니다. 코치가 공을 잽싸게 집을 경우에는 2루에서 멈춥니다. 하지만 그가 빨리 공을 집지 못할 경우엔 3루로 뜁니다. 이 훈련을 통해 강조하고자 한 것은 분명하고 매우 훌륭했습니다. 이 훈련에는 실전에서 유용한 교훈이 담겨 있었습니다. 대부분의 훈련은 시시합니다. 프로 스포츠에서 훌륭한 훈련을 하는 경우는 극히 드뭅니다. 사람들이 게임에 대해 어떻게 가르쳐야 할지 모르기 때문입니다. 반면 레이스가 했던 훈련은 훌륭했습니다. '스피드가 있지? 그럼 뛰어!' 스피드가 뒤진 선수도 역시 뛰어!"

새로운 베이스러닝 훈련은 2010년이 되어서야 본격적으로 효과를 나타냈다. 빌 제임스 웹 사이트에 따르면, 레이스는 평균적인 다른 팀에 비해 196개 베이스를 더 진루한 것으로 나타났다. 이는 빌 제임스가 이 기록을 집계한 9년 동안 가장 뛰어난 결과였다.

스턴버그가 경영권을 잡은 이후 레이스는 모든 물리적인 능력 향상의 토대를 닦으면서도 경기에서 정신적인 부분에 대해 새롭게 강조하기 시작했다. 주인이 바뀐 첫 시즌에 레이스는 101패를 기록했다. 4년 중 최악의 결과였다. 그 뒤 야구 운영 담당 부사장이자 애스트로스 단장 출신인 게리 헌시커가 휴스턴에 있는 옛 친구를 접촉했다. 존 엘리엇 박사는 야구 강팀인 라이스 대학의 교수로 재직하면서 성취 심리학자로 일하고 있었다. 헌시커는 엘리엇에게 레이스에 와서 팀의 정신력을 향상시키는 데 도움을 줄 수 있겠느냐고 물었다. 엘리엇은 그 기회를 잡았다.

메이저리그의 모든 팀들은 근로자지원프로그램(EAP)을 운영해야만 한다. 이 프로그램에 따라 각 팀은 임상 심리학자를 고용하고 경기장에서 뛰는 선수들이 치료와 상담을 받도록 해야 한다. 엘리엇의 설명에 따르면, 메이저리그가 이런 의무 조항을 둔 이유는 주로 '비정상적인 것'을 치료하기 위해서였다. 만약 어떤 선수가 슬럼프, 약물남용, 혹은 가정폭력 등의 문제를 안고 있을 경우에 EAP 대표자가 도움을 주게된다. 이 대표자는 경기장에서 발생하는 특별한 문제들도 취급한다. 어떤 투수가 스티브 블래스 증상(홈 플레이트를 찾지 못해 종종 포수 뒤에 있는 그물 쪽으로 과격하게 공을 던져버리는)을 갖고 있거나, 포수가 매키 사스 증상(투수에게 공을 던져주지 못하는)에 시달릴 경우에는 즉시 도움을 받을 수 있다.

레이스의 전략은 대부분의 다른 팀들의 접근 방식과 꽝장히 달랐다. 매든은 수년 동안 캘리포니아 주립대학교 응용 스포츠 심리학 교수인 켄 라비자와 함께 일했다. 라비자가 매든, 그리고 가르자와 함께 한모임은 각 선수의 능력을 최대한 뽑아내는 쪽에 초점이 맞춰졌다. 매든에게 그것은 곧 선수들과 자신이 혼연일체가 되어 팀이 도달 가능한목표를 세우는 것을 의미했다. 반면 가르자에게는 꽝장히 뛰어난 재능에다 정서적으로도 안정된 선수가 되는 것을 의미했다. 그래서 나쁜 결과를 낸 뒤에도, 모자챙에 적힌 마음을 안정시키는 메시지를 읽는 것처럼 간단한 방법으로 낙담한 자신의 마음을 잘 다스릴 수 있었다. 두 경우 모두 비정상적인 것을 다루는 것과는 관계가 없었다. 라비자는 엘리엇과 마찬가지로 초점과 집중, 그리고 시각화 등을 강조하는 방식을 통해 잠재력을 극대화하기 위해 노력했다.

엘리엇은 레이스의 재능 있는 젊은 선수들의 능력을 최대한 끌어내는 데 초점을 맞췄다. 레이스는 라이벌 팀들과의 경쟁에서 앞서고, 양키스와 레드삭스처럼 훨씬 더 부유한 구단을 따라잡기 위해 팜 시스템을 구축하느라 수천만 달러의 자금과 수천 시간, 그리고 많은 드래프트 상위 순번을 투자했다.

엘리엇은 이렇게 말했다. "모든 사람들은 5툴 플레이어(5-tools player, 타격의 정확도, 장타력, 수비, 주루 능력을 두루 갖춘 다재다능한 선수)에 대해 얘기합니다. 가장 훌륭한 선수는 6툴 플레이어입니다. 5툴에다 심리적 압박감을 이겨내고 경기에 집중할 수 있는 선수 말입니다."

엘리엇은 다양한 수준의 여러 선수들과 접촉했다. 하지만 그가 좋아하는 선수는 카를로스 페냐였다. 한때 특급 유망주였던 페냐는 2007년 엘리엇과 만났을 때는 여러 팀을 전전한 끝에 2007년 봄철 전지훈련장에서 주전 자리를 차지하기 위해 안간힘을 쓰고 있었다. 그는 이렇게 애원했다. "박사님, 저는 당신 도움이 필요합니다. 당신이 알고 있는 모든 것을 제게 가르쳐주세요."

처음 2주 동안 엘리엇과 페냐는 덕아웃 난간에 기대서 이런 저런 얘기를 주고받았다. 스포츠 심리학은 물론 성공 일반론에 대해, 그리고 어떻게 성공할지에 대해 이야기했다. 팀 내에서 불안정한 위치에 있음에도 불구하고 페냐는 동료들에게 영향을 끼치고 있었다. 엘리엇은 페냐가 전염성 강한 미소를 갖고 있는 유쾌한 선수라는 점뿐만 아니라 그의 미래에 중요한 영향을 미칠 요인도 함께 포착했다. "난 늘 그에게 묻곤 했습니다. '왜 야구를 하느냐?'구요." 엘리엇이 회상했다. "그는 즐거움을 되찾아야 했습니다. 그는 리틀리그에서 뛸 때처럼 경기를 즐길 필요가 있었습니다. 자신이 하고 있는 일을 좋아해야 하는 것이지요. 그러면서 기록과 기술에 지나치게 집착하는 태도도 버려야 했습니다."

페냐는 그 해 봄 팀의 일원이 됐다. 그는 생애 최다인 46개의 홈런을 날리면서 리그를 강타했다. 그 다음 세 시즌 동안 팀이 연패를 끊기 위해서, 선수들을 격려하기 위해 선수들끼리만 모임을 가졌을 때면 늘 페냐가 그 모임을 이끌었다.

엘리엇을 비롯한 신비의 인물들을 고용한 투자는 톡톡하게 뽑아냈다. 메이저리그 최소 연봉의 일부 정도만 지출하고서도 최신 통계분석, 물리학자의 게임 분석, 혹은 혁신적인 심리기법의 혜택을 받을 수 있었다. 훨씬 더 부유한 구단들은 호화 구장을 건립하고, 알렉스 로드리게스에게 수억 달러 연봉을 지불하거나, 전체 지역에서 팬덤 현상을 불러일으킬 수 있었다. 끔찍한 수비력을 향상시키고, 엉터리 베이스러닝을 바로 잡으며, 재능 있는 젊은 선수들에게 정신적 상담을 해주는 것은 좀 더 소박하긴 하지만, 여전히 중요하고도 팀에 도움이 되는 목표를 향해 나아가기 위한 조치들이었다. 바로 약점을 하나씩 제거해버리는 것이었다.

"모든 면에서 최소한 중간쯤 하는 능력을 갖고 있다면, 좋은 팀이 될 수 있습니다." 시애틀 매리너스 단장의 특별 보좌역인 토니 블레지노가 한 말이다.

# 다윗과 골리앗의 대결

11장

맷 실버맨은 2010년 MIT 슬로안 스포츠 통계 컨퍼런스에서 스포츠 경영자 중 가장 똑똑한 네 명과 한 무대에 앉아 있었다. 컨퍼런스의 주제는 '차세대 스포츠 경영과 소유'였다. 많은 청중들이 레이스의 젊은 사장과 함께 한 패널들이 어떤 이야기를 하는지 듣기 위해 몰려들었다. 하지만 실버맨은 의자에 앉아 계속 흔들거리기만 했다. 어딘지 불편해 보였다. 그러던 그는 갑자기 벌떡 일어나 자기 앞에 걸려 있는 레드삭스 저지를 확 잡아채더니 그대로 바닥에 던져버렸다. 그러고 나서 맷 실버맨은 이렇게 빈정댔다. "그들은 늘 기분 나쁘게 다가옵니다." 장내가 찬물을 끼얹은 듯 조용해졌다.

레드삭스와 양키스가 늘 레이스를 깔보고 있다고 실버맨이 느낄 이유는 충분했다. 2008년에 레드삭스는 탬파베이 예산의 3배를 갖고 시즌을 시작했다. 양키스의 연봉 총액은 레이스의 5배에 이르렀다. 레이스가 어떤 일을 하려고 하건 보스턴과 뉴욕의 매출 구조에 짓눌려버릴 판이었다. 탬파베이가 다섯 개의 새로운 경기장을 짓거나 매일 플로리다 하늘에서 수천 달러씩 떨어진다고 해도 이런 상황은 변치 않을 것 같았다. 게다가 레드삭스와 양키스에는 팀의 모든 수준에 걸쳐 뛰어난 야구인들로 가득 차 있었다.

매년 우승을 하겠다는 현실적인 열망을 갖고 있는 두 팀과 맞서야만 하는 레이스, 블루제이스, 오리올스는 그 어떤 북미 스포츠 팀보다 더 치열한 경쟁 상황으로 내몰리고 있다. SI닷컴뿐만 아니라 세이브메트릭스 전문 사이트인 〈베이스볼 애널리틱스〉 필자로 활동하고 있는 스카이 앤드레첵은 시장 규모와 구단주의 투자 의향을 비롯한 요소들을 토대로 30개 메이저리그 구단을 분석했다.

앤드레첵은 30개 메이저리그 구단 모두 현재 뛰고 있는 선수들이 하나도 없다는 가정 하에 분석을 시작했다. 프런트 오피스와 다른 관련 요소들의 수준도 고려하지 않았다. 앤드레첵의 시뮬레이션에 따르면, 양키스는 10번 중 6번 플레이오프에 진출하는 것으로 나왔다. 방대한 자원과 지난 40년 동안 기꺼이 지갑을 열었던 스타인브레너 가족 덕분이었다. 뉴욕과 보스턴에 자리 잡고 있는 거대한 두 팀과 맞서고 있는 데다가 토론토보다 연고지 시장 규모가 작으면서, 볼티모어보다 더 짠돌이 구단주를 보유하고 있는 레이스는 플레이오프 진출 확률이 가장 낮은 팀으로 나왔다. 앤드레첵의 모델에 따르면 이론적으로 볼 때 레이스 팀은 포스트시즌 진출 확률이 7%에 불과했다.

양키스가 갖고 있는 여러 가지 경쟁우위는 레이스에게는 경쟁하고 승리하는 데 장애물로 작용했다. 탬파베이의 몇 배에 달하는 연봉 총액을 지불한다는 점은 양키스와 다른 팀들 간의 격차를 보여주는 징후일 따름이다. 〈포브스〉는 매년 '야구 비즈니스(The Business of Baseball)'란 보고서를 통해 메이저리그 팀의 프랜차이즈 가치, 매출, 그리고 영업 이익을 분석한다. 2010년 보고서에 따르면 양키스는 4억 4,100만 달러 매출을 올렸으며, 메츠가 2억 6,800만 달러로 2위에 랭크됐다. 레이스는 1억 5,600만 달러로 26위에 머물렀다. 양키스는 또 프랜차이즈 가치가 16억 달러로 1위를 기록했고, 레드삭스가 8억 7,000만 달러로 2위를 기록했다. 레이스는 3억 1,600만 달러로 28위에 랭크됐다. 같은 지구에 있는 팀에 비해 매출은 3분의 1 수준이며, 프랜차이즈 가치는 5분의 1 수준이다.

경기를 하기 전부터 양키스는 이미 다른 팀들에 비해 엄청난 강점을 갖고 있다. 가장 큰 시장에서 경기를 하는데다 가장 화려한 브랜드명을 갖고 있기 때문이다. 뉴욕 대도시 지역에 1900만 명 이상의 사람들이 살고 있기 때문에 양키스는 다른 어떤 팀보다 방대한 고객 기반을 갖고 있어서 경기장을 가득 채우는 것이 한결 수월하다. 수요가 더 많다는 것은 그만큼 입장권 가격이 더 비싸다는 것을 의미한다. 2009년 새롭게 개장한 양키 스타디움은 입장 수요를 확장시켰으며, 입장권 가격을 훨씬 더 인상했다. 양키스는 2009년 한 해 동안 입장 수입만 3억 1,900만 달러를 벌어들였다. 그 해 레이스가 모든 자원들을 동원해 벌어들인 전체 매출의 두 배를 웃돌았다.

지터, A-로드를 비롯한 슈퍼스타들이 스테이튼 아일랜드의 쓰레기 처리장에서 홈경기를 한다고 하더라도 양키스의 매출 흐름은 레이스보다 월등히 앞설 것이다. 양키스 엔터테인먼트 앤드 스포츠 네트워크(YES) 때문이다. 야구 역사가 시작된 이래 첫 100여 년 동안 팀들은 티켓 판매, 장내 매점, 그리고 관련 아이템을 통해 거의 모든 매출을 올렸다. 야구가 계속 성장하면서 TBS와 WGN 같은 슈퍼 스테이션[1]들이 새로운 매출원을 만들긴 했지만, 대부분의 팀들은 여전히 제한된 방식으로 돈을 벌어들이고 있었다. 양키스는 케이블 방송사들과 연이어 계약을 성사시키면서 지역 스포츠 네트워크(RSN) 권리를 찾아 나섰다. 양키스와 NBA의 뉴저지 네츠가 조인트 벤처를 만든 지 3년 만인 2002년에 두 팀은 YES 네트워크를 공동 설립했다. 3년 뒤 YES 네트워크는 미국에서 가장 많은 시청자를 보유한 RSN이 됐다. 굉장한 성공 가도를 달리고 있는 뉴잉글랜드 스포츠 네트워크(NESN)도 레드삭스의 프랜차이즈 가치뿐만 아니라 전체 실적을 엄청나게 끌어올렸다.

양키스와 레드삭스 두 팀이 매년 RSN을 통해 어느 정도 매출을 올리는지는 분명치 않다. YES는 2009년에 양키스에 8,400만 달러의 권리금을 지불했다. 그 제휴는 또 1,000만 달러 이상의 배당권을 만들어냈다. 하지만 양키스는 보고된 것보다 훨씬 더 많이 벌어들였을 것이다. 기술적으로는 양키스가 YES의 소유주는 아니다. 양키스 모회사인 양키 글로벌 엔터프라이즈가 지분을 갖고 있다. 양키스는 매출을 갖고 야바위 게임을 하고, 자기들이 벌어들인 것을 축소 보고하는 유일한 스포츠 프랜차이즈는 아닐 것이다.

"RSN들은 메이저리그 팀 간의 모든 불균형을 만들어내는 첫 번째 요소입니다." 뉴욕 메츠의 샌디 올더슨 단장이 말했다. 빌리 빈이 오클랜드의 단장에 취임하기 전 올더슨은 빡빡한 예산으로 오클랜드 팀을 운영했다. 당시 그는 부자 구단들과 경쟁하기 위해 혁신적인 방법을 꿈꿨다. 1990년에 오클랜드는 2,300만 달러를 살짝 밑도는 연봉으로 레드삭스와 캔자스시티 로열스의 뒤를 이어 메이저리그 연봉 총액 3위를 기록했다. "그때가 변곡점이었습니다. 그때부터 연봉 총액 불일치 현상

---

**1** 지역 독점적인 TV 방송국이 국내 위성을 이용해 전 지역의 다른 케이블방송사에 프로그램을 공급하는 새로운 서비스를 말한다.

이 심화되기 시작했습니다." 연봉 격차가 커지면서 몇몇 스몰마켓 팀들은 적자 운영을 하기 시작했다. 이런 상황에 처한 팀들은 대부분 전략이란 것이 작동하지 않았다. "그래서 그들은 이런 식으로 말하기 시작했습니다. '더 많은 매출을 자랑하는 팀들과 경쟁하기 위해 돈을 낭비하는 일은 하지 않는다'라고요."

메이저리그는 부자 구단과 가난한 구단 간의 불균형 현상을 막기 위한 조치를 취했다. 양키스와 레드삭스가 경쟁자들을 압박하는 것을 방지하기 위해 부유세뿐만 아니라 매출 공유 정책을 좀 더 강력하게 시행했다.

미시건대학 스포츠 경영 담당 교수인 로드 포트는 야구계의 공유 노력을 세 시기로 나눠서 분석했다. 메이저리그는 1995년까지는 입장 수입만 나눴다. 홈팀이 전체 수입의 80%를 가져가고, 나머지 20%는 원정팀에게 분배했다. 1996년부터 2001년까지는 스트레이트 풀(straight pool)과 고정 풀(fixed pool)로 구성된 매출 공유정책을 시행했다. 〈베이스볼 프로스펙터스〉에서 활동한 작가로 나중에 레이스의 컨설턴트가 된 숀 호프먼이 설명한 것처럼, 스트레이트 풀 매출은 각 팀의 순수 지역 매출(전체 지역 매출에서 경기장 운영 자금을 뺀 것)에 31%의 세금을 물려서 모은 것이다. 메이저리그는 고정 풀을 위해 각 팀의 전국 단위 매출에서 일정액을 뗀 뒤 30개 팀 전부에 불균등 분배한다. 스몰 마켓 팀들은 더 많이 가져가고, 빅마켓 팀은 조금 가져간다. 메이저리그는 2002년에는 경쟁균형세(부유세)를 추가했다. 그리고 뉴미디어를 포함한 새로운 매출원들을 포함시켰다.

2009년에 양키스는 매출 공유 프로그램에 따라 1억 달러가 훨씬 넘는 돈을 지불했고 반대로 레이스는 약 3,000만 달러를 받았다. 30개 팀은 전국 TV, MLB 어드밴스트 미디어를 비롯한 다른 수익원들로부터 생성된 좀 더 많은 매출들을 나눈다. 이때도 매출이 더 적은 팀이 더 많이 가져가는 불균형 분배 방식을 적용한다. 양키스는 또 혼자서 부유세의 거의 대부분을 내고 있다. 2009년에만 260만 달러를 냈으며, 2003년부터 2009년까지 전체 부유세 1억 900만 달러 중 1억 7,400만 달러를 혼자서 물어냈다. 어떤 추산에 따르면 레이스는 2009년에 손가락 하나 까딱하지 않고 약 7,000만~8,000만 달러가량을 받았다. 반면 양키스는 수억 달러를 토해냈다.

엄청난 규모처럼 보이는 자금 재분배 정책도 큰 영향을 미치지는 못했다. 〈포브스〉에 따르면 2009년에 양키스가 레이스 매출의 거의 3배를 벌어들였는데, 그 수치에는 이미 매출 공유가 포함돼 있다. 그리고 그 수치는 YES 네트워크가 기업공개(IPO)를 통해 엄청난 돈을 벌어들일 가능성이 있다는 것은 반영하지도 않았다. "매출 공유를 통해 불균형 현상을 개선할 방법은 없습니다. 아메리칸리그에선 그 격차가 더 커질 따름입니다." 포트가 말했다. "왜 그럴까 자문해봤습니다. 답은 빤합니다. 그들은 핀스트라이프를 입고, 매일 우리 얼굴을 주시하고 있기 때문입니다. 양키스 매출은 그냥 경기장을 덮고 있습니다. 매출 공유로는 그것을 막을 수 없습니다. 사치세는 그런 불균형 현상이 얼마나 더 심화되고 있는지 보여주는 지표일 뿐입니다."

매출 공유가 생각만큼 도움이 되지 않는 또 다른 이유가 있다. 가난한 팀들이 더 많은 경기에서 승리하기 시작하는 순간 매출 공유 혜택이 줄어들기 때문이다. 레이스 같은 팀에게 이런 것들은 미묘한 상황을 만들어낸다. 2008년부터 더 많이 승리하게 됨에 따라 리그에서 받는 돈은 더 적어졌다. 야구 역사상 최악의 팀 중 하나가 최고 팀 중 하나로 탈바꿈하게 되면 이론상으로는 매출도 엄청나게 늘어나야 한다. 하지만 좋지 못한 위치에 자리 잡고 있는 데다 낙후된 경기장을 비롯한 다른 여러 요인들이 복합적으로 작용하면서 탬파베이는 성적이 향상되었음에도 불구하고 기대만큼 관중이 증가하지 않았다. 2008년에 관중이 폭발적으로 증가하고, 2009년도 조금 늘어나는 듯했지만 2010년에는 다시 줄었다. 따라서 레이스는 자신들의 성공을 지속하려고 노력하는 과정에서 혹독한 도전에 직면하게 될 것이다. 시장 크기 차이를 설명하면서도 경기장에서 성공할 수 있는 유인을 줄 수 있는 매출 공유 방식이 필요한 이유다.

그런 부분을 논외로 한다면, 매출 불균형 문제의 가장 좋은 해결 방법은 시장 규모의 이점을 없애버리는 것이라고 포트를 비롯한 여러 전문가들은 말했다. 뉴욕 인근 지역에 세 팀(예를 들면 브룩클린에 한 팀, 뉴저지에 한 팀, 그리고 코네티컷에 한 팀)을 추가하면 좀 더 균형에 가까운 경쟁 상태를 만들 수 있을 것이다. 그리고 뉴잉글랜드에 한두 팀, 로스앤젤레스에 한 팀을 추가하라. 이론상으로는 이것이 실질적인 해결책이다. 실제 30개 구단이 서로 미묘한 경쟁 균형 관계를 유지하면서 수익을 내려고 노력하고 있다. 만약 커미셔너가 좀 더 부유한 팀들의 경쟁 우위를 해체하기 위해 공격적인 조치를 취할 경우, 그 팀들이 프랜차이즈 가치를 엄청나게 높이기 위해서 쏟아 붓는 각종 노력들은 헛수고가 된다. 그럴 경우에는 소송이 뒤따르면서 10여 명의 변호사들이 자가용 제트기를 보유할 수 있을 정도로 많은 돈을 벌게 될 것이다.

하지만 그런 제재 조치가 없다면 양키스와 레드삭스는 레이스, 제이스, 그리고 오리올스에 비해 엄청난 경쟁우위를 누리게 된다. 그들은 좀 더 강력한 실력을 가진 선수들로 구성돼 있으며 더 강한 능력을 가진 자유계약 선수를 끌어들일 수도 있다. 2009년 시즌에 마르코 스쿠타로와 애드리언 벨트레가 자유 경쟁 시장에 나왔을 때 오클랜드는 두 선수 모두에게 3년 계약을 제안했다. 하지만 스쿠타로와 벨트레는 오클랜드의 제안을 그냥 넘겨버렸고 각각 오클랜드의 제안에 비해 덜 매력적인 2년, 1년 계약을 레드삭스와 체결했다. 월드시리즈 우승을 다툴 좀 더 나은 기회를 갖기 위해서였다.

양키스와 레드삭스는 자신들의 거대한 재정적 이점을 활용하는 좀 더 정교한 방법도 알아냈다. 그들은 클 수도 있는 위험을 떠안을 수 있으며, 실패했을 때는 쉽게 그것을 상쇄해버릴 수 있다. 양키스는 2004년 시즌 종료 뒤 칼 파바노가 4년간 400만 달러 규모의 계약을 할 때 부상 경력이 있다는 사실을 그냥 넘겨버렸다. 계약 기간 동안 파바노는 26게임에 선발 출장했으며, 고작 9승만 올렸을 뿐이었다. 어쨌든 뉴욕은 파바노와의 계약 기간 4년 동안 3번 플레이오프에 진출했다. 레드삭스는 2009년 존 스몰츠와 브래드 페니 두 선수에게 1,050만 달러를 안겨줬다. 각각 나이와 부상 걱정이란 위험 부담을 안고 있는 그들에게 도박을 한 것이다. 두 선수 모두 잘 풀리지 않았다. 그러자 보스턴은 그해 8월에 두 선수 모두를 풀어줬다. 그럼에도 불구하고 보스턴은 여전히 포스트시즌에 진출했다.

아마추어 드래프트에서 두 팀이 움직이는 방식은 훨씬 더 악랄하다. 원래 드래프트는 가장 성적이 좋지 못한 팀에게 고졸 및 대졸 선수들 중 가장 뛰어난 선수를 먼저 뽑을 수 있는 권리를 부여하면서 동시에 구단주들의 돈을 절약하는 수단으로 마련된 것이다. 하지만 아마추어 유망주들의 계약금이 치솟기 시작하면서 매출 규모가 적은 팀들은 계약금을 듬뿍 안겨주는 데 어려움을 겪기 시작했다. 사무국이 지나치게 많은 계약금을 지불하는 팀을 징계하겠다고 위협하기 시작하면서 재무 구조가 약한 팀은 최고 선수들에게 거액을 안겨주는 모험 또한 꺼리게 됐다. 양키스와 레드삭스는 이런 상황을 최대한 활용했다. 이들은 드래프트 할 때마다 25명 이상의 엘리트 유망주들을 낚아챈 뒤 메이저리그가 추천한 '할당 가격'보다 훨씬 많은 금액을 안겨준다. 같은 선상에서 부자 구단들은 특급 외국 선수들을 스카우트하는 데도 열성적으로 나서고 있다. 가난한 구단들에게 대등한 경쟁 상황을 만들어주기 위해 마련된 게임의 규칙(드래프트한 뒤 계약하고, 자유계약 시장에서 엄청난 돈을 지출하는 것을 피하기 위해 자체적으로 선수들을 키워내는 것)이 양키스가 레드삭스가 주변의 가난한 경쟁자들을 밀어내는 또 다른 기회가 되어버린 셈이다.

"드래프트와 외국 선수 시장은 이제 더 이상 당초 계획했던 대로 유망주를 골고루 배분하는 역할을 하지 못하고 있습니다." 오클랜드의 부단장인 데이비드 프로스트가 지적했다. "드래프트에서 우리보다 두세 배가량 많은 예산을 쓰는 구단들이 있습니다. 우리가 쓸 수 있는 것보다 훨씬 많은 돈을 쓸 능력이 있는데 드래프트 제도가 무슨 도움이 될 수 있겠습니까?"

그뿐이 아니다. 메이저리그는 자유계약 시점에 다다른 선수들에게 다양한 가치를 부여하는 규칙을 고안했다. 이를 테면 다년계약의 마지막 해에 다다른 선수들을 더 이상 보유할 능력이 안 되는 팀들에게는 보상으로 드래프트 상위 지명권을 할당해주는 등의 방식이었다. 그런데 의도하지 않았던 결과들이 나타났다. 좀 더 가난한 구단들이 자유계약 시점이 임박한 선수들을 트레이드 해버리기 시작한 것이다. 그것도 주로 경쟁 팀들에게 트레이드하곤 했다. 이런 추세 덕분에 양키스와 레드삭스 같은 팀들은 드래프트를 통해 재능이 뛰어난 선수들을 더 많이 잡을 수 있게 됐다. 그리고 이들을 스타급 선수로 키워내거나, 몸값 높은 노장 선수들과 맞바꿀 수 있었다. 강한 팀은 더 강해지고, 약한 팀은 더 약해진 것이다.

그럼으로써 양키스와 레드삭스는 야구에서 성공의 지표로 꼽히는 두 가지 목표를 모두 달성할 수 있었다. 즉, 지금도 승리하고, 앞으로도 계속 승리하는 것. 메이저리그의 첫 파업 이후 1995년부터 2010년까지 양키스는 16번 중 15번이나 플레이오프에 진출했다. 레드삭스는 9번 진출했다. 이 기간 동안 두 팀이 합해서 모두 7번이나 월드시리즈 우승을 차지했다. 두 팀이 같은 지구에서 뛰고 있기 때문에 둘 중 한 팀은 아메리칸리그 와일드카드 1위를 차지해야 하는 부담감을 안고 있는 가운데서도 일궈낸 성적이다. 가용 자원이 엄청나게 많은 데다 뛰어난 경영진이 팀을 이끌고 있기 때문에, 두 팀은 당장 경기에서 이길 수 있도록 만들어줄 수 있는 노장 선수들을 모으는 한편, 장기적으로도 강한 전력을 유지할 수 있도록 드래프트와 해외 시장에 투자할 수 있다. 레이스, 블루제이스, 오리올스 같은 팀들이 그런 일을 할 수 있겠는가?

토론토 블루제이스의 전 단장인 J. P. 리키아디는 이에 대해 부정적 견해를 나타냈다. 2006년부터 2008년까지 블루제이스는 매 시즌 평균 85승 이상을 거뒀다. 2008년 시즌 성적을 내셔널리그 서부지구에 갖다 놓거나, 2006년 성적을 내셔널리그 중부지구에 적용할 경우에는 지구 우승을 차지할 수 있다. 이런 가정은 지옥 같은 아메리칸리그 동부지구에서 그들이 직면했던 불균형한 경기 일정을 감안하지 않은 것이다. 제이스는 그 3년 동안 아마도 꽤 많은 승리 기회를 놓쳤을 것이다. "단순히 플레이오프에 진출하는 것만으로 훌륭한 팀이 될 수는 없습니다. 위대한 팀이 되어야 합니다. 탬파베이나 블루제이스가 그 지점에 다다를 수 없다는 의미가 아닙니다. 설사 한 두 번 플레이오프에 진출할 수는 있겠지만, 몇 년 동안 계속 오르긴 힘들 겁니다. 동부지구에 자리 잡고 있는 거대한 괴물들 때문이죠."

현재 타이거즈 단장을 맡고 있는 데이브 돔브로우스키가 1988년 31살에 엑스포스 단장이 됐을 때는 메이저리그 최연소 단장이었다. 스포츠 구단의 어떤 단장도 돔브로우스키가 했던 것처럼 밑에서부터 승리하는 팀을 만들어내는 일을 성공적으로 해낼 수는 없다. "만약 볼티모어, 탬파베이, 혹은 토론토에 몸담고 있다면 여러분이 하려는 일의 지름길은 없다는 사실을 깨닫게 될 겁니다." 그는 계속 말을 이었다. "잘하길 원한다면, 기초를 다진 뒤 서두르지 않는 것이 좋습니다. 매년 경쟁을 해야만 하기 때문입니다. 우리가 할 수 있는 일은 이 과정을 최대한 단축하고 속도를 내는 겁니다. 이기려고 노력하면서도 팀을 건설하는 것이지요. 아메리칸리그 동부지구에서는 그게 힘듭니다. 아마도 그 일을 해낼 수 없을 겁니다."

레이스에게 불리한 여러 가능성들이 계속 쌓여감에 따라 어떤 실수건 한 번 저지르면 그 파급 효과가 커질 수밖에 없다. 2008년 페넌트 레이스 우승을 차지한 뒤 클리프 플로이드가 팀을 떠나자 탬파베이는 새로운 지명타자 물색에 나섰다. 레이스는 바비 어브레이유에게 2년 계약을 제안했다. 다른 어떤 팀이 내민 계약보다 좋은 조건이었다. 하지만 어브레이유는 에인절스와 1년간 500만 달러 계약에 합의했다. 그들은 애덤 던과 계약을 추진했다. 하지만 던은 레이스보다 상태가 훨씬 안 좋은 팀인 내셔널스에 빼앗겼다. 게다가 내셔널스가 제안한 조건도 레이스와 비슷한 2년 계약이었다.

몇 주 동안 계속 찾고 협상하는 과정을 거듭한 끝에 레이스는 마침 내 필리스에서 오랜 기간 외야수로 활약해 온 팻 버렐과 계약했다. 계 약 조건은 2년간 1,600만 달러였다. 하지만 이 계약은 시작부터 재앙을 몰고 왔다. 앞선 네 시즌 동안 평균 31홈런에 103개의 볼넷을 기록했던 버렐은 레이스에 오자마자 파워와 출루율이 급격하게 떨어졌다. 탬파 베이에 온 첫 시즌에 겨우 122경기에 출전한 버렐은 홈런 14개에 볼넷 은 57개만 얻어냈다. 타율은 2할2푼1리로 곤두박질쳤다.

버렐의 문제점이 뭔지 아는 사람은 아무도 없었다. 목 통증을 비롯 해 계속되는 부상이 나쁜 영향을 미쳤다. 경쟁이 치열한 아메리칸리그 동부지구에서 뛰다 보니 버렐이 압박감을 느끼고 있는 것 아니냐는 비 판도 쏟아졌다. 더 강력한 타자들이 많이 있는 곳에서 위축되거나, 심 지어 처음으로 지명 타자로 뛰면서 기가 죽은 것 아니냐는 분석도 나 왔다. 이유가 뭐든 간에 버렐은 이듬해에는 더 안 좋은 성적을 기록했 다. 2010년에 버렐은 24게임만 뛰고 트레이드 될 때까지 타율 2할2리, 출루율 2할9푼2리에 홈런 2개만 기록했다. 버렐은 거의 공짜나 다름없 는 헐값에 자이언츠로 옮겼다. 그러나 버렐은 자이언츠가 플레이오프 에 진출하는 데 중요한 공헌을 했다. 결국 그 해 자이언츠는 월드시리 즈 우승을 차지했다.

제대로 공헌하지 못하는 선수에게 1,600만 달러를 쏟아 부은 후유 증은 컸다. 레이스는 2010년 트레이드 마감시한에 몸값 높고 재능 있 는 선수들은 그냥 지나칠 수밖에 없었다. 그들은 시즌이 끝난 뒤 연봉 총액을 줄일 계획이라고 미리 선언했다. 1,600만 달러를 날려버리면서 긴축 재정을 펼침에 따라 자체 육성한 선수들과 장기 계약을 체결하거 나, 드래프트에서 유망주들에게 거액을 안겨줄 수 없게 됐다.

냉소적인 사람들은 어쨌든 레이스가 계약할 선수가 더 적었다고 지적할지도 모른다. 2009년 드래프트에서 1, 2번으로 지명한 르본 워싱턴과 케니 디크뢰거는 레이스와 계약하는 대신 대학 야구에서 뛰는 쪽을 택했다. 워싱턴과 디크뢰거가 얼마나 훌륭한 선수가 될지, 아니면 메이저리그 무대에 제대로 설 수나 있을지는 몇 년이 지난 뒤에나 판가름 날 것이다. 레이스는 2010년에 두 개의 보상 픽을 받아서, 그럭저럭 괜찮은 편이었다. 하지만 제대로 때려내지 못하는 타자에게 수백만 달러를 안겨준 뒤 드래프트 상위 선수를 날려버리는 것은 레이스처럼 매출 규모가 작은 팀이 강력한 경쟁자들과의 격차를 줄이려는 노력을 헛수고로 만들 수 있다. 지금 당장은 그렇지 않더라도, 언젠가는 그런 부작용이 나타날 수 있다.

"한 번 계약을 잘못 하면 몇 년 동안 여러분을 괴롭힐 수 있습니다." 애슬레틱스의 포스트 부단장이 말했다. 그도 알 것이다. 오클랜드는 2004년 3월에 떠오르는 스타였던 에릭 차베스와 6년간 6,600만 달러 규모 계약을 체결했다. 차베스는 여러 번에 걸친 어깨 수술을 받았으며, 그때마다 몇 개월씩 출전 선수 명단에서 빠졌다. 결국 차베스의 타격과 송구 능력은 계속 떨어졌으며, 덕분에 애슬레틱스는 온갖 걱정거리만 떠안게 됐다. 오클랜드는 2001년 시즌이 끝난 뒤 제이슨 지암비에게 6년간 9,000만 달러 계약을 제안했다. 2000년 시즌 MVP를 차지했던 지암비는 2001시즌에도 MVP 투표에서 2위에 랭크된 스타였다. 하지만 양키스가 오클랜드보다 더 많은 돈을 내밀었다. 계약 기간 7년에 총 1억 200만 달러란 조건으로 지암비를 낚아채 간 것이다.

포스트는 이렇게 말했다. "그 정도면 지암비에게 적당한 계약이라고 생각했습니다. 하지만 그때 지암비에게 제안을 하면서 이런 생각도 했습니다. '만약 이번 계약을 성사시킨 뒤 기대에 빗나가게 되면 향후 6년을 완전히 망쳐버릴 수도 있다'고요." 양키스와 7년간 1억 2,000만 달러 계약을 체결한 지암비는 2년 동안 심각한 부상에 시달렸다. 양키스는 또 칼 파바노와 케빈 브라운 역시 거액을 챙긴 뒤 개털이 되는 상황을 지켜봐야만 했다. 하지만 양키스는 이런 일에 큰 타격을 받지는 않았다.

제드 호이어는 처음에는 부유한 레드삭스 팀의 부단장, 그 다음에는 스몰 마켓팀인 샌디에이고의 단장을 맡았다. 아메리칸리그 동부지구에서 플레이오프에 진출하기 위해선 반드시 95승은 올려야만 한다고 그가 말했다. 이런 환경 때문에 레이스는(블루제이스와 오리올스도) 어떤 일을 할 때마다 늘 목표를 더 높게 잡아야만 했다. 스카우트와 드래프트, 그리고 선수 육성에 좀 더 공격적인 투자를 해야 했다. 또 프런트 오피스와 경기장 모두에 좀 더 선진적인 분석 툴을 이용하고, 사려 깊은 경영 스타일을 도입하는 데도 적극 나서야만 했다. 패배에 절은 10년 동안 레이스가 그랬듯이, 오랜 기간에 걸쳐 천천히 구축해나가는 것만이 이런 일을 올바로 처리하는 유일한 방법이었다.

그는 이렇게 말했다. "스몰 마켓 팀을 만들 때 레이스보다 더 잘할 수는 없을 겁니다. 그들은 당장 구멍을 메우기 위해 달려들지 않았습니다. 그들은 평균 자책점이 가장 높은 불펜을 가진 팀을 보면서도 이렇게 말했습니다. '이걸 왜 바로잡아야 하지?' 67승을 거두는 팀을 70승이나 75승을 하도록 만들기 위해 구멍을 메우는 것은 의미가 없습니다."

패배를 못 견뎌하는 구단주를 위해 일하는 것이 아니라면, 구멍을 메우는 것은 의미가 없다. 혹은 패배를 원치 않는 팬이나, 당신을 산채로 잡아먹으려고 달려드는 미디어를 의식해서 일하는 것이 아니라면 말이다.

아메리칸리그 동부지구 상위 세 팀이 뛰어난 실력을 보이면서 레이스는 뉴욕과 보스턴에 있는 좀 더 부유한 구단과 라이벌 관계로 떠올랐다. 하지만 가진 팀과 가지지 못한 팀의 대결 구도는 알력의 원인이 되기도 했다. 대부분의 경우 앤드류 프리드먼을 비롯한 레이스의 프런트 오피스는 제한된 가용 자원 같은 주요 이슈에 대한 걱정 없이 자신들의 일을 수행했다. 마치 브라이언 캐시맨과 양키스, 그리고 테오 엡스타인과 레드삭스가 일상적인 업무를 하는 것과 같은 방식으로 일을 했던 것이다. 그러나 레이스 팀에 몸담고 있다면, 좀 더 많은 돈이 있으면 좋겠단 바람을 갖기 쉽다. 이들은 건전한 라이벌 관계를 형성했다고 많은 사람들이 평가했다. 각자 다른 팀이 수행하는 좀 더 고차원의 의사결정 방식에 근접하기 위한 동기부여가 됐던 것이다.

그러나 구단주들은 달랐다. 레이스와 레드삭스가 관계될 경우에는 특히 더 그랬다. 존 헨리와 스튜어트 스턴버그는 모두 월스트리트 출신이다. 월스트리트는 다양한 투자 전략을 갖고 있으며 엄청나게 넓은 곳이다. 돈을 버는 방식이 다르기 때문에 어떤 사람이 다른 사람의 노력을 경멸하기도 한다.

존 헨리는 선물거래로 돈을 벌었다. 젊은 시절 선물 중개상으로 시작해 나중에 투자 관리회사인 존 W. 헨리&컴퍼니를 설립한 헨리는 기민하게 사고하고, 진위를 알 수 없다고 생각하는 불가지론적 사고가 얼마나 중요한지 배웠다. 그의 세계에서는 엄청난 곡물이나 콩의 진짜 가치가 어느 정도인지는 문제가 되지 않았다. 중요한 것은 어떤 흐름이 주도하느냐는 점이다. 시장 상황에 따라 그가 선택하는 전략이 달라졌다. 헨리의 세계에서는 시장이 늘 옳다.

한편 스턴버그는 장기적인 관점을 견지한다. 골드만삭스에 있을 때나 나중에 자기 벤처를 설립했을 때, 스턴버그는 자산의 고유 가치를 배우기 위해 최선을 다했다. 합병 작업을 할 때는 두 회사 운영에 대해 숙고한 뒤 이용할 수 있는 시너지 효과와 버려야 할 부차적인 것들을 가려내는 작업을 파고들었다. 특정 회사에 대해 조사할 때면 공급망의 세세한 부분과 경영팀의 스타급 인력, 라이벌 기업의 자그마한 틈새까지 모두 고려했다. 그는 장기 투자의 이상적인 가치를 추구했다. 수년간에 걸쳐 많은 이익을 창출할 수 있는 투자전략이었던 셈이다. 스턴버그의 세계에서 시장은 종종 잘못되는 경우가 있다. 그걸 잘 이용하는 것이 그의 일이다.

이런 접근 방식은 태생적으로 서로 대립한다. 성공적인 선물투자자는 재빠른 전략 실행을 통해 많은 수익을 낸다. 따라서 그는 뜬 구름 같은 먼 목표를 위해 고된 조사 작업을 하느라 시간을 허비하는 사람들을 보면 의아하게 생각한다. 성공적인 장기 투자자는 고된 작업 끝에 숨겨진 보석을 찾아낸 데 대해 자랑스럽게 생각한다. 그의 관점에서는 선물 투자자의 전략에는 뛰어난 기술이나 우아한 기품이 없다.

이렇게 서로 다른 배경을 갖고 있다고 해서 모두 치열하게 싸우는 것은 아니다. 하지만 이런 두 사람이 서로 배타적인 메이저리그 구단주로 합류할 경우에는 경쟁심이 들끓기 시작한다. 굉장히 다른 매출 구조를 갖고 있는 두 팀이 같은 지구에 소속돼 경기를 벌이면서 라이벌 관계가 서서히 달아오르기 시작했다. 그리고 2008년에 마침내 레이스가 레드삭스를 넘어섰을 때 최고조에 달했다.

두 팀 사이의 갈등은 2005년에 처음 나타났다. 그때는 스턴버그가 나이몰리로부터 구단 매입 작업을 끝내고 경영 파트너 역할을 맡기도 전이었다. 그 해 아마추어 드래프트 3라운드에서 데블레이스는 브라이언 모리스라는 고졸 투수를 선발했다. 테네시 출신으로 거구를 자랑했던 모리스는 3라운드 선발 선수 계약금 상한선을 웃도는 돈을 지불해야 한다는 평가를 받을 정도로 뛰어난 재능을 인정받았다. 탬파베이는 모리스를 선발하기 위해 계약금을 마련했다. 하지만 데블레이스 매각과 소유권 이전 절차가 지연되면서 스턴버그는 마음을 바꿔 먹었다. 메이저리그 사무국을 자극하지 않기 위해 모리스와 계약하지 않기로 한 것이다. 탬파베이는 그냥 지나쳤다. 그리고 모리스는 이듬 해 드래프트에 다시 나왔다. 결국 다저스가 1라운드 선발권으로 그를 낚아챘다. 스턴버그는 그 무렵 헨리와 레드삭스가 몇 해 동안 몇몇 선수들에게 과도하게 계약금을 지불하자 사기를 당하는 기분이었다. 왜 부자 구단은 더 부자가 되어야만 하는가?

탬파베이가 2006년 드래프트 4라운드에서 오른손 선수인(보스턴의 고등학교 출신) 알렉스 콥을 뽑자, 스턴버그는 그와 계약을 체결할 수 있도록 재빨리 할당금액을 웃도는 돈을 승인했다. 메이저리그 사무국이 심하게 힐책했지만, 스턴버그는 신경 쓰지 않았다. 또 다시 지나치게 조심스럽게 접근하다가 목표물을 빼앗기고 싶지 않았던 것이다.

헨리와 레드삭스에 대한 스턴버그의 경멸은 2006~2007년 오프 시즌에 폭발했다. 그 해 겨울에 레드삭스는 여러 경쟁 구단을 제치고 일본 출신 스타 투수인 마쓰자카 다이스케와의 우선 협상권을 따냈다. 당시 보스턴은 마쓰자카 이적료로만 세이부 라이온즈에 5,110만 달러라는 엄청난 금액을 지불했다. 여기에다 마쓰자카가 보스턴에서 6년 동안 뛰는 대가로 5,200만 달러를 지불했다. 마쓰자카가 메이저리그에서 한 번도 뛰어본 경험이 없다는 사실을 차치하더라도, 레이스는 어떤 선수건 한 선수에게 1억 달러가 넘는 돈을 지불할 능력이 없다.

메이저리그 구단주 중 매출 불균형 문제에 대해 헨리보다 더 상반되는 감정을 표현한 인물은 없었다. 헨리는 매출 규모가 작은 플로리다 말린스 구단주로 재임할 당시 자신의 방식을 밀고 나가려면 더 많은 자금이 필요하다고 호소했다. 그렇게 해야 매출 규모가 작은 말린스 같은 팀이 경쟁자들을 따라잡을 수 있다는 것이었다. 헨리는 3년 동안 말린스를 이끈 뒤 레드삭스 소유권을 획득하면서 보스턴에 안착했다. 메이저리그 사무국이 당시 다른 응찰자들이 훨씬 많은 금액을 제안했음에도 불구하고 말린스 소유권을 몬트리올 엑스포스 구단주인 제프레이 로리아에게 넘기는 대신 헨리와 파트너들에게 레드삭스 소유권을 주는 정교한 계획을 성사시킨 덕분이었다. 이 거래 이후 엑스포스는 (2년 뒤 워싱턴 DC 그룹에) 프랜차이즈를 매각해 수지맞는 장사를 할 때까지 메이저리그의 극빈자 수용소가 됐다. 야구계의 가장 화려한 프랜차이즈 팀에 대한 통제권을 갖게 되자마자 헨리는 갑자기 팀의 매출을 배분하는 방식에 대해 불편한 감정을 드러내기 시작했다.

그는 2009년 NESN의 톰 캐런과 인터뷰에서 다음과 같이 말했다. 이 발언은 매출 공유와 관련한 헨리의 공식 발언 중 하나다. "사람들은 내가 매출 공유에 대해 반대한다고 생각하는 것 같아요. 하지만 사실이 아닙니다. 내가 말하고자 하는 것은 자산을 넘기는 문제와 관련해선 한도가 있어야만 한다는 겁니다. 그리고 모든 구단들이 자기 팀에 투자하는 데 대한 유인이 있어야만 한다는 것입니다." 캐런은 헨리에게 2008년 시즌 레이스의 아메리칸리그 페넌트레이스 우승에 대해 질문한 뒤 야구에서 매출 규모가 작은 구단의 실력이 향상되어서 덩치 큰 팀을 누르는 것에 대해 물었다. 헨리는 레이스 프런트 오피스의 노력에 대해 우아하게 칭찬했다. "탬파베이가 완전히 다른 팀으로 변신한 것은 구단 전체를 운영하는 탁월한 경영 팀 때문입니다."

하지만 레이스가 레드삭스를 물리치고 챔피언 자리를 지키려고 노력하는 모습을 본 뒤에는 반응이 달라졌다. 그것도 팀 연봉총액이 자신들의 3분의 1에도 못 미칠 뿐 아니라 팬 규모와 미디어에 노출되는 정도도 빈약하고 역사가 일천하며 상당 부분 자기 주머니에서 빠져나간 매출 재분배 혜택을 받은 구단이 우승하는 모습을 본 뒤에는 완전히 달라졌다. 헨리는 약간 비꼬면서 말했다. "그것은 또한 매출 공유 정책의 승리이기도 하지요."

야구계는 수십 년 동안 양키스가 게임을 지배하는 모습을 지켜봐왔다. 아메리칸리그 동부지구의 다른 팀들은 잠깐씩 거대한 악의 제국 양키스에 승리하는 순간을 가졌을 따름이다. 최근 15년 중 대부분의 기간 동안 레드삭스 역시 야구 왕국의 한 축을 형성했다. 두 팀은 동부지구를 지배하면서 독설을 주고받고, 팬들을 위해 상대를 화나게 했다. 두 팀은 이렇게 경쟁하면서 항상 새로운 논쟁거리를 필요로 하는 칼럼니스트들에게 일용할 양식을 제공했다. 그 기간 동안 탬파베이는 최하위에 처져 있었다.

주의 깊은 계획, 세련된 선수 육성, 뛰어난 인내심, 그리고 몇 번의 드래프트 상위 순번과 매출 공유를 통해 레이스는 꼴찌란 족쇄를 벗어버리고, 스포츠계에서 가장 거대한 두 괴물을 쓰러뜨렸다. 이제 새로운 라이벌 관계가 시작됐다. 경기장에서 다윗이 골리앗을 쓰러뜨리기 시작한 것이다.

# 마지막 구멍

워렌 버핏이 에너지 복합기업, 기차, 그리고 음료수 회사 대신 야구팀을 목표로 삼았다면, 2005년 10월의 탬파베이 데블레이스를 좋아했을 것이다. 뛰어난 가치 투자자인 버핏에겐 급속하게 성장할 것이 거의 확실한 스포츠에서 최저 수준의 프랜차이즈 가치에다 매출 규모가 두 번째로 작은 팀을 매입하는 것이니까 말이다. 8년 동안 끔찍한 성적을 거둔 데다 구단주는 지역 공동체가 완전히 등을 돌리게 만든 채 떠나버렸고 모든 자산은 엉망이었다. 하지만 새로운 구단주에게 가장 큰 문제는 따로 있었다. 바로 인수할 때부터 비참할 정도로 낡아빠진 구장이었다. 홈 관중들이 투구하는 모습을 보기 위해 고개를 쭉 빼고, 거대한 흰 지붕 쪽으로 높이 뜬 공의 궤적을 쫓기 위해 곁눈질을 하는 순간부터 구장은 이미 퇴물이었다. 트로피카나필드를 싸게 강탈한 것이 결코 아니었다. 구장 가치는 마리아나 해구[1]로 끝없이 추락하고 있었다.

스튜어트 스턴버그와 맷 실버맨이 2005년 시즌이 끝난 뒤 빈스 나이몰리로부터 운영권을 빼앗았을 때쯤에 데블레이스 팀이 홈구장이라

부르던 거대한 하얀 돔 건물은 미국 프로 스포츠에서 가장 의기소침한 일이 벌어지는 공간이었다. 벽에 칠한 페인트는 벗겨져 있었고 화장실은 파손됐다. 장내 매점은 딱하기 그지없었다. 구장 내의 조명은 칙칙하고, 분위기는 음산했다. 앤드류 프리드먼이 미완의 대기인 선수들을 바라보는 것과 같은 방식으로 스턴버그와 실버맨은 경기장을 바라봤다. 새로운 왕국의 관점으로 보면 둘 모두 잠재력이 있었다.

"성공적인 비즈니스를 만들어내는 데 구장이 방해물은 아닙니다." 실버맨은 2006년 인터뷰에서 말했다. "일단 시장이 우리 팀이나 선수들과 친근해지기만 하면 트로피카나필드는 열정과 흥분으로 가득찰 것입니다. 텅 빈 좌석은 우리들에겐 기회입니다."

단순히 비즈니스 상의 이점만 있는 것이 아니었다. 데블레이스는 트로피카나필드가 홈팀에게 결정적인 이점을 제공해주는 흔치 않은 구조적인 특성을 갖고 있다고 봤다.

"우리 팀은 스피드가 굉장히 빠릅니다. 그리고 잔디 덕분에 스피드가 빠르다는 것은 더욱 큰 강점으로 작용합니다." 실버맨이 거침없이 말했다. "상대팀은 하얀 지붕에 적응하는 데 굉장히 애를 먹을 겁니다. 왜냐하면 2만 명의 관중이 운집하게 되면 엄청나게 시끄럽기 때문이지요. 우리는 팬들에게 레이스의 열 번째 선수가 되어달라고 촉구합니다. 더 많은 관중들이 올수록 경기에 미치는 영향은 더욱 커질 겁니다."

실버맨이 이처럼 낙관적인 태도를 보이는 데는 몇 가지 근거가 있었다. 구단주가 바뀐 뒤 첫 번째 시즌인 2006년에는 관중이 20% 증가

---

**1_** 태평양 북마리아나 제도 동쪽에서 남북방향 2,550킬로미터 길이로 뻗은 해구이다. 평균 너비 70킬로미터, 평균 수심 7,000~8,000미터이며, 세계에서 가장 깊은 비티아즈 해연과 두 번째로 깊은 챌린저 해연이 있다.

했다. 2007년에 1%가 늘어난 뒤 레이스가 아메리칸리그 동부지구 우승을 차지한 2008년에는 31%나 치솟았다. 향상된 성적에다 개선된 마케팅 노력이 결합되면서 나이몰리가 이끌던 마지막 해에 110만 명(경기당 14,000명) 수준이던 트로피카나 관중 수는 레이스가 페넌트레이스 우승을 차지한 해에는 180만 명(경기당 22,000명)으로 치솟았다.

더 많은 열정적인 팬들이 몰려들면서 트로피카나필드의 독특한 구조는 모두 레이스의 홈구장 이점을 한층 더 높여주는 쪽으로 작용했다. 물론 행운도 어느 정도 작용했을 것이다. 하지만 수치로 드러난 것은 극적이었다. 레이스 팀이 동부지구 4위가 아닌 다른 자리를 놓고 각축을 벌인 첫 두 해인 2008년과 2009년에 홈에서 109승 53패를 기록한 반면 원정경기는 72승 90패를 기록했다.

2009년 8월 탬파베이가 레드삭스와의 3연전을 싹쓸이하자 보스턴 글로브의 칼럼니스트인 애덤 킬고어는 상대팀과 팬들에게 이렇게 말했다. "지난 밤 레드삭스 선수들을 용서해주라. 어제 그들의 귓전에서는 소 방울 소리가 쟁쟁거리고, 눈에는 현란한 불빛이 쏟아져 들어왔다. 그곳에서 소리 지르며 달리더라도 용서해주라. 있는 힘을 다해 트로피카나필드 뒤로 숨어버리는 짓을 하더라도 용서해주라. 그곳은 치매증에 걸린 테마파크 내에 덫처럼 설치된 구장이다. 무대는 하늘에 걸려 있고, 소 방울이 쉴 새 없이 부딪친다. 그곳에서 경기하는 원정팀들은 으스스한 기분이 든다. 반면 레이스 선수들은 편안한 느낌을 갖는다."

하지만 기회처럼 보였던 조건들이 약점으로 바뀌게 되자 조 매든은 트로피카나필드를 '구멍'이라고 불렀다. 2009년에는 관중 수가 겨우 3% 늘었을 따름이다. 경기 성적이 안 좋았던 점을 감안하면 괜찮은 수치처럼 보인다. 하지만 페넌트레이스 우승을 차지한 다음 해에 뒤따르기 마련인 긍정적인 효과를 감안하면 실망스럽기 그지없었다. 불황 국면에 접어든 경제 상황에다 레이스의 성적이 다소 떨어진 점이 2009년의 실망스런 관중 동원 기록에 영향을 미친 것은 분명하다. 하지만 레이스는 2010년에도 관중 수를 늘리는 데 실패했다. 2010년 8월 미네소타 트윈스와의 시리즈에서는 첫 3경기 동안 경기장을 찾은 관중은 평균 18,000명에 불과했다. 네 번째 경기에서는 특별 어린이 캠프 행사 덕분에 관중이 29,000명으로 늘어났다. 하지만 그 경기는 황당하게 끝나고 말았다. 제이슨 쿠벨이 친 내야 뜬 공이 경기장 위에 높이 설치된 무대를 때리고 투수 마운드 바로 옆에 떨어져버린 것이다. 그 때문에 레이스는 경기에서 패했다.

"왜 새로운 경기장이 필요한지를 완벽하게 보여준 사건이었습니다." 매든이 나중에 말했다. "그보다 더 좋은 이유는 없었어요. 어느 쪽으로 갖다 붙이건 간에, 페넌트레이스의 그 같은 상황에서 지붕 때문에 경기에서 패한다는 것은 이 지역에 왜 새로운 경기장이 필요한지를 제대로 보여준 겁니다. 이곳에는 단지 진짜 야구장이 필요할 뿐이었습니다. 그 한 게임 때문에 페넌트레이스 우승을 놓쳤다고 가정해보세요. 지붕이 방해를 해서 놓쳤던 그 경기를 되돌아보면서 미칠 지경이 될 겁니다."

트로피카나필드는 불과 4년 반 만에 구단주의 관점에서 개발되지 않은 상품에서 낡은 구멍으로 전락했다. 한 시즌에 96승을 해도 관중을 유치하지 못하는 경기장, 그래서 관리자가 금방이라도 불태워버리고픈 건물로 전락했다. 레이스가 모든 요소들에서 기회를 보긴 했지만 트로피카나필드만은 어찌할 수 없는 한 가지 문제점이었다.

길이가 약 5킬로미터 가량 되는 하워드 프랭크랜드 브리지는 피넬라스 카운티와 힐스버러 카운티, 그리고 항구도시인 세인트피터즈버그와 탬파 사이에 있었다. 하지만 다리 양쪽에 사는 주민들에게는 그 다리의 거리가 500킬리미터 쯤 되는 것처럼 보인다. 두 도시를 비교할 때면 세인트피터즈버그는 살짝 무시를 당했다. 많은 탬파 거주자들은 만 건너 쪽 도시를 바라보면서 은퇴자들로 넘쳐나는 거리를 상상하곤 했다. 트로피카나필드 바로 주변은 범죄자와 극빈층의 소굴이라고 생각했다. 이런 두 가지 고정 관념은 과장된 것이었다. 1970년대에 몰려든 은퇴자들로 절정을 이룬 이래 세인트피터즈버그의 인구 기반은 꾸준히 젊어졌다. 도시 활성화 정책 덕분에 도심이 달라졌다. 하지만 고정 관념은 좀처럼 사라지지 않았다. 트로피카나필드는 구불구불한 지리적 구조를 갖고 있는 데다 기반 시설도 턱 없이 부족했다. 그 때문에 세인트피터즈버그 바깥에 사는 사람들에게는 반도 내에 있는 섬 같은 존재가 되어버렸다. 그 누구도 운전을 해서 오고 싶어 하지 않는 곳으로 전락한 것이다.

세인트피터즈버그 시장인 릭 베이커의 간곡한 요청에 따라 일군의 지역 사업가들이(대개는 ABC연맹으로 불렸던) 베이스볼 커뮤니티를 구성한 뒤 트로피카나필드가 메이저리그 구장으로 적합한지 여부를 조사하기 시작했다. ABC는 오래된 구장에서 으레 볼 수 있는 많은 약점을 찾아냈다. 이를 테면 주변에 최신 오락시설, 돈벌이가 되는 클럽 라운지와 화려한 숙박시설이 부족하다는 것이었다. 트로피카나필드 자체의 약점도 많았다. 이를테면 자연광이 없다는 점, 많은 좌석들이 경기를 보기에 불편하다거나 조 매든을 골치 아프게 만들었던 성가신 소 방울 소리 같은 것들이었다. 하지만 레이스가 트로피카나필드를 헐어버리고 똑 같은 장소에 새로운 홈구장을 짓는다고 하더라도 그 중 가장 큰 문제는 여전히 남아 있었다. 바로 지리적으로 끔찍한 곳에 자리 잡고 있다는 점이었다.

구글 맵스에 따르면, 탬파의 서쪽 끝에서부터 세인트피터즈버그 남쪽 부분에 자리잡고 있는 트로피카나필드까지 약 30킬로미터를 자동차로 달리면 20분이 소요되는 것으로 나온다. 하지만 하워드 프랭크랜드 브리지는 만 위에서 가장 교통량이 많은 통로였고 자주 정체되곤 했다. 이로 인해 경기장으로 연결되는 도심 출구를 꽉 막히게 만들었다. 따라서 구글이 예측한 것보다 2배 정도 더 시간이 걸렸다.

탬파베이 지역은 메이저리그 기준으로는 스몰 마켓으로 간주된다. 하지만 인구 분석 사이트인 데모그래픽스나우닷컴(DemographicsNow.com)은 인구 325만 명인 이 지역을 미국에서 15대 인구밀집 지역 중 하나로 꼽고 있다. 이런 전망 좋은 수치에도 불구하고 트로피카나필드의 지리적인 약점이 겹치면서 암울한 그림으로 바뀌어버렸다. 탬파베이 지역 주민 중 19%만이 차로 30분 내에 트로피카나필드에 도달할 수 있는데, 이는 메이저리그에서 가장 낮은 비율이다. 비슷한 인구 기반을 갖고 있는 시애틀은 차로 30분 내에 도달할 수 있는 인구가 탬파베이의 2.5배 수준에 이른다. 탬파베이보다 규모가 작은 모든 시장들도 최소한 지역 주민의 절반이 구장에서 차로 30분 이내 거리에 살고 있다. 덴버 지역은 탬파베이에 비해 인구는 80만 명가량 적지만 덴버 지역 주민들 중 차로 30분 이내에 쿠어스필드에 도달할 수 있는 사람은 190만 명에 달한다. 반면 탬파-세인트피터즈버그-클리어워터 지역에서는 이 수치가 60만 명 정도밖에 되지 않는다.

만약 스턴버그가 조만간 탬파의 새 구장으로 옮길 수 있다면 레이스는 곧바로 수익이 크게 향상될 것이다. 이렇게 되면 좀 더 재능이 뛰어난 선수들을 보유하는 데 필요한 현금을 갖게 돼 양키스, 레드삭스 등과 경쟁하는 과정에서 유지해야만 했던 면도날 같은 오차범위를 좀 더 넓힐 수 있다. 하지만 여러 가지 이유 때문에 그렇게 하지 못한다. 전 구단주인 나이몰리는 팀이 1998년에 트로피카나필드에서 첫 경기를 치르기도 전에 30년 임대(이용 동의) 계약에 서명했다. 탬파나 다른 지역으로 넘어갈 생각은 아예 잊어라. 레이스는 계약상 2027 시즌까지 세인트피터즈버그의 변두리 상업지구에 있는 구장의 좁은 통로와 하얀 지붕을 계속 응시해야만 한다!

양측이 동의하기만 하면 계약은 언제든 파기할 수 있다. 하지만 다른 도시에서 벌어진 경기장을 둘러싼 논쟁을 살펴보면, 서로 합의하기까지는 멀고도 험난한 과정이 기다리고 있다. 특히 납세자들을 설득하는 것은 더더욱 어렵다.

전 구단주인 칼 포래드가 이끌었던 트윈스는 메트로돔을 대체할 새로운 구장을 건설하도록 대중들을 설득하는 데 10년 이상이 걸렸다. 포래드가 청원과 협박을 하면서 새 구장 건립 캠페인을 시작할 때 메트로돔은 지은 지 겨우 13년이 지났을 따름이었다. 지역 정부는 처음에는 완강하게 맞서 포래드와 메이저리그를 불편하게 만들었다. 간접적인 불만의 목소리로 시작됐던 것이 나중에는 구장 이전, 심지어는 축소 위협으로 바뀌었다. 포래드는 대공황 기간 동안 가족 농장에 담보권을 행사하는 은행업으로 경력을 시작했다. 미국에서 가장 부유한 사람 중 한 명이 된 뒤에는, 개인적으로 메이저리그의 다른 모든 구단주들을 초라하게 만들 정도로 많은 자기자본을 갖고 있음에도 불구하고, 매출 공유 프로그램으로 지급되는 자금을 끌어모아 적은 예산으로 트윈스를 운영했다. 새 구장 건립을 위한 로비를 할 때는 가난하다고 하소연하면서 전혀 양심의 가책을 느끼지 않았다. 미네소타와 파크 애비뉴에 있는 포래드의 대리인들은 이미 높은 수익 마진을 자랑하는 구단주에게 세금에서 3억 5천만 달러를 넘겨 달라고 요구했다. 그렇게 하지 않을 경우에는 사랑하는 트윈스 팀과 이별을 고해야 할 것이라고 경고했다.

2006년 5월에 미네소타 주 의회가 마침내 항복했다. 트윈스가 새 구장을 짓는 데 히네핀 카운티가 3억 9백만 달러를 부담하도록 돼 있었다. 그리고 구장을 건립하는 동안 불가피하게 발생하는 초과 비용은 납세자들에게 떠넘겨 마지막으로 한 방 더 결정타를 날렸다. 트윈스는 전체 구장 건립비용의 4분의 1에 불과한 1억 3천만 달러만 내놨다.

플로리다 말린스 역시 강력하게 반대하는 지역 정치인들을 설득해 새로운 구장 건립 허가를 얻어내는 데 10년 이상 걸렸다. 최소한 그들에게는 제대로 된 핑계거리가 있었다. 1998년 웨인 후이젠가가 존 헨리에게 말린스를 매각할 때 후이젠가는 구장으로부터 들어오는 매출 대부분을 그대로 보유했다. 따라서 말린스가 비참한 관중 수를 늘린다고 하더라도 많은 혜택을 가져갈 수 없었다. 반면 임대 기간 만료는 가까워져 왔기 때문에 말린스는 마음만 먹으면 새로운 임대 계약을 추진할 수 있었다. 그들은 임대 계약을 추진하는 대신 많은 사람들이 탐내는 공적자금 유치를 위해 노력했다. 하지만 헨리는 몇 차례 시도 끝에 공적자금의 지원을 받아서 새로운 구장을 건립하려는 계획을 포기했다. 그는 메이저리그의 미심쩍은 거래로 말린스 소유권을 제프리 로리아에게 넘기는 대신 레드삭스를 선물로 받았다.

구단주인 로리아와 그의 의붓아들인 데이비드 샘슨도 새로운 구장을 갖기 위해 거창한 방법들을 동원했다. 그들은 거대한 선전 캠페인을 통해 새로운 보금자리를 위한 많은 후보지역을 요구했다. 새 구장을 짓게 되면 지역에 엄청난 경제적인 혜택을 안겨줄 것이라고 주장했다. 이런 주장에 대해 이미 여러 경제학자들이 근거가 없다는 것을 입증했다. 다른 어떤 점보다도 새 구장을 건립한다고 해서 지역 경제에 새로운 돈을 몰고 오는 것은 아니라는 것이다. 새 구장은 단지 다른 판매 지점의 돈을 이곳저곳에 흩어놓을 따름이다. 말린스 구단주들은 또 불평을 늘어놓는 행동을 완벽하게 수행했다. 사기성 농후한 구단주는 눈에 띄는 모든 공무원들에게 이런 말로 애원했다. "우리는 아직 적자를 면치 못하고 있습니다."

물론 이건 뻔뻔한 거짓말이다. 미국에서 7번째로 큰 대도시 지역에서 경기를 하고 있음에도 불구하고 말린스는 흥청망청 돈잔치를 벌이는 메이저리그의 허점투성이 매출 공유 시스템의 수혜를 입었다. 스포츠 전문 매체인 데드스핀과 AP통신은 2010년 8월 말린스, 레이스를 비롯한 여러 팀들의 재무제표를 입수해서 보도했다. 그 자료에 따르면 말린스는 2008년과 2009년 두 해 동안 매출 공유 프로그램을 통해 9천만 달러 이상을 긁어모았다. 그들이 여러 해 동안 지출한 선수 연봉은 메이저리그의 거의 모든 팀보다 적었다. 다른 모든 비용과 채무를 계산에 넣더라도 말린스는 큰돈을 벌고 있었다. 2008년 한 해 동안만 2,900만 달러 이상의 순익을 기록했다. 그리고 이런 수입도 우리가 알고 있는 것만 따진 것이다. 대부분의 메이저리그 구단들처럼 말린스 역시 팀의 가치가 매년 상승하고 있다는 점은 논외로 하고도 그 정도 수입을 올린 것이다.

협박 외에 새로운 구장 건립 계약을 체결하는 데 대중들의 지지를 얻는 가장 좋은 방법은 (실제가 아니라면 적어도 이론상으로는) 간단하다. 경기에서 이기는 것이다. 말린스는 2003년 월드시리즈에서 양키스를 물리치고 우승을 차지하면서 그 방법을 실천했다. 월드시리즈 우승 직후 말린스 팀과 마이애미 시, 그리고 마이애미-데이드 카운티는 새로운 구장 건립 자금 모금 계획을 발표했다. 먼저 마이애미는 오렌지 볼 지역에 말린스를 위해 야구 전용 구장 건립을 제안했다. 몇 개월 뒤 마이애미-데이드 카운티 커미셔너들은 새로운 구장 건립 자금을 기부하기로 동의했다. 인근 주차 시설까지 포함할 경우 구장 건립 자금은 약 4억 350만 달러가량 소요될 것으로 예상됐다. 하지만 2005년 5월에 플로리다 주 의회는 구장 건립 자금에 큰 도움이 될 것으로 기대됐던 6000만 달러가량의 판매세 환급을 거부했다.

구장 건립 자금이 오르고 있는데다 판매세 환급거부 조치까지 겹치자 로리아와 샘슨은 자신들의 강탈 작전을 세웠다. 그들의 거대한 계획이 구장 건립과 관련된 사람들을 움직이지 못하게 되자 그들은 회심의 무기를 꺼냈다. 바로 연고지를 옮기겠다는 협박이었다.

샘슨은 이렇게 경고했다. "더 이상의 데드라인은 없다. 2010년 이후에 경기를 할 장소가 필요한데, 현재 우리에게는 그 장소가 없다. 더 이상 플로리다 지역에 야구팀이 머물 것이란 장담을 할 수 없다."

로리아와 샘슨은 샌안토니오와 다른 시장에 적극적인 추파를 던졌다. 원하는 것을 얻지 못할 바에는 말린스 팀을 옮길 것이라고 확언했다. 샌안토니오와는 처음에는 분위기가 좋았지만, 이후 서로 으르렁대다가 이내 공허한 사이로 바뀌었다. 포커 게임 같은 밀고 당기기에 서툴렀던 플로리다 지역의 무능한 정치인들은 말린스의 속임수를 읽어내지 못했다. 많은 메이저리그 구단주들이 정치인들로 하여금 새 구장 건립 자금을 대도록 만들었던 사례를 의식하지 못한 마이애미 시와 마이애미-데이드 카운티 지도자들은 말린스에게 재정 장부를 공개하라고 요구하지 못했다. 몇 년 동안 위협을 한 끝에 로리아와 샘슨은 마침내 시, 카운티, 그리고 주 당국으로 하여금 자신들의 거짓말을 믿도록 만들었다. 마침내 말린스는 새 구장을 승인받았다.

"직접 건립하지 않는다면 새 구장은 구단주에게 엄청난 선물입니다."《음모의 구장》의 저자인 닐 드마우스가 말했다. "사회가 비용을 감당한 뒤 수익은 구단주 개인이 갖는 모델이기 때문입니다."

문제는 구장이 매출에 긍정적인 효과만 있는 게 아니란 점이다. 구단들이 구장을 통해 돈을 버는 이유는 시가 대부분의 비용을 부담하고, 자신들은 수익 대부분을 갖기 때문이다. 세인트피터즈버그 역시 레이스에 새 구장을 건립해주는 것보다는 스튜어트 스턴버그에게 1억 달러짜리 수표를 끊어주는 것이 낫다. 그런 방식이 훨씬 싸게 먹힌다.

말린스는 2007년 12월 구장 건립에 대한 최종 승인을 받았다. 레이스가 처음 구장 건립 제안을 한 지 불과 몇 주 뒤였다. 스턴버그는 프로그레스 에너지 파크 지역에 레이스 구장을 건립하려고 했다. 그 지역은 만에 인접한 다운타운 지역 근처의 자그마한 봄철 전지 훈련 구장이었다. 모든 일이 계획대로 진행됐더라면 레이스가 2012년 개막전에 새로운 구장에서 경기를 벌일 수 있었을 것이다. 거대한 범선 모양을 한 구장은 접을 수 있는 구조물로 덮일 예정이었다. 이 구장 덮개는 도르래 시스템을 이용해 8분 만에 열거나 닫을 수 있도록 할 계획이었다. 스턴버그는 4억 5천만 달러로 추산되는 전체 건축 비용의 3분의 1을 부담하겠다고 약속했다. 레이스는 말린스가 수혜를 입은 것과 똑같이 30년 간의 주 판매세 환불을 통해 6천만 달러를 추가 조달하는 방안을 모색했다. 가장 야심적인 계획은 따로 있었다. 트로피카나필드를 아파트, 콘도, 사무실, 그리고 호텔과 상가 등을 포함하는 거대한 다용도 복합단지로 재개발한다는 계획이 포함됐다. 레이스는 트로피카나필드 재개발권 판매와 새로운 재산세 등을 통해 시에 8억 달러 가량의 새로운 매출을 안겨줄 것이라고 주장했다.

그 계획은 여러 가지 이유 때문에 실패했다. 다운타운에 거주하는 사람들은 매년 81번이나 35,000명가량의 야구팬들이 경기장에 갔다가 거리로 쏟아져나오는 상황은 차치하고라도, 자신들의 뒷마당에서 수년 동안 거대한 건설 프로젝트를 진행하겠다는 계획에 대해 반대 입장을 드러냈다. 환경 문제도 골칫거리였다. 레이스는 원래 탬파베이 앞 바다를 1만 제곱미터 가량 메울 계획이었다. 레이스는 또 새로운 구장 건립 비용을 부담하는 문제를 둘러싼 지역 공동체의 이해관계를 제대로 파악하지 못했다. 이미 NFL의 탬파베이 버커니어스가 힐스버러 카운티에 엄청난 재정적인 부담을 안겨준 것을 목격한 뒤인지라 레이스가 말린스처럼 지역 주민들로부터 따뜻한 거래를 얻어낼 가능성은 별로 없었다. 실제로 시애틀에서 비슷한 상황이 벌어졌다. NFL의 시호크스와 MLB 팀인 매리너스에 새 구장 건립비용을 지원해준 뒤에 시애틀 시 당국은 NBA 슈퍼소닉스 구단주에게는 지원하지 않았다.

가장 큰 문제는 타이밍이었다. 트윈스, 말린스를 비롯한 여러 팀들은 구장 건립 계획을 승인 받는 데만 10년 이상 소요된다는 점을 보여줬다. 때로는 처음 구장 건립 아이디어가 싹 트기 시작한 때로부터 첫 경기를 할 때까지 15년 이상 걸렸다. 레이스는 말린스가 자신들의 선례를 만들었다고 생각했다. 하지만 실제로 그렇게 되도록 할 방법이 없었다. 말린스의 구장은 레이스의 야심적인 제안을 초라하게 만들 정도로 시 전체 차원에서 진행된 거대한 노력의 한 부분에 불과했다. 그것은 평생 한번 횡재하는 것처럼 불가능할 정도로 있음직하지 않은 것이었다.

플로리다의 주택 시장이 붕괴됐으며, 탬파-세인트피터즈버그는 인근 지역 실업률이 13%에 이를 정도로 불경기로 인한 타격을 가장 심하게 받았다. 통상적으로 10여 년 씩 걸리는 줄다리기를 건너뛸 수 있을 것 같지 않았다. 수천 명에 이르는 지역 주민들이 일자리와 집을 잃은 상황에서 그 아이디어를 소개하는 것은 처참했다. 세인트피터즈버그 시가 2008년 11월에 승인 투표를 위한 문구를 만들기로 동의하면서 시의회 표결에 부쳐졌다. 하지만 반대 여론이 지나치게 거세졌다. 그리고 해안 지역은 풀기 힘든 고유한 문제를 안고 있었다. 그 첫 번째 장애물을 해결한 지 3주도 채 되기 전에 레이스는 해안 복원계획을 무기한 연기했다. 이듬 해 봄에는 완전히 포기했다.

그때 이후로 그다지 의미 있는 변화는 일어나지 않았다. 미국 전체의 국내총생산(GDP)은 향상됐지만 탬파베이 지역에서는 여전히 실업률이 치솟고 성장 정체가 계속되고 있다. 경기불황 때문에 다른 지역 팀 역시 팬들을 잃었다. 버커니어스는 2010년 첫 번째 프리시즌 게임 티켓을 다 파는 데 실패했다. 이 같은 일은 14년 전 구장을 오픈한 이래 처음 있는 일이었다. 반면 세인트피터즈버그 시의회는 레이스가 다른 곳으로 옮기려는 데 대해서는 강경한 자세를 보였다. 빌 포스터 세인트피터즈버그 시장은 이렇게 말했다. "우리는 현재 위치에 굉장히 만족합니다. 우리는 앞으로 17년 더 트로피카나필드에서 메이저리그 야구 경기를 하도록 계약돼 있다는 사실을 알고 있습니다. 그 계약을 끝까지 준수할 것을 약속드립니다. 그들 역시 그러리라고 기대합니다."

포스터는 경기장과 관련하여 모든 권한을 갖고 있다. 구장 임대 계약에 따라 레이스는 세인트피터즈버그 시 이외 도시들과 협상하는 것조차 명백하게 금지돼 있다.

해안지역에 새 구장을 짓는 계획이 없던 일로 되자 레이스는 침묵을 지켰다. 대신 ABC연맹이 최종 보고서를 준비했다. ABC연맹은 그 누구도 놀라지 않는 쪽으로 최종 결론을 냈다. '트로피카나필드는 초라하기 그지없다. 레이스가 필요한 만큼의 매출을 올리기 위해서는 여닫을 수 있는 지붕과 좀 더 나은 시야, 그리고 좀 더 많은 현대적인 편의시설을 갖춘 새로운 구장이 필요하다. 그리고 그들은 지옥 같은 세인트피터즈버그에서 탈출해야만 한다.' 여러 가지 면에서 이것은 굉장히 이상한 결론이다. 유출된 문서에 따르면 레이스는 가장 경쟁이 치열한 지구에서 승리하면서도 (비록 적은 규모이긴 하지만) 수익을 내고 있는 것으로 드러났기 때문이다.

그들은 또 레이스가 이 지역에 3억 달러 가량의 경제적인 효과를 일으킬 수 있을 것이라고 단정했다. 탬파베이의 전국적인 명성을 높여주는 것과 같은 눈에 보이지 않는 혜택을 포함하지 않고서도 그 정도 효과가 가능하다는 것이다. 이런 주장들은 다른 도시들에서는 거의 모든 외주용역 연구를 통해 허구라는 것이 밝혀졌지만 ABC 보고서가 나온 뒤 세인트피터즈버그 시 당국의 자세가 눈에 띄게 부드러워졌다. 세인트피터즈버그 관리들은 과거 이런 주장들을 반박했던 경제학자들의 연구보다 ABC 보고서를 더 신뢰했다. 그들은 또 레이스 팀이 떠나는 것을 원하지 않았다. 결국 포스터 시장은 최소한 구장 이전을 고려하겠다고 동의했다. 단 새로운 구장 부지는 세인트피터즈버그 대도시 권역 내에 자리 잡아야 하며, 필요할 경우 그 지역을 자신들의 권역에 포함시킬 수 있어야 한다는 단서를 붙였다.

시장이 입장을 바꾼 데는 충분한 이유가 있었다. ABC가 트로피카나필드 대안으로 제시한 구장 후보 지역은 캐럴런 권역 내에 있는 몇몇 곳을 포함하고 있었기 때문이다. 캐럴런은 세인트피터즈버그 지역에 자리 잡고 있긴 하지만 다리 바로 인근에 있는 거대한 권역이다. 하지만 ABC가 제안한 다른 두 곳은 세인트피터즈버그 바깥에 자리 잡고 있었다. 만을 연결하는 다리의 탬파 쪽에 있는 웨스트쇼어와 탬파 다운타운 지역이 바로 그 후보지였던 것이다. 세인트피터즈버그 입장에서는 레이스 팀을 탬파에 넘겨준다는 것은 단순히 (ABC의 장밋빛 추산이 믿을 만하다면) 매출을 상실한다는 점에서만 두려운 것이 아니었다. 오랜 기간 논쟁을 계속해 왔던 쌍둥이 도시인 탬파가 자신들에게 엄청난 타격을 가할 수도 있다는 점에서 생각만 해도 끔찍한 일이었다.

탬파에서 운전하는 동안 라디오 채널을 ESPN 1040으로 돌리면 '스웜(The Swarm)'이란 토크쇼를 들을 수 있다. 이 프로그램 진행자인 마크 베나츠키는 거의 매일 레이스의 감독 조 매든에 대한 비판을 늘어놓는다. 출전 선수를 너무 많이 바꾼다든지, 투수 교체를 잘못하는 경우가 너무 잦다든지, 조 매든 자신이 다른 사람들에 비해 훨씬 더 똑똑하다고 생각한다는 등의 비판이 주를 이룬다. 'B. J. 업튼은 이 도시 바깥으로 쫓겨나야 할 게으른 부랑아다.' '카를로스 페냐는 안타를 칠 수 없는 게으름뱅이다.' 하지만 레이스 팬들에게 이런 식의 형편없는 비난은 특히 민감하게 신경을 건드린다. ESPN 1040 방송국은 2010년 여름에 '스웜' 방송을 중단했고 이 방송은 아직도 레이스의 경기를 중계하지 않는다. 플로리다 주 탬파에 본부를 두고 있는 ESPN 1040은 뉴욕 양키스 경기를 중계한다.

다리를 건너 탬파로 넘어온 운전자들에게 첫 번째로 눈에 띄는 간판은 양키스의 봄철 훈련 캠프인 조지 스타인브레너 필드다. 스카우트와 선수 육성 부서 핵심 인력을 포함한 양키스 두뇌 집단의 많은 사람들이 그곳에서 일을 한다. 양키스가 트로피카나필드에서 경기할 때면 종종 거의 매진에 가까운 관중들이 몰려든다. 이들은 "렛츠 고 양키스!(Let's go Yankees!)" 같은 구호를 외치는 관중들이 레이스 팬의 소방울 소리에 맞선다.

"어디에나 양키스 팬이 있습니다." 양키스 팀의 야구 운영팀장인 마크 뉴먼의 말이다. "하지만 이곳에선 다른 어떤 곳보다 더 많이 자리 잡고 있습니다. 조지 스타인브레너와 그 가족들이 이곳 공동체를 위해 일하기 때문이지요. 저는 이곳에 20년 이상 거주했습니다. 레이스보다 훨씬 더 오래 있었던 셈입니다."

탬파 시민 상당수가 레이스보다 양키스를 응원하고 있긴 하지만, 세인트피터즈버그 시민들과 라이벌 의식을 갖고 있는 이들이 훨씬 더 많다. 이들의 라이벌 관계는 2004년 이전 양키스와 레드삭스 관계처럼 일방적이었다. 탬파와 세인트피터즈버그는 공항 유치 경쟁을 벌인 끝에 탬파가 승리했다. NFL 팀 중 버커니어스의 새로운 구장? 탬파가 승리했다. 사우스 플로리다 대학의 주 캠퍼스? 부시 가든? 동물원? 탬파가 모두 세인트피터즈버그를 제치고 따냈다. 세인트피터즈버그 주민들은 NHL 경기를 보려면 탬파 시 중심에 자리 잡고 있는 세인트피터즈버그 타임스 포럼까지 운전해 가야만 한다. 세인트피터즈버그 주민들 입장에서는 일하러 가든, 뭔가를 즐기러 가든 다리를 건너 탬파까지 가야만 했다. 하지만 탬파 시민들은 다르다. 그들은 해안으로 갈 때를 제외하고 만을 넘어가는 경우가 거의 없다.

이 지역에 있는 대부분의 기업은 본부를 탬파에 두고 있다. 비즈니스 공동체의 관심이 부족한 탓에 시즌 티켓 판매가 부진하고, 그 때문에 트로피카나필드의 많은 프리미엄 좌석들이 텅 비게 됐다. 탬파는 지역 인구 중심지에 비해서 남부 세인트피터즈버그보다는 훨씬 더 중심에 자리 잡고 있다. 당초 세인트피터즈버그와 해안 지역을 경유할 예정이던 올랜도 발 고속철도는 현재로서는 탬파가 종착역이다. 최소한 2025년까지는 만을 건너 세인트피터즈버그로 갈 가능성이 없다. 탬파에 새 구장이 있을 경우 세인트피터즈버그보다 더 많은 배당금을 받을 수 있을 것이다. 하지만 레이스가 임대 계약의 족쇄를 벗어나더라도 탬파에 새로운 구장을 지을 정치적 의지나 자본이 없을 것이다. 버커니어스 구장을 짓느라고 카운티가 빚을 엄청나게 진 데다 적어도 가까운 장래에는 공공 영역이나 사기업 모두 매출 부족 문제로 시달릴 것이 빤한 상황이기 때문이다.

반면 세인트피터즈버그는 자체 문제를 안고 있었다. 경제상황이 안 좋다는 점 이외에도 2010년 발생한 BP의 기름 유출 사고도 새로운 구장을 건립하려던 레이스에게 또 다른 악재였다. 플로리다 만 해안에서는 2010년 10월에도 유출된 기름 제거 작업을 하고 있었다. 임기가 정해져 있는 선출직 관리들은 지나치게 먼 미래에 신경 쓸 겨를이 없었다. 그들에겐 5~10년가량이 지난 뒤 5억 달러 규모의 구장 프로젝트가 어떻게 진행되느냐 하는 것보다 거대한 기름 유출 피해를 바로 잡거나, 기름 유출이 세인트피터즈버그 해안이나 관광업, 어업 등 다른 산업 분야에 미칠 영향을 고민하는 것이 훨씬 중요한 일이었다.

세인트피터즈버그와 피넬라스 카운티는 경기장 건설 논의 준비를 향한 가시적인 행보를 보였다. 1%의 호텔 세금을 통해 매년 500만 달러가량의 관광 펀드를 조성해 트로피카나필드의 채무를 갚을 수 있게 했다. 1% 세금은 2015년에 만료된다. 하지만 피넬라스 카운티는 만료 시한을 연기하기로 합의했다. 새 구장을 비롯해 앞으로 적합한 관광 용도에 쓰일 수 있는 새로운 자금원을 만들려는 조치였다. 하지만 새로운 야구장을 짓는 데 소요되는 비용을 감안하면 그 정도 액수는 새 발의 피였다. 나중에 세인트피터즈버그 해안에 구장을 짓기 위해 첫 삽을 들 즈음이면 건설비용이 4억 5천만 달러 이상 소요될 것이 확실하다.

세인트피터즈버그는 레이스가 2007년 시즌과 2008년 시즌 사이에 1,500만 달러의 순익을 올렸다고 주장할 것이다. 이런 계산에는 레이스가 2008년 월드시리즈 경기를 치르면서 프랜차이즈 가치가 크게 상승한 데다, 팀의 브랜드 노출이 크게 늘어나면서 더 많은 이득을 얻을 수 있었던 부분은 감안되지 않았다.

반면 스턴버그와 실버맨은 레이스 재정 상태의 부정적인 부분에 초점을 맞췄다. 2008년 1월 오찬 모임에서 실버맨은 지역 비즈니스맨들에게 다음과 같이 말했다. "우리의 현금 흐름은 부정적입니다." 그 다음 달에는 스턴버그가 레이스 공식 블로그인 디레이스베이(DRaysBay)에 이렇게 썼다. "지난 두 시즌 동안 심각한 현금 부족에 시달렸다." 그러나 유출된 문서들은 이런 주장과 다른 내용을 담고 있었다. 다른 회계 수법들이 레이스의 재정 상태를 알아보기 힘들게 만들 수도 있다는 것이다. 여러 투자자들이 어떤 팀을 매입하기 위해 돈을 빌렸다면 그 부채를 해당 팀에 떠안기면서 회계 장부에 영향을 미칠 수 있다. 투자 비용의 일부인데도 불구하고 부채로 계산하게 되는 것이다.

반면 레이스가 2년 간(페넌트레이스 우승을 차지한 두 해 중 한 해를 포함하여) 1,500만 달러의 순익을 올린 것은 다른 투자 수단은 차치하고, 좀 더 투자에 인색한 다른 구단에 비해서도 형편없는 수준이라고 지적할 수 있다. 그들은 또 2008년 월드시리즈에 진출한 것도 손익에 도움을 주지는 못했다고 언급할 수도 있다. 레이스는 2008년에 1억 6,100만 달러의 매출을 올려 전년인 2007년보다 20%가 증가했다. 하지만 그 해 비용 지출은 31%가 늘어난 1억 4,670만 달러에 이르렀다. 선수들의 연봉 총액을 엄청나게 늘린 데다 마케팅 및 영업 지출까지 상향 조정하면서 레이스는 메이저리그 측이 매출 공유 수혜 팀들이 하길 원하는 행동, 즉 팀에 투자해서 월드시리즈 우승하려는 노력을 했다.

그러나 2007년 1,100만 달러였던 순익이 2008년에는 400만 달러로 줄어들었다. 레이스가 정상에 올라 양키스와 레드삭스를 물리치고 월드시리즈에 진출했을 때조차 겨우 수지 타산을 맞추는 정도였던 셈이다. 이런 현상을 바탕으로 새 구장 건립을 비롯해 새로운 매출원이 필요하다는 것을 보여주는 신호라고 레이스 측은 주장할 수 있다. 물론 새 구장을 건립하고 부채를 청산하는 데 필요한 막대한 자금을 능가하는 새로운 매출원을 만들기 위한 가장 그럴 듯한 방법은 납세자들이 엄청난 분량의 자금을 지원하도록 하는 것이다. 이 대목에서 모든 사람을 원점으로 되돌려놓게 된다. 물론 부족분 중 일부는 저절로 해결될 수도 있다. 경제상황이 좋아지면 확실히 도움이 될 것이다. 시간이 지나면 레이스의 팬 기반 구성을 변화시킬 수도 있다.

레이스 팀에 특유한 문제가 더 남아 있다. 트로피카나필드에서 경기를 하는 한 레이스는 이미 회의적인 팬들의 저항 때문에 입장료를 많이 올릴 수도 없는 상황이다. 반면 팬들은 새 구장에서는 기꺼이 더 비싼 입장료를 지불하려고 한다. 2009년 팀 마케팅 보고서에 따르면 양키스의 일반 입장권 가격은 레이스의 4배였다. 클럽 좌석이나 프리미엄 티켓 판매 수입 면에서 양키스는 레이스의 8배 이상을 벌어들였다. 레이스가 설사 보조금을 엄청나게 많이 받아서 새로운 구장을 지은 뒤 입장권 가격을 올린다고 하더라도 여전히 매출 구조가 양키스와는 비교되지 않을 정도로 초라할 것이다. 특히 양키스의 자랑인 YES 네트워크의 영향을 감안하면 그 차이는 훨씬 더 두드러진다. 레이스가 5년 연속 월드시리즈 우승을 차지할 수는 있다. 하지만 그렇다 하더라도 뉴욕과 보스턴에 있는 라이벌에 비해서는 여전히 재정적인 약점을 면치 못할 것이다.

야구 역사대로라면, 레이스는 언젠가 탬파베이 지역 어디엔가 새로운 구장을 갖게 될 것이다. 메이저리그 야구 시장은 결국 구장 이전 요구에 굴복했다. 구장 건립비용으로 수억 달러를 희사한 뒤 스스로 이런 투자가 결실을 맺을 것이라고 되뇌곤 했던 것이다. 예외가 있다면, 대부분 개인 자금으로 AT&T파크를 건립한 자이언츠와 여전히 다른 샌프란시스코 인근 베이 지역에 새로운 홈 장을 물색하고 있는 애슬레틱스 정도다. 몇몇 도시들은 새로 짓기 위해 구장을 허는 대신 내부 리모델링 작업을 했다. 그리고 몬트리올은 새 구장을 지으려는 도시에 팀을 빼앗겼다.

미시건대학의 로드 포트는 이렇게 말한다. "지난 40년 동안 연고지를 옮긴 팀은 하나 밖에 없었습니다. 레이스가 탬파베이 지역을 벗어나지 않을 가능성이 전혀 없는 것은 아닙니다. 하지만 조건은 레이스에게 훨씬 유리하다고 생각합니다."

관건은 그것이 언제냐는 점이다. 그리고 스턴버그가 그렇게 오랜 기간 기다리려고 할 것이냐는 점이다. "대안이 없다면 계속 인내해야 합니다. 나는 당장 내일 새 구장이 필요하다고 말하면서 행동에 옮기지는 않을 겁니다." 스턴버그는 지난 2010년 6월 〈탬파트리뷴〉과 가진 인터뷰에서 이렇게 말했다. 스턴버그가 새로운 구장에 대해 길게 이야기한 것은 이때를 포함해 몇 차례 되지 않는다.

그렇지만 그는 이어서 이렇게 말했다. "그러나 시당국과 협력이 제대로 이루어지지 않는다면 팀을 매각할 겁니다."

스턴버그는 말린스가 납세자들에게 취득한 것과 같은 선물을 원하는 것일까? 아니면 월스트리트에서 뛰어난 경쟁력을 보여준 엄청난 야구팬이 자기 몫을 챙긴 뒤 집으로 가겠다는 얘기인가? 이건 레이스 팬들에게 던져진 불편한 질문이다.

그 동안 트레이드에서 보여준 모든 긍정적인 협상 능력에도 불구하고, 전향적인 사고를 보여준 선수 스카우팅, 드래프팅, 그리고 선수 육성 기법에도 불구하고, 그리고 모든 혁신적인 브랜드 및 마케팅 노력에도 불구하고, 트로피카나필드는 레이스가 양키스처럼 거대한 제국으로 성장해나가는 데 큰 걸림돌이 되고 있다. 그들은 여전히 양키스의 막대한 매출 구조 근처에도 가지 못하고 있다. 하지만 스턴버그, 실버맨, 그리고 프리드먼이 팀의 정점에 남아 있는 한 어느 누구와도 경쟁할 수 있다. 그들이 계속 승리하는 팀으로 유지할 수 있을 정도로 풍부한 자금을 갖고 있다면, 아니면 팀을 재능 있는 새로운 선수들로 메울 수만 있다면, 그들의 경쟁력은 훨씬 더 나아질 것이다.

문제는 레이스 구단주가 어떤 길을 택할 것이냐는 점이다. 스턴버그는 비용을 눈에 띄게 절감하는 쪽을 택할 수 있다. 2010년 시즌이 시작되기도 전에 스턴버그는 레이스가 월드시리즈 우승을 하든, 꼴찌를 하든 상관없이 2011년 연봉총액을 크게 줄일 것이라고 선언했다. 이런 절약만으로는 레이스가 매년 건전한 수익을 올릴 수 없을 것이다. 그것은 메이저리그의 매출 공유 시스템을 통해 거액의 수익을 올리는 피츠버그 파이어리츠와 똑 같은 상황이다. 그리고 파이어리츠와 마찬가지로 레이스 역시 프런트 오피스가 아무리 기발한 노력을 하더라도 큰 손실을 기록할 수밖에 없다.

야구계에는 늘 스튜어트 스턴버그, 맷 실버맨, 앤드류 프리드먼 같은 대담하고 혁신적인 사고를 하는 사람의 자리가 마련돼 있을 것이다. 전통과 결합돼 있는 게임은 새로운 사고방식을 수혈 받지 못하면 시대에 뒤쳐질 수밖에 없다. 프리드먼과 그 일당들은 숨은 인재를 발굴해냄으로써 경기장에 좀 더 나은 팀을 내보낼 수 있었고 팬들에게 좀 더 수준 높은 경기를 선사할 수 있었다. 대부분의 성공적인 회사들이 새로운 아이디어와 기술을 바탕으로 경쟁자를 앞질렀던 것과 똑같은 방식이다. 실버맨, 프리드먼, 그리고 레이스의 성공을 뒤에서 도운 뛰어난 인재들은 어마어마하게 불리한 조건에도 불구하고 성공을 거뒀다. 하지만 어느 시점이 되면 악조건 속에서 양키스와 레드삭스를 물리치기 위해 노력하는 것은 견디기 힘든 일이 될 것이다.

야구든, 비즈니스든 간에 '눈에 보이지 않는 나머지 2%', 즉 경쟁우위를 유지하기 위해서 공략해야 할 작지만 중요한 차이는 늘 존재해 왔다. 어느 누구든지 그 2%를 찾아내고 적극적으로 활용해야 한다.

에필로그

# 게임은 아직 끝나지 않았다

뉴욕 양키스는 당혹스러웠다. 14년 만에 처음으로 플레이오프 진출에 실패했기 때문이다. 양키스가 플레이오프 진출에 실패했을 당시 유격수는 마이크 갈레고였다(데릭 지터는 양키스 입단 이후 단 한 번도 플레이오프 진출에 실패하지 않았다). 무엇보다 그들의 뒤를 늘 바짝 쫓던 레드삭스에만 밀린 것이 아니었기 때문에 더욱 분해했다. 2008년 시즌의 막이 내렸을 때 아메리칸리그의 영원한 동네북이요, 연봉총액이 뉴욕 양키스의 5분의 1밖에 안 되는 탬파베이 레이스는 아메리칸리그 동부지구 우승과 함께 아메리칸리그 전체 페넌트레이스 1위도 차지했다.

이것은 메이저리그 역사상 일대 사건이었다. 이어지는 오프 시즌 동안 양키스는 스포츠 역사상 가장 많은 돈을 쏟아 부었다. CC 사바시아, 마크 테세이라, 그리고 A. J. 버넷을 잡기 위해 총 4억 230만 달러를 썼다. 이 규모는 작은 몇 개 나라의 국내 총생산보다 큰 금액이다. 스포츠 계에서 가장 돈벌이가 잘 되는 시장을 지배한 덕에 두둑한 자금을 확보한 채 다른 모든 경쟁팀을 압도하는 액수를 제시하는 것도 전략이라 할 수 있다면 이 전략은 성공적이었다. 양키스는 2009년 시즌에

103승을 올리면서 당연히 자신들의 몫이라고 생각했던 아메리칸리그 동부지구 우승을 차지했다. 그리고 그 여세를 몰아 27번째 월드시리즈 우승을 차지했다. 리그를 초토화시킨 양키스는 하비에 바스케스를 영입했다. 내셔널리그 최고 투수 중 한 명을 가세시켜 가뜩이나 강력한 선발투수진을 더 강하게 만들었다. 와일드카드를 획득한 레드삭스 역시 지갑을 열었다. 버넷에 버금가는 규모로 존 래키와 5년 계약을 체결한 것이다.

야구 전문가들은 이런 움직임에 주목했다. 폭스채널의 켄 로젠탈은 이미 꽉 들어찬 뉴욕과 보스턴의 선수진이 한층 더 강력해질 것으로 평가했다. 그러면서 아메리칸리그 동부지구 나머지 팀들을 돌아본 뒤 그들에게 좋지 않은 소식을 전했다. 그는 2009년 12월 22일 토론토 블루제이스, 볼티모어 오리올스, 탬파베이 레이스 등을 위한 위로의 글을 썼다. "아메리칸리그 동부지구 다른 팀들은 이젠 바로 포기해야 한다." 그러나 레이스는 포기하지 않았다. 가장 야심찬 계획을 세우고 양키스와 레드삭스에 도전장을 내밀었다.

탬파베이는 2008년 처음으로 우승을 경험했다. 2009년 여름이 한창일 때 레이스는 새로운 선수들을 보강한 양키스뿐만 아니라 레드삭스까지 바짝 뒤쫓았다. 8월 29일까지 레이스는 와일드카드 경쟁에서 보스턴에 4게임 반 뒤져 있었다. 오르기에 험난한 산? 맞다. 하지만 레이스는 2008년 기적의 레이스를 통해 어떤 일도 가능하다는 것을 보여줬다. 최후의 추격전을 앞에 둔 레이스는 자신들의 상황을 곰곰이 따져봤다. 선수 명단을 살펴본 뒤 프랜차이즈 역사상 가장 뛰어난 투수인 스캇 캐즈미어를 트레이드했다.

지역 여론이 들끓었다. 레이스가 어떻게 불같은 강속구를 던지는 왼손 투수 스캇 캐즈미어를 트레이드할 수 있단 말인가? 2008년 시즌 봄철 훈련 첫날 공을 들고 나와 레이스가 오랜 패배의 역사를 끊고 플레이오프에 진출할 것이라고 예언했던 바로 그 젊은 에이스 투수를! 싸구려 뉴욕 뜨내기인 스튜어트 스턴버그가 어떻게 우리들에게 이런 일을 할 수 있지? 팬들은 분노하고 의아해했다.

그 동안 모든 선택을 할 때 그랬던 것처럼 앤드류 프리드먼과 레이스는 확률 게임을 했을 따름이다. 단지 34경기만 남겨놓은 상황에서 막강한 레드삭스 군단을 뒤쫓고 있는 상황을 감안하면 그들에겐 상당히 불리했다. 웹 사이트인 쿨스탠딩스닷컴(CoolStandings.com)은 레이스가 플레이오프에 진출할 확률을 겨우 8분의 1 정도로 봤다. 캐즈미어는 시즌 초부터 부상에 시달리면서 그다지 좋은 모습을 보여주지 못했다. 평균 자책점이 5.00을 웃돌면서 매서운 피칭을 보이지 못하고 있었다. 그는 투수 전문가 릭 피터슨과 같이 작업을 한 끝에 시즌 후반에는 강력한 모습으로 돌아왔다. 애슬레틱스에서 투수 코치를 역임했던 피터슨은 캐즈미어가 잃어버린 패스트볼의 위력을 되찾도록 도와줬다.

왼손 투수 캐즈미어에게 더 중요한 것은 타자들을 유린하는 슬라이더를 새롭게 개발했다는 점이었다. 그러나 프리드먼은 캐즈미어의 회복세가 오래 지속되지 않을 것이라고 판단했다. 따라서 캐즈미어가 다시 부상을 당해 부진한 성적을 기록하기 전에 높은 가격에 팔아치울 수 있는 기회라고 생각했다. 만약 캐즈미어를 계속 보유하게 되면 레이스는 향후 2년 동안 2,400만 달러 때문에 어려움을 겪을 것이다. 캐즈미어의 팔이 또 다시 잘못되기라도 하면 트레이드를 할 수 없게 된다. 그렇게 될 경우 자금 사정이 빈약한 레이스로서는 재정적인 부담을 질 수밖에 없다.

예상되는 비판을 무시한 채 탬파베이는 캐즈미어를 에인절스로 트레이드했다. 캐즈미어는 애너하임에서 무리한 뒤 결국 이듬해에 쓰러졌다. 당시 캐즈미어는 평균 자책점 5.94로 메이저리그 선발투수 중 최악의 선수 중 한 명이었다(결국 캐즈미어는 2011년 6월 에인절스 팀에서 방출됐다). '덤핑'이란 조롱을 들었던 그 트레이드 덕분에 레이스는 엄청난 현금 부담으로부터 자유로워졌다. 프리드먼은 이 트레이드를 통해 흥미를 돋우는 젊은 선수들을 낚아챘다. 파워와 스피드를 겸비한 선수인 션 로드리게스, 베네수엘라 출신의 왼손 투수로 덩치는 좋은 성적을 올린 알렉스 토레스, 그리고 기대주 1루수인 맷 스위니가 바로 그들이다. 로드리게스는 2010년 레이스 팀에서 중요한 선수로 자리 잡게 된다.

반면 J. P. 하웰이 어깨 부상으로 빠지면서 갑자기 약해진 탬파베이 불펜에 여러 개의 구멍이 생겼다. 하지만 레이스는 불펜을 비용대비 효율적으로 운영했기 때문에 하웰의 공백을 메우기 위해 돈을 쓰지는 않았다. 2009년 윈터 미팅에 앞서 레이스는 몇몇 미세한 움직임을 보였을 따름이다.

한 해 전 레이스를 월드시리즈에 진출시키는 마지막 아웃 카운트를 처리했던 2루수 이와무라 아키노리는 2009년에는 부상 때문에 69경기에만 출전했다. 긴축 재정을 펴는 레이스는 이와무라에 대해 425만 달러에 달하는 팀 옵션을 행사하지 않을 것 같았다. 드래프트 선발권 보상부터 계약 마감시한까지 야구의 신비로운 규칙에 따르면 레이스는 이와무라를 그냥 풀어주는 것이 바람직했다.

NBA와 달리 야구에서는 계약을 한 뒤 바로 트레이드하는 '사인 앤드 딜(sign-and-deal)'이 없었다. 물론 프리드먼이 '절대 그런 일이 없다'고 말한 적은 없었다. 2루수를 물색 중이던 파이어리츠가 이와무라에게 관심을 보이면서 바로 계약이 체결됐다. 레이스는 이와무라를 보내는 대신 오른손 구원 투수인 제시 차베스를 받았다. 차베스는 시속 150킬로미터를 웃도는 빠른 공을 가진 것 외에는 눈에 띄는 점이 없는 투수였다.

드문 사례이긴 하지만 그다지 해로울 것 없는 트레이드를 한 지 한 달 쯤 뒤에 탬파베이 언론들은 레이스 팀의 구멍 뚫린 불펜을 놓고 스튜어트 스턴버그를 씹어대기 시작했다. 그가 지갑을 열어서 불펜투수를 영입하는 데 큰돈을 쓸 것인가? 마무리투수는 어떻게 할 것인가? 하지만 스턴버그는 그런 의문들을 일축했다. 그는 이런 질문을 하는 언론들에게 '700만 달러짜리 마무리는 없다'고 공표했다.

사실 레이스는 가장 무모한 계획 중 하나를 꾸미고 있었다. 사인-앤드-딜을 거의 생기지 않도록 만드는 자유계약(FA) 보상 규정 때문에 자유계약으로 풀린 불펜투수들과 계약하는 일은 거의 없었다. 앨버트 푸홀스 같은 선수를 영입하는 대가로 1라운드 지명권을 포기하는 것은 충분히 납득할 수 있다. 하지만 단장들이 드래프트 선발권의 가치를 점점 더 높이 평가하게 되면서 불펜투수를 영입하기 위해 다른 구단에 A계약 유형 선발권을 넘겨주는 일은 갈수록 드물어졌다.

하지만 여전히 브레이브스는 팀을 떠나려는 마무리투수 라파엘 소리아노를 누군가 영입할 것이라고 생각했다. 브레이브스 경영진은 소리아노에게 연봉조정신청을 주는 것이 그다지 위험하지 않다고 판단했다. 27세이브에 탈삼진 102개, 평균 자책점 2.97를 기록한 강속구 투수를 누군가는 낚아챌 것으로 생각했기 때문이다. 그렇게 될 경우 애틀랜타는 소중한 보상 선발권을 얻게 된다. 하지만 소리아노는 연봉조정신청 카드를 수용하면서 애틀랜타 팀을 충격에 빠뜨렸다. 갑자기 브레이브스는 재정 위기에 빠지게 됐다. 그들은 소리아노를 영입할 구단을 물색하느라 혈안이 됐다.

앤드류 프리드먼은 브레이브스 구단의 이런 절망적인 상황을 누구보다 먼저 간파했다. 레이스는 순식간에 브레이브스에서 소리아노를 낚아챘다. 그 대가로 그들이 넘긴 선수는 그다지 눈에 띄지 않던 제시 차베스였다. 레이스는 마무리투수를 안착시키면서 팀 내에서 가치 있는 어떤 선수도 잃지 않았다. 그들은 소리아노가 자유계약 대신 연봉조정신청을 받아들인 뒤 트레이드를 해옴으로써 구단의 생명줄이 될 드래프트 상위 선발권을 넘겨주는 것도 피할 수 있었다.

멋진 트레이드 솜씨를 과시한 프리드먼은 마지막으로 한 번 더 일격을 가했다. 소리아노를 영입한 뒤 레이스는 그와 1년 계약에 합의했다. 계약 규모는 700만 달러를 조금 웃도는 수준이었다.

소리아노를 강탈한 레이스는 그해 오프 시즌부터 이듬해인 2010년까지 여러 건의 트레이드를 성사시키면서 손해 보는 일을 거의 하지 않았다. 마무리투수인 소리아노를 낚아챈 지 3개월 뒤에 레이스는 팔수술 이력이 있는 30대 불펜투수 호아킨 베노이트와 마이너리그 계약을 체결했다. 레이스는 베노이트의 높은 탈삼진 비율과 안정적인 투구 능력에 주목했다. 플라이 볼을 많이 잡아낼 수 있는 투수가 될 것으로 판단했던 것이다. 레이스는 75만 달러라는 적은 연봉으로 지구상에서 가장 뛰어난 셋업맨 중 한 명을 잡았다. 8회를 가볍게 막아줬던 베노이트는 소리아노와 팀을 이뤄 메이저리그에서 가장 막강한 위력을 과시하는 셋업맨과 마무리투수가 됐다.

장기적인 경쟁력을 갖추면서 동시에 승리하는 팀을 만들기 위해서는 신인들과 다른 젊은 선수들이 중요한 역할을 해야만 한다. 6월에 메이저리그로 승격된 매트 조이스는 우익수 수비를 하면서 플래툰 선수로 활약했다. 경기 후반에 공포의 타자 역할을 했던 조이스는 두 차례 기념비적인 홈런을 날린 것을 포함해 몇 경기를 승리로 이끌었다. 스캇 캐즈미어 트레이드의 전리품이었던 로드리게스는 뛰어난 수비 솜씨와 날렵한 베이스러닝, 그리고 간간히 파워까지 선보이면서 뛰어난 유틸리티 맨으로 상대팀에게 위협적인 존재가 됐다. 한때 레이스 팜 시스템에서 후순위로 밀렸던 존 자소는 마침내 메이저리그에서 뛸 기회를 잡았다. 메이저리그에 올라오자마자 주전 포수 자리를 낚아챈 자소는 높은 출루율로 상대방 투수들을 위협했다. 캐즈미어가 떠난 뒤 선발투수 자리를 차지한 웨이드 데이비스는 신인으로 5선발 자리를 차지하면서 페넌트레이스 하반기에 엄청난 활약을 했다.

버려진 선수들 중에서 쓸 만한 선수를 가려내는 레이스의 능력도 빛을 발했다. 2010년 8월 28일, 레이스가 캐즈미어를 트레이드한 지 1년 뒤에 어느 날 댄 존슨은 10회에 끝내기 홈런을 날리면서 레드삭스를 패배로 몰아넣었다. 그리고 레이스 팀을 플레이오프에 한 발 더 다가서게 만들었다. 댄 존슨은 2년 전에도 바로 레드삭스를 상대로 팀 역사상 가장 엄청난 홈런을 날린 적이 있었다. 당시에도 댄 존슨은 조너선 파펠본을 상대로 동점 홈런을 날리면서 레이스의 첫 번째 지구 우승에 큰 기여를 했다.

다른 모든 것들도 제대로 잘 굴러갔다. 레이스의 핵심 선수들은 뛰어난 활약을 보였다. 에반 롱고리아와 칼 크로포드는 MVP급 성적을 기록했으며, 데이비드 프라이스는 아메리칸 리그 5대 선발투수 중 한 명으로 떠올랐다. 레이스의 넘버 크런처들로부터 각종 데이터를 넘겨받은 조 매든 감독은 예전과 다름없는 실력을 과시했다. 7월말 디트로이트와의 경기에서 3번 연속으로 한 점 리드 상황에서 무시무시한 강타자 미구엘 카브레라와 맞닥뜨리게 됐다. 매든은 세 번 모두 카브레라를 걸러 보내고 베이스를 채웠다. 레이스 입장에서는 위험을 자초했지만 세 번 모두 작전이 잘 들어맞았다.

카를로스 페냐는 레이스가 성공하는 데 있어 행운도 작용했다는 것을 보여주는 사례다. 제 아무리 용감하고, 통찰력 있으며, 가장 잘 준비된 팀이라 하더라도 성공하기 위해서는 50% 정도의 확률이 필요하다. 리그에서 가장 무시무시한 두 팀은 같은 지구에 포진하면서 훨씬 더 많은 연봉을 계속 쏟아 붓고 있다. 레이스는 2010년 연봉 총액이 7000만 달러를 조금 웃돌았는데, 이는 레드삭스의 절반에도 못 미치는 수준이며, 양키스 연봉 총액의 3분의 1 수준에 불과했다. 이런 상황에서 성공하기 위해서는 행운이 당신 편에 있어야 한다.

페냐는 무작위 선택이 아니었더라면 레이스 유니폼을 입고 한 게임도 뛰지 못했을 것이다. 2007년 봄 훈련 기간 동안 레이스는 페냐를 풀어줬다. 대신 저니맨인 그렉 노턴을 1루수로 쓸 예정이었다. 그 결정을 내린 직후 노턴이 부상을 당했다. 상황이 급하게 된 레이스는 페냐에게 전화를 걸어서 돌아와 달라고 요청했다. 그 해 1루수로 기용된 페냐는 팀 역사상 최다인 46개 홈런을 쏘아 올렸으며, 팀의 리더로 자리를 굳혔다. 비록 페냐는 2010년에는 성적이 하락하긴 했지만 레이스의 모습을 지켜보노라면 운명은 그들의 편이 아닐까라는 생각을 할 수밖에 없다.

시즌 마지막 날 경기에서 양키스가 패배하면서 레이스는 다시 3년 만에 두 번째로 아메리칸리그 동부지구 우승을 차지했다. 빈스 나이몰리 시대를 기억하는 팬들은 한번 우승하는 것도 도저히 있을 법하지 않은 일로 받아들일 것이다. 3년 만에 두 번이나 우승한다는 것은 레이스 입장에서 솔직히 불가능한 일이었다.

그러나 한 가지 잘못된 결정이 있었다. 이 결정은 결국 곪아터지면서 레이스가 첫 번째 월드시리즈 우승을 차지하는 데 장애물이 됐다. 팻 버렐은 레이스와 첫 시즌에 끔찍한 시간을 보냈다. 매년 30개 홈런을 날리던 필라델피아 시절의 모습 근처에도 못 갔을 뿐 아니라 탬파베이 팀에 재정 부담을 안겨서 다른 조치를 취하는 것이 어렵도록 만들었다. 레이스는 버렐이 제대로 활약하지 못할 것이란 점을 받아들이고 새로운 지명타자를 물색했어야 했다. 그들은 훨씬 더 매력적인 여러 선택권을 외면했다. 그 중에는 짐 토미를 150만 달러에 영입할 수 있는 기회도 있었다. 트윈스와 계약한 짐 토미는 겨우 276번 타석에 들어서서 25개의 홈런을 날리는 등 팀에서 가장 위험한 타자로 활약하면서 플레이오프 진출을 이끌었다.

탬파베이는 결국 버렐과 이별했다. 즉시 자이언츠와 계약한 버렐은 경쟁이 덜 치열한 상황에서 뛰면서 즉시 예전 실력을 되찾았다. 96경기에서 홈런 18개를 날리면서 샌프란시스코에 불가능해 보였던 내셔널리그 서부지구 챔피언 타이틀을 안겨줬다. 반면 레이스는 트레이드 마감시한에 여러 대형 거래를 놓고 저울질했다. 모든 것을 쏟아 붓는 시즌이라면 대형 거래를 체결하고 좀 더 많은 돈을 쓸 것이라고 계산했다. 하지만 어리석게도 버렐과 2년간 1600만 달러 계약(여전히 레이스가 지불해야만 했다)을 맺은 후유증 때문에 팀을 업그레이드하는 데 도움이 될 몇몇 선수들을 그냥 지나쳤다. 그 중에는 매력적인 왼손 투수 클리프 리도 포함돼 있었다.

아메리칸리그에서 가장 좋은 성적으로 플레이오프에 진출해 1번

시드를 배정받은 레이스는 벼락부자 같은 레인저스와 맞붙었다. 텍사스는 시리즈 첫 두 경기에서 탬파베이 타선을 꽁꽁 묶어 두기 위해 왼손 투수들을 기용했다. 오른쪽 타자였던 버렐의 구멍이 크게 나자 레이스는 두 게임 중 한 게임에서는 로코 발델리에게 도움을 청했다. 발델리는 그 무렵 운이 다해서 절반쯤 은퇴를 한 뒤 레이스의 팜 시스템에서 인스트럭터가 된 상태였다. 이후 다시 메이저리그에 돌아와 겨우 24번 타석이 들어선 뒤 포스트시즌 출전 선수 명단의 한 자리를 차지하게 된 것이다. 마지막으로 그들을 상대한 것은 그해 메이저리그에서 가장 뛰어난 왼손투수였다. 바로 클리프 리였다. 리가 이끄는 레인저스는 그 해 월드시리즈까지 진출했다.

몇 게임 안 열리는 플레이오프에서 볼 수 있는 이변, 가장 좋지 않은 시기에 나타난 타격 슬럼프, 그리고 클리프 리의 위대한 능력 등이 모두 레이스의 실패 원인이었다. 실망스런 관중 숫자, 기업들의 지원 부족, 그리고 새로운 구장 건립부터 세인트피터즈버그로의 이전까지 모든 투자에 대한 지역 사회의 반발. 이런 것들이 적어도 어떤 사람들의 눈에는 레이스가 이뤄낸 기적 같은 시즌 이야기를 덮어버린 것처럼 보였다.

하지만 가장 큰 걱정거리는 플로리다가 아니라 뉴잉글랜드에서 일어났다. 레드삭스는 이제 오래되고 따분한 팀으로 앙숙인 양키스뿐 아니라 심지어 빈곤한 구단인 레이스에도 밀리고 있었기 때문이다. 레드삭스가 엘리트 거포인 애드리안 곤잘레스를 영입하자 보스턴 팬들은 낙관적인 희망을 다시 피워 올렸다. 반면 레이스 팬들은 와일드카드 경쟁에서도 밀릴 것이란 걱정을 하게 됐다. 레드삭스가 탬파베이 선수인 칼 크로포드를 1억 420만 달러란 어마어마한 금액으로 낚아채 갔을 때는 회의적인 목소리가 극에 달했다. 레이스가 유망주들이 포함된 8명 규모의 트레이드를 통해 맷 가르자를 컵스에 넘기려 한다는 이야기가 나오자마자 많은 팬들은 거의 절망적인 상황에 이르렀다. 그들은 이제 플레이오프 진출은 잊어야만 한다고 청승맞게 이야기한다.

〈보스턴 헤럴드〉는 '아메리칸리그 동부지구 정상상태로 복귀'란 제목을 크게 뽑았다. 〈보스턴 글로브〉의 댄 쇼티네시는 이렇게 썼다. "2010년 레드삭스-양키스 라이벌 관계가 다시 복원된 것을 환영한다." 이들이 함축하는 것은 명확했다. 귀찮게 하는 난쟁이 구단 레이스는 즐길 만큼 즐겼다. 이젠 거대 구단들이 다시 지배할 때가 됐다.

표면적으로는 앤드류 프리드먼도 똑같이 패배주의적인 태도를 받아들이는 것처럼 보였다. 매출 문제는 계속 남아 있었다. 레이스는 메이저리그에서 시청률이 다섯 번째로 많은 지역 TV를 손에 넣었다. 레이스가 보잘 것 없는 관중 수와 미약한 기업 지원을 극복하는 데 큰 도움이 될 터였다. 하지만 최근에 텔레비전 계약을 다시 추진했기 때문에 앞으로 몇 년 동안은 그렇게 많은 돈을 벌 수 없는 상황이었다. 설사 재정 상태가 엄청나게 개선된다고 하더라도 양키스와 레드삭스를 흥분시키기에 충분할 정도의 자산을 확보하는 것은 불가능하다. 하지만 여전히 레이스는 최근 3년 동안 2번이나 아메리칸리그 동부지구 우승을 차지했다. 그들에게 불리하게 작용하는 많은 요소들을 감안하면 최근 스포츠 역사에서 가장 위대한 성적을 거뒀다고 볼 수 있다.

아메리칸리그 동부지구 우승을 다투려고 노력할 것이냐는 질문에 대해 프리드먼은 한탄하듯이 말했다. "그것은 언제나 불가능한 일이었고 지금도 여전히 불가능에 가까운 일입니다. 하지만 해볼 만합니다."

지은이 **조나 케리**

경제 전문 저널리스트이면서 스포츠 전문 작가로 활동하고 있다. 각종 통계를
통해 야구에 대한 상식과 오해를 짚어준《숫자로 보는 야구》를 공동 집필했다.
ESPN닷컴, SI닷컴, 베이스볼 프로스펙터스, 뉴욕타임스, 월스트리트저널 등에 칼
럼을 기고하고 있다. 또 인베스터스 비즈니스 데일리에서 10년 이상 주식시장
관련 기사를 담당하고 있으며, 블룸버그 스포츠에선 수석 야구 애널리스트로 활
동하고 있다.

옮긴이 **김익현**

전자신문, 디지틀조선일보에서 기자로 활동했으며 현재는 아이뉴스24 글로벌리
서치센터장으로 재직하고 있다. 2008년 성균관대학교에서 언론학 박사 학위를
받았다.《웹2.0과 저널리즘 혁명》《IBM 회의혁명》등의 저서가 있으며《하이퍼텍
스트 3.0》《글쓰기의 공간》등을 우리말로 옮겼다.